흥미롭고 신선한 책이다. 세금이라면 딱딱하고 멀리하고픈 고정관념이 강하지만 저자는 이런 걱정을 말끔히 씻어준다. 책 전체에 등장하는 카툰은 납세자의 고민을 잘 그려내고 있으며 본문에서는 많은 사례를 들어 알쏭달쏭한 세금문제를 명쾌하게 해결하고 있다.

**김경민 〈매경이코노미〉 기자**

누구나 희망하는 부자의 길은 알게 모르게 새어나가는 돈부터 점검하는 데 있다. 이해하기 어려운 세금 이야기를 재미난 만화와 함께 세세하게 알려주려는 저자의 배려가 돋보인다. 무엇보다 세테크부터 챙기는 것이 재테크의 첫 걸음일 것이다.

**딸기아빠 김종석**

세금은 일상생활과 깊은 관련이 있지만 친숙하지 않은 이유는 내용이 무겁기 때문일 것이다. 그러나 이 책을 접하면 '세금은 어렵고 무겁다'는 편견이 사라진다. 우리가 일상생활에서 꼭 알아야 할 세금상식을 정말 쉽고, 유익하고, 재미있게 풀어놓았다.

**닥터아파트**

현장에서 세금에 무지하여 손해를 보는 사람을 자주 보았다. 막연히 들었던 내용만으로 세무업무를 처리하거나 세법규정을 제대로 확인하지 않은 탓이다. 《NEW 세금 생활백서》는 몰라서 억울하게 납부하는 세금을 줄이고, 절세 비법을 익히는 데에 큰 도움이 된다.

**최재천 국세청 국세조사관**

합법적으로 세금 안 내는 **똑똑한 절세 가이드!**

NEW
세금
TAX
생활백서

재미난 카툰으로 쉽게 배우는 최신 개정 세법!
한국경제신문, 모네타에서 연재했던 70가지 절세법!

**신방수** 지음 · 유진한 카툰

WINNER'S BOOK

## 세금 때문에 억울해서 밤잠 설치는 당신을 위한 똑 부러지는 절세법!

# 세테크 전문가 신방수가 알려주는 최신 개정 세법!

〈한국경제신문〉, 〈모네타〉에서 연재했던 세금 확 줄이는 70가지 비법!

**하나** 〈스포츠동아〉 유진한 기자의 유머 가득한 카툰!
재미와 재치로 똘똘 뭉친 만화 콘텐츠!
복잡하고 골치 아픈 세금문제를 만화책 보듯 쉽게 이해하자!

| 사례 |

평소 세법을 잘 안다고 자부하는 똑똑해 씨. 그는 상당한 재산가로 알려져 있다. 그는 이번 기회에 보유한 재산 중 취득가액이 낮은 부동산을 배우자에게 증여하고자 한다. 물론 증여금액은 시세로 신고해두려고 한다. 배우자 간 증여는 6억 원까지 비과세되므로 이를 이용해서 증여하면 향후 양도소득세가 줄기 때문이다. 예를 들어 똑똑해 씨가 취득 당시의 부동산 가격이 1억 원인데 현재 시세가 5억 원이라면, 이를 증여 후 5억 원에 양도하면 양도차익 0원이 발생한다. 이렇게 되면 당연히 세금은 없다. 하지만 이를 용인하면 세금이 제대로 걷히지 않는다. 그래서 세법은 이 같은 행위를 조세회피 행위로 보고 이월과세라는 제도를 적용한다. 이 제도는 배우자나 직계존비속으로부터 부동산 및 시설물 이용권(골프 회원권 등)의 자산을 증여받은 자가 그 증여받은 날로부터 5년 이내에 당해 자산을 양도하는 경우, 취득가액을 당초 증여자의 것으로 하는 제도를 말한다. 위의 사례를 그림으로 표현하면 다음과 같다.

| | 증여 | | 5년 내 양도 | |
|---|---|---|---|---|
| 남편 | | 아내 | | 제3자 |

↓

양도가액 5억 원
- 취득가액 1억 원(당초 증여자가 취득한 가액)
=양도차익 4억 원

그 결과 증여의 효과가 없어지고 국가는 세금을 제대로 징수하게 된다. 하지만 이러한 세금 규제는 평생 동안 할 수는 없다. 그래서 세법은 증여받은 배우자가 5년 후 양도하면 증여 당시 취득가액 5억 원을 인정한다. 참고로 이 제도는 최근 직계존비속까지 확대되어 적용된다. 그리고 배우자나 기타 자녀 등이 부담한 증여세는 양도세 계산 시 필요경비로 인정됨에 유의한다. 예를 들어 증여세를 1억 납부하였더라도 이 금액을 전액 돌려받을 수 있는 것이 아니라, 양도가액에 차감되는 필요경비로 처리되어 궁극적으로 낸 세금의 일부만 돌려받는다. 대략적으로 필요경비에 적용되는 양도소득세 세율만큼 세금을 돌려받게 된다. 이처럼 이월과세제도를 적용받으면 많은 세금 손실이 발생하므로 주의해야 한다. 장기보유특별공제는 남편이 취득한 기간을 따져 공제율을 적용한다.

038

**둘**

생생한 현장 사례
실무현장에서 직접 벌어지는
세무 내용을 사례로 소개해
세금문제를 쉽게 파악하도록 구성했다!

---

| 알 | 쏭 | 달 | 쏭 | 세 | 금 | 팁 |

**원천징수된 소득 정산법**

알기 이자·배당소득은 연간 개인별로 2,000만 원이 넘지 않으므로 매년 세금을 납부하는 것으로 납세의무가 종결된다. 하지만 근로소득과 사업소득은 무조건, 연금소득과 기타소득을 일정한 금액(연금소득은 연수입 600만 원, 기타소득은 연소득금액 300만 원)을 초과하면 합산하여 세금을 정산해야 한다. 이러한 6가지의 소득을 종합소득이라고 한다. 이러한 소득은 위의 기준에 따라 소득을 합산하여 6~40%의 세율로 종합과세된다. 참고로 양도소득과 퇴직소득은 장기간에 발생한 소득이므로 독립적인 개인구조로 세금을 계산한다.

연말정산의 원리

| 매월 급여지급 시 | | 다음 해 2월 | | 2월 급여지급 시 |
|---|---|---|---|---|
| 기본세율로 원천징수 | → | 연말정산 | → | 환급 |

즉 회사는 매월 급여지급 시 세법에서 정한 금액만큼 세금의 일부를 원천징수를 한다. 이후 다음 해 2월에 연말정산을 하고 그 결과에 따라 2월 급여지급 때 환급세액을 지급한다. 만일 부족세액이 발생하면 추가로 납부해야 한다. 참고로 연말정산 구조는 다음과 같다.

| 구분 | 내용 | 비고 |
|---|---|---|
| 총급여 | 급여와 상여의 합계액 | 비과세소득은 제외 |
| - 근로소득공제 | 필요경비의 성격 | 급여 수준에 따라 자동적용 |
| = 근로소득금액 | | |
| - 종합소득공제 | 기본공제, 부양가족공제 등 | |
| = 종합소득 과세표준 | | |
| × 세율 | 6~40% | 단계별 누진세율 |
| = 산출세액 | | |
| - 세액공제 | 근로소득 세액공제 | |
| | 자녀세액공제 | 산출세액에서 세액공제 |
| | 특별세액공제(보장성보험료, 의료비, 교육비, 원) | |
| = 결정세액 | | |
| - 기납부세액 | 원천징수세액 | 매월 급여지급 시 원천징수 |
| =차감징수세액/환급세액 | 부족분 징수 또는 과납분 환급 | 2월 급여지급 시 정산 |

027

**셋**

알쏭달쏭 세금 Tip
본문에 있는 각종 팁만 챙겨도
당신은 이미 세금 박사!

넷

BOOK IN BOOK
신절세 세무사와 함께 배우는 고급 세무정보

최신 개정 세법, 누진세율 vs 비례세율,
재산세와 종합부동산세 과세방법 등
신방수 세무사의 고급정보 소개!

다섯

돌발퀴즈!
세금 내용을 잘 이해했는지
돌발퀴즈를 통해 알아보자!

알아두면 바로바로 써먹는
**세무 용어사전**

**여섯**

세무용어 200선
실무에서 사용하는 세무용어 중
사람들이 가장 많이 찾는
200개를 골라 일목요연하게 정리!

세금이 일상생활에서 차지하는 비중이 점점 높아지고 있습니다. 집 밖을 나서 커피 한잔이나 밥을 사먹더라도 10% 부가가치세가 부과됩니다. 또 담배를 피우게 되면 담배 값의 70% 이상을 세금으로 내야 합니다. 월급을 타면 또 왜 그렇게 세금이 많은지요! 기본적으로 떼는 세금은 물론이고 생각보다 많은 건강보험료에 어안이 벙벙합니다. '월급생활자의 지갑은 유리지갑'이라는 말이 진짜 틀린 말은 아닌 것 같습니다. 그렇다고 개인사업을 하는 사업자는 세금을 적게 낼까요? 결코 그렇지가 않습니다. 개인소득세율이 6~40%로 인상되면서 소득관리를 잘못하면 세금이 상상 외로 많아지고 세금 신고를 잘못하면 어느 순간에 탈세범으로 찍혀 인생살이가 쉽지 않을 수 있습니다. 연예인이 소득을 적게 신고하였다고 비난의 화살을 받는 일을 보면 필자의 말에 수긍이 갈 겁니다.

바야흐로 세금관리의 중요성이 매우 커진 시대가 되었습니다. 내 재산을 지키기 위해서도 사회정의 실현을 위해서도 세금에 대해 공부해야 합니다.

하지만 일반인이 공부한다는 것은 쉽지가 않습니다. 내용도 방대하고 그리고 무엇보다도 세법이 어려운 용어로 되어 있기 때문입니다. 그렇다고 많은 시간을 할애하면서 세법을 진지하게 연구하는 것에도 한계가 있습니다.

그렇다면 손을 놓고 있어야 할까요?

아닙니다. 세금은 우리의 재산권을 침해하는 성격이 있으므로 평소에 튼튼한 방어막을 가지고 있어야 언제든지 대응할 수 있습니다.

《NEW 세금 생활백서》는 이러한 배경 아래 어떻게 하면 세금 초보자에게 세금을 쉽게 전달할 수 있을까 하는 고민 끝에 기획한 산물입니다.

우선 《NEW 세금 생활백서》의 특징들을 잠깐 살펴보겠습니다.

## 세금의 기본기를 다루었습니다

세금은 세법이라는 법을 적용하여 징수하고 있습니다. 그런데 세법을 제대로 이해하지 못하여 재산이 압류되는 일까지 발생하는 것이 엄연한 현실입니다. 따라서 세금에 대한 철벽 방어를 하려면 무엇보다도 기본기가 튼튼해야 합니다. 이를테면 소득과 재산에 부과되는 각종 세금의 과세 원리나 세율구조 등을 정확히 이해해야 합니다.

## 생활 속 절세법을 가득 담았습니다

소득이나 재산에 부과되는 세금은 가처분소득이나 투자수익률을 하락시키는 원인입니다. 따라서 합리적인 경제인이라면 세금을 방치해서는 안됩니다. 《NEW 세금 생활백서》는 대한민국 국민의 일상생활에서 일어날 수 있는 모든 세금문제에 대한 절세법을 제시합니다. 소득은 물론 주택이나 토지, 상가, 상가겸용주택 등 부동산과 보험 등 금융자산에 대한 세세한 절세법을 제시해 누구라도 이를 활용할 수 있도록 하였습니다.

## 보는 즐거움을 가미하였습니다

세금은 세법을 기준으로 하여 기본적으로 딱딱한 성질이 있습니다. 그래서 많은 사람이 공부를 시작하기 전 지레짐작으로 포기하는 경우가 종종 있습니다. 이러한 한계를 극복하고자 주제별로 70여 개 카툰을 만들어 쉽게 세금을 이해할 수 있도록 하였습니다.

《NEW 세금 생활백서》는 독자의 재산을 지키는 바람막이 역할을 충실히 이행할 것입니다. 구체적으로 한번 살펴보겠습니다.

### 초보자는 부동산과 금융자산에 대한 세금 활용법을 알 수 있습니다

부동산 명의는 어떻게 정하는 것이 유리한지, 부동산 보유기간에 따라 세금 내용이 어떻게 달라지는지, 초보자가 운용할 수 있는 비과세 저축에는 어떤 것이 있는지 등을 이해하여 세금을 스스로 활용할 수 있게 하였습니다.

### 투자자는 맞춤별로 세금문제를 해결할 수 있습니다

《NEW 세금 생활백서》는 주택이나 토지 보유자가 어떻게 하면 세금을 합법적으로 절약할 수 있는지를 심층적으로 분석합니다. 예를 들면 주택임대사업자등록을 하면 어떤 이점이 있는지, 계약서를 분실했을 때에는 어떤 방법으로 신고하는지 입니다. 이외에도 상가나 상가겸용주택, 부동산을 전문적으로 매매하는 사업에 대한 절세법도 알 수 있습니다.

### 부자는 재산을 저렴하게 이전할 수 있습니다

투자로 재산을 축적한 부자의 가장 큰 고민거리는 역시 상속세나 증여세가 아닐까 합니다. 세율이 자그마치 10~50%가 되기 때문입니다. 이에 《NEW 세금 생활백서》에서는 부자의 관심사인 상속세나 증여세에 대한 다양한 절세방법을 제시하고 있습니다. 물론 부자가 노블레스 오블리주를 실천할 수 있도록 기부에 대한 세금문제도 다루었습니다. 기부한국이 되는데 이 책이 도움되었으면 좋겠습니다.

《NEW 세금 생활백서》는 우리 가정에서 생길 수 있는 모든 세금문제를 다루고 있어 가정상비약과 같은 역할을 충실히 할 것입니다. 일상생활 속에서 세금문제가 일어날 때마다 이 책을 꺼내 보면 적절한 처방을 찾을 수 있습니다. 그래서 가정마다 한 권씩 비치해 두는 지혜가 필요합니다. 혹시 친지나 지인을 위한 선물을 생각한다면 이 책을 전달해보세요. 받는 분 기억에 남을 만한 선물일 것입니다.

우리 생활 군데군데 파고든 세금문제는 《NEW 세금 생활백서》면 대부분 해결할 수 있습니다. 그래도 혼자 힘으로 해결이 안될 일이 생긴다면 필자의 이메일이나 네이버 카페(신방수세무사의 세테크–http://cafe.naver.com/shintaxpia)를 활용하시기 바랍니다. 필자는 독자 여러분의 질문과 상담을 늘 환영합니다.

《NEW 세금 생활백서》는 많은 분의 도움을 받아 탄생했습니다. 우선 이 책의 집 필방향 및 원고정리에 도움을 주신 위너스북 출판사에 감사를 전합니다. 또한 이 책이 더욱 빛나도록 카툰을 만들어주신 〈스포츠동아〉 유진한 기자님도 감사합니다. 필자가 전달하고자 하는 뜻을 카툰에 담아내는 것을 보고 대단한 분이라는 것을 금방 알 수 있었습니다. 기자님의 앞날에 행운이 함께하기를 바랍니다. 그리고 필자가 몸담은 세무법인 정상의 임직원과 필자가 운영하고 있는 카페의 회원, 그 리고 늘 가정의 평안함과 발전을 위해 노력하고 있는 아내 배순자와 지금은 중학 생으로서 자기 인생을 만들어가고 있는 두 딸 하영이와 주영이에게 감사의 마음 을 전합니다.

《NEW 세금 생활백서》가 독자 여러분의 소중한 재산을 지키는데 조그마한 도움 이라도 되었으면 합니다.

독자 여러분의 건승을 기원합니다.

역삼동 사무실에서

세무사 신방수

| 차례 |

들어가는 글 • 008

# 01

# 우리 집 처마 밑에
# 주렁주렁 달리는 세금들

## 우리 가족은 어떤 세금 고민이 있는가!

가정에서 또는 가족 간에 발생하는 세금문제는 매우 다양하다. 어떤 세금문제들이 있을까?

- 가족 가운데 직장인이 있다면 매년 연말정산을 해야 한다.
- 음식이나 옷 장사하는 사업자가 있다면 부가가치세와 종합소득세를 신고해야 한다.
- 강의료를 받거나 이자를 받아도 세금이 부과된다.
- 부동산을 처분하여 소득이 발생하면 양도소득세를 내야 한다.

## 세금 고민을 타파할 수 있는 비법

앞에서 열거한 세금들은 대부분 가족 중 한 사람에게 집중되다보니 혼자 대처할 수 있다. 그런데 가족 간에 거래가 있거나 재산이 이전될 경우에는 세금 자체가 알쏭달쏭해지는 일이 매우 많다.

예를 들면 다음과 같다.

- 부모가 집을 사라고 자녀에게 돈을 주는 경우
- 할아버지가 수십 년 동안 농사지은 땅을 주시는 경우
- 배우자 간 재산을 서로 증여하는 경우
- 가족을 직원으로 채용하는 경우 등

이외에도 제3자와 거래하면서 다양한 세금문제가 발생한다. 예를 들어 계약을 맺을 때 다운계약서를 요구하면 어떤 일들이 발생하는지, 오래된 부동산을 처분할 때 양도차익이 많으면 어떻게 이를 해결해야 할지 등이 그렇다.

국가나 지방자치단체의 씀씀이가 늘면서 국민이나 기업이 내는 세금이 상당하다. 그런데 앞으로 세금은 점점 늘어날 수밖에 없다. 노령화사회로 인한 복지예산은 기하급수적으로 늘어날 수밖에 없으며 통일 대비를 위한 천문학적 재원도 필요하기 때문이다. 이런 상황에서 세금을 내는 주체들은 단단히 문단속해야만 한다. 자칫 자신도 모르는 사이에 세금을 내는 일이 많아질 가능성이 크기 때문이다. 그렇다면 어떻게 해야 세금을 줄일 수 있을까?

**나의 소득과 재산에 부과되는 세금의 종류를 파악하자!**

소득에 부과되는 세금은 크게 개인소득에 부과되는 소득세와 법인소득에 부과되는 법인세가 있다. 그리고 재산에 부과되는 세금은 보유세, 양도소득세, 상속세·증여세 등이 있다. 이러한 세금을 알아두는 것이 먼저다.

 **세금의 특성을 이해하자!**

인간사가 그렇듯이 세금은 채찍과 당근으로 사용되는 경우가 많다. 가급적 채찍을 맞지 않기 위해서는 세금의 특성을 확실하고 꼼꼼하게 공부할 필요가 있다. 물론 당근책을 잘 활용하면 상황을 유리하게 전개시켜 수익률을 올릴 수도 있다.

**세금을 적극적으로 활용하자!**

세법도 법이다. 법에서 정한 내용을 위배하면 벌을 주고, 지키면 혜택을 준다. 이에 따른 불이익은 생기지 않는다. 따라서 내용 파악이 급선무다.

예를 들어 어떤 사람이 1세대 2주택을 보유하고 있다고 하자. 이러한 상황에서는 일반적으로 양도소득세가 과세되는 것이 원칙이다(세금의 종류 및 특성 이해). 그리고 주택의 처분 순서는 세금의 크기를 따져보고 세금이 적게 나오는 주택부터 처분하는 것이 이익이다(세금의 활용). 세금을 이해할 때 빼놓으면 안 될 것이 있다. 바로 변경된 세제를 잘 이해하는 것이다. 이를 놓치면 두고두고 후회할 수 있다. 항상 유비무환의 자세를 가지는 것이 절세를 위해 좋다.

알|쏭|달|쏭|세|금|팁

### 우리나라의 세금 종류

우리나라의 세금 종류는 국세와 지방세로 나뉜다. 이 중 국세는 중앙정부가, 지방세는 지방
자치단체가 거두는 세금을 말한다.

| 구분 | 세목 |
|------|------|
| 국세 | • 내국세 : 소득세(종합소득세 · 양도소득세 포함), 법인세, 상속 · 증여세, 종합부<br>동산세, 부가가치세, 개별소비세, 주세, 교통세, 농어촌특별세 등<br>• 관세 |
| 지방세 | 취득세, 재산세, 등록면허세, 지역자원시설세, 자동차세, 지방소득세, 레저세, 담배<br>소비세, 지방교육세 등 |

# 02

# 새는 세금은
# 죽어도 막아야 한다!

## 우리가 일상 속에서 내는 세금들

일상생활을 하면서 알게 모르게 내는 세금이 상당히 많다. 따라서 이를 아끼려면 내는 세금을 파악하고 있어야 한다.

- 우선 먹고 마시고 하는 것에는 부가가치세 10%가 숨어 있다. 커피나 아이스크림, 과자를 사도, 식당에서 밥을 먹더라도, 장난감이나 옷을 구입할 때도 또는 연필 한 자루를 사더라도 이 세금이 어김없이 붙는다.
- 기호품으로 즐기는 담배와 술에는 부가가치세 10% 외에 담배소비세나 주세 같은 세금이 별도로 부과된다.
- 자동차를 운행하면 휘발유세 · 주행세 · 자동차세 등이 추가로 부과된다. 물론 차 구입 시 부가가치세 10%와 개별소비세가 따로 부과되는 것이 일반적이다.
- 큰맘 먹고 산 가전제품에도 부가가치세와 개별소비세라는 세금이 있다.

## 나착해 씨가 하루에 내는 세금은 얼마?

서울 영등포에서 여의도로 출근하는 나착해 씨가 하루 동안 내는 세금은 얼마나 될까? 함께 살펴보자.

만약 출근 시간이 늦어 택시를 탔다면 택시요금의 10%가 부가가치세로 붙는다. 택시요금이 5,500원이라면 이 중 500원이 세금인 셈이다. 늦었다고 씩씩대면서 담배를 피웠다면 4,500원짜리 담배에 3,300원 정도의 각종 세금을 내야 한다. 점심을 먹고 나서 내는 밥값의 10% 역시 부가가치세, 밥값이 6,000원이라면 545원이 부가가치세이다. 그리고 입가심으로 5,500원짜리 프랜차이즈 커피를 마셨다면 부가가치세는 500원이다. 퇴근 후 술자리 모임에서 참석자들이 술값을 각자 나눠 22,000원을 계산했다면 부가가치세는 2,000원이다. 그렇다면 오늘 나착해 씨가 쓴 돈과 세금은 얼마일까?

| 항목 | 총 지출 | 나착해 씨가 낸 세금 |
| --- | --- | --- |
| 택시요금 | 5,500원 | 500원 |
| 담배 | 4,500원 | 3,300원 |
| 점심 | 6,000원 | 545원 |
| 커피 | 5,500원 | 500원 |
| 회식 | 22,000원 | 2,000원 |
| 계 | 43,500원 | 6,845원 |

하루 지출액이 4만 3,500원 정도 되는데, 그중 15% 이상이 세금이다. 만약 1년(월 20일)간으로 환산하면 무려 150만 원이 넘는다. 이외에도 지출이 더 늘어나면 당연히 세금도 추가될 것이 분명하다. 예컨대 자녀의 생일에 선물로 컴퓨터를 사주거나 가족과 오랜만에 나들이를 나가 외식해도 줄줄이 세금이 따라다닌다. 그리고 아끼고 아껴 쓴 후 떨어진 아내의 화장품을 사도 마찬가지다. 그렇다면 이렇게 낸 세금들은 아깝지 않은가!

이렇게 낱낱이 파헤치면 아깝다고 생각할 수 있다. 하지만 세금은 우리의 오감을 자극하는 곳에 딱 달라붙어 세금이 있는지 없는지 눈치채지 못하게 한다. 달콤한 커피 한 모금에 알딸딸한 술 한 잔에 세금이 있다는 사실을 망각하게 되는 것이다. 하지만 재테크의 기본이 절약에 있으므로 세금도 아껴야 함이 마땅하다. 그러기 위해서는 우선 소비생활을 절제해야 한다. 백해무익한 담배를 끊으면 세금덩어리를 내지 않아도 된다. 하루에 담배 한 갑을 피운다면 연간 164만 원을 아낄 수 있다. 세금으로 따지면 120만 원(10년은 1,200만 원)이 된다. 이러한 담배는 건강뿐만 아니라 재테크 측면에서도 백해무익한 지출이 된다. 왜 그럴까? 일단 담배소비는 대출이자처럼 나의 소득에서 제일 먼저 빠져나가는 고정비 성격을 가지고 있기 때문이다. 알다시피 부자의 길로 들어서기 위해서는 꾸준하게 저축한 다음 투자에 나서야 하는데 고정비 지출액이 커지면 저축액이 줄어들 수밖에 없다.

그래서 재테크를 잘하려면 담배부터 끊는 것이 중요하다!

**이외에도 일일이 열거하기 힘든 세금이 줄줄이 따라 붙는다!**

세금이라는 녀석은 우리가 즐겨하는 것들, 그리고 일상 생활용품에 붙어 줄줄이 따라다닌다는 점을 기억하자. 그리고 무절제한 생활을 하는 사람일수록

세금을 많이 낸다는 사실도 아울러 알아두자.

## 새는 세금을 줄이는 방법은 없을까?

새는 세금은 소득과 재산 등에 걸쳐 다양하게 발생한다. 그렇다면 어떻게 해야 새는 세금을 줄일 수 있을까? 일단 내가 지출한 것부터 시작해보자. 만일 내 연봉이 3,000만 원 정도가 되는데 연간 1,000만 원 정도 카드를 긁었다고 하자. 이 정도 금액을 카드로 썼다면 국가는 신용카드 소득공제 혜택을 준다. 그렇다면 이 혜택은 얼마나 될까? 일단 정부는 내 연봉의 25% 초과한 금액에 대해서만 15%(현금영수증과 체크카드는 두 배인 30%)로 공제를 적용하는데 사례의 경우 다음의 금액이 공제대상에 해당한다. 단, 소득공제율은 30%로 단일화한다.

- 신용카드 소득공제 대상액 : 1,000만 원−3,000만 원×25%=250만 원
- 신용카드 소득공제액 : 250만 원×30%(공제율)=75만 원

만일 내게 적용되는 소득세율이 15%라면 위 75만 원에 이를 곱한 11만 원 정도를 환급받을 수 있게 된다. 자, 이 금액이 많아 보이는가? 그렇다고 느낀 사람은 불행하게도 재테크를 못하는 유형에 속한다. 왜냐하면 본인이 사용한 카드금액에는 10% 이상의 부가가치세 등이 포함되어 있기 때문이다. 세금은 이렇게 새는 것이다. 새는 세금을 줄이기 위해서는 내가 어떤 세금을 내고 있는지 이를 어떻게 해야 줄일 수 있는지부터 이해하는 것이 중요하다. 사례의 경우 지출액을 최소화시키되 신용카드보다는 체크카드를 사용하는 것이 핵심 포인트가 된다.

# 03

# 왜 내 수입에서 세금을 미리 떼지?

## 내 소득에 붙는 세금들!

놀부처럼 보따리를 꽁꽁 숨겨놓은 사람이 지금도 많다. 그런데 문제는 놀부처럼 꽁꽁 숨겨놓은 보따리가 많으면 흥부 같은 서민이 세금을 내야 한다는 것. 이렇게 되면 좋은 세상이 될 수 없다. 그래서 나라는 곰곰이 생각한다. 어떻게 하면 세금을 안전하게 거두어들일 수 있을까? 그리고 나라 살림을 미리 당겨서 쓸 수 없을까? 그래서 개발한 방법 가운데 하나가 개인이 벌어들인 소득의 종류를 몇 가지로 만들어두고 그중 세금 손실이 많이 발생하거나 조기에 세금을 확보할 수 있는 대상을 골라 미리 세금을 징수하는 제도다. 이 제도가 바로 '원천징수' 다. 이는 소득을 지급할 때 지급하는 자(회사 포함)가 일정한 세율로 세금을 징수하여 국가에 바치도록 하는 제도다. 이렇게 알려진 소득 자료는 국세청에 고스란히 보관된다. 이 과정을 통해 소득이 100% 파악되므로 놀부는 세금을 낼 수밖에 없다.

● 원천징수대상 소득 : 이자 · 배당 · 근로 · 사업(일부) · 연금 · 기타소득
● 원천징수 세율 : 소득의 종류별로 다름

## 어떤 소득에 얼마의 세금을 뗄까?

세법에서는 다음과 같은 개인소득에 대해 원천징수를 하도록 하고 있다.

| 구분 | 내용 | 원천징수 대상과 세율* |
|------|------|----------------------|
| 이자소득 | 금융기관으로부터 받은 이자, 개인 간의 이자 등 (단, 장기주택마련저축 등에 대해서는 비과세) | • 금융기관 이자 : 15.4% <br> • 개인 간 이자 : 27.5% |
| 배당소득 | 주식투자 중에 주식발행회사로부터 받은 배당금 | • 15.4% |
| 사업소득 | 사업을 하여 얻은 소득(프리랜서, 접대부 포함) | • 자유직업소득 : 3.3% <br> • 유흥업소 접대부 : 5.5% |
| 근로소득 | 근로를 제공하여 받은 소득 (아르바이트, 일용직 포함) | • 정직원 : 간이세액조견표에 따름 <br> • 일용직 : 일당 10만 원 초과분의 6.6% |
| 연금소득 | 국민연금, 퇴직연금, 개인연금에 가입하여 연금을 수령하는 경우 | • 공적연금 : 정부 조견표에 따름 <br> • 사적연금 : 3.3~5.5% |
| 기타소득 | 강의료나 인세, 위약금, 권리금 등 | • 22%(소득금액 기준) |
| 양도소득 | 부동산이나 기타 주식 등을 처분해서 받은 소득 | • 없음 |
| 퇴직소득 | 퇴직금을 받은 경우 | • 정부 조견표에 따름 |

\* 지방소득세 포함(소득세율의 10%)

이자와 배당소득은 기본적으로 14%(지방소득세 포함 시 15.4%)로 원천징수하나, 가족 간에 발생할 수 있는 돈 거래나 개인 간 돈 거래[私債(덧말 : 사채)]에서 발생한 이자에 대해서는 국가가 27.5%(지방소득세 10% 포함) 원천징수를 한다.

이는 가족 간에 돈 거래할 때 이자가 오고 간다면 한 번쯤 생각해 볼 문제다. 자유직업소득자들이 받은 사업소득은 3%(지방소득세 포함 시 3.3%)을 원천징수한다. 또한 근로소득이나 연금소득을 받을 때에도 정해진 율로 원천징수를 한다. 일용직의 경우 일당 10만 원까지는 떼는 세금이 없다. 그 금액을 초과했다면 다음과 같이 세금을 뗀다.

(지급금액−10만 원)×6%−산출세액의 55%(세액공제)

예컨대 지급금액이 일당 10만 원이라면 원천징수할 세금은 없다. 하지만 이 금액을 넘어서라도 세금이 얼마 되지 않는다. 15만 원인 경우 1,350원[＝(5만 원×6%)−3,000원×55%]에 불과하다. 한편 원고료나 일시적인 강의소득 등은 기타소득으로 판정되는데, 이에 대해서는 다음과 같이 원천징수를 한다.

기타소득금액(＝지급금액−필요경비)×20%(지방소득세 포함 시 22%)

여기서 필요경비는 일반적으로 지급금액의 80%를 말한다. 지급금액이 100만 원이라면 이 금액의 80%인 80만 원은 경비로 빠져나간다(단, 복권 등은 필요경비가 없어 지급금액에 원천징수를 한다). 따라서 나머지 20만 원에 20%를 곱한다. 참고로 위의 소득금액이 5만 원 이하가 된 경우에는 아예 원천징수의무를 면제한다. 이를 수입으로 환산하면 25만 원 정도 되는데 수입의 20%가 5만 원이기 때문이다.

알 | 쏭 | 달 | 쏭 | 세 | 금 | 팁

### 원천징수된 소득 정산법

앞의 이자 · 배당소득은 연간 개인별로 2,000만 원이 넘지 않으면 떼인 세금을 납부하는 것으로 납세의무가 종결된다. 하지만 근로소득과 사업소득은 무조건, 연금소득과 기타소득은 일정한 금액(연금소득은 연수입 600만 원, 기타소득은 연소득금액 300만 원)을 초과하면 합산하여 세금을 정산해야 한다. 이러한 6가지의 소득을 종합소득이라고 한다. 이러한 소득은 위의 기준에 따라 소득을 합산하여 6~40%의 세율로 종합과세된다. 참고로 양도소득과 퇴직소득은 장기간에 발생한 소득이므로 독립적인 계산구조로 세금을 계산한다.

### 연말정산의 원리

연말정산은 다음과 같은 절차를 거친다.

매월 급여지급 시
기본세율로 원천징수 → 다음 해 2월
연말정산 → 2월 급여지급 시
환급

즉 회사는 매월 급여지급 시 세법에서 정한 금액만큼 세금의 일부를 원천징수를 한다. 이후 다음 해 2월에 연말정산을 하고 그 결과에 따라 2월 급여지급 때 환급세액을 지급한다. 물론 부족세액이 발생하면 추가로 납부해야 한다. 참고로 연말정산 구조는 다음과 같다.

| 구분 | 내용 | 비고 |
|---|---|---|
| 총급여 | 급여와 상여의 합계액 | 비과세소득은 제외 |
| − 근로소득공제 | 필요경비의 성격 | 급여 수준에 따라 차등적용 |
| = 근로소득금액 | | |
| − 종합소득공제 | 기본공제, 부양가족공제 등 | |
| = 종합소득 과세표준 | | |
| × 세율 | 6~40% | 6단계 누진세율 |
| = 산출세액 | | |
| − 세액공제 | 근로소득 세액공제<br>자녀세액공제<br>특별세액공제(보험료, 의료비, 교육비 등) | 산출세액에서 세액공제 |
| = 결정세액 | | |
| − 기납부세액 | 원천징수세액 | 매월 급여지급 시 원천징수 |
| = 차감징수세액/환급세액 | 부족분 징수 또는 과납분 환급 | 2월 급여지급 시 정산 |

# 04

# 내 재산에 붙는 세금들

## 내 재산에 붙는 세금들!

우리나라 국민이 보유한 자산 비율은 부동산 70~80%, 그리고 나머지는 금융자산이라고 알려져 있다. 아직도 많은 사람이 부동산을 재테크 수단으로 생각한다는 의미다. 이에 맞추어 세법도 금융자산보다는 부동산에 맞추어 발달하고 있는 실정이다.

● 금융자산의 세금 : 금융자산은 주로 이자나 배당금을 받을 때 소득이 발생한다. 세법은 이 소득에 대해 15.4%의 세율로 원천징수하여 세금의 일부만 떼어간다. 다만, 서민의 재산 형성과 관련된 것이라면 세금을 떼어가지 않는다(비과세). 이에는 농어가목돈마련저축과 같은 저축, 일반 서민이 주로 이용하는 세금우대저축(세금을 9%선에서 떼는 저축) 등이 있다. 한편 부자에 대해서는 세금을 좀 더 부과한다. 예를 들어 연간이자와 배당소득이 2,000만 원을 넘으면 다른 종합소득에 합산하여 6~40%의 누진세율로 과세한다. 이렇게 과세하면 14%(지방소득세 포함 시 15.4%)보다 높은 세율이 적용된다. 그래서 부자는 금융소득이 많아지면 합산과세를 피하기 위해 이런저런 궁리를 하게 된다.

● 부동산의 세금 : 부동산은 금융자산과 달리 취득 단계부터 양도 단계까지 상당히 많은 세금이 부과된다. 예컨대 부동산을 취득하면 일반적으로 취득가액의 4.6%(주택은 1.1~3.5%)의 취득세 등이, 보유 단계에서는 재산세와 종합부동산세가, 양도 단계에서는 양도소득세가 줄줄이 과세된다. 특히 양도 단계에서는 이런저런 사유로 자칫 수익의 절반 이상이 세금으로 날아갈 수 있다. 이러한 이유 때문에 세금을 내지 않으려는 차원에서 여러 가지 방법이 등장하고 있다. 이에 맞춰 세법 또한 복잡하게 진행되고 있다. 재산과 관련된 세금들은 앞으로 상당히 중요하게 다룰 예정이다.

# 거래 단계별 세금 비교정리

## 1. 취득 또는 가입 단계

| 부동산 | 금융자산 |
| --- | --- |
| 취득세<br>주택 : 1.1~3.5%<br>상가 : 4.6% | - |

부동산을 취득하면 거래비용의 일종인 취득세와 중개비용 같은 수수료가 발생한다. 하지만 금융자산은 부동산과 같은 취득세나 중개수수료 등이 발생하지 않는다. 특정 금융상품에 대해서는 취급비용(판매수수료 등)이 발생한다. 참고로 2011년부터 등록세가 취득세에 통합되어 등록세 명칭은 더는 사용하지 않는다. 다만, 등록세 명칭은 없어졌으나 세율은 종전과 같음에 유의하자.

## 2. 보유 또는 임대 단계

| 부동산 | 금융자산 |
| --- | --- |
| 재산세<br>종합부동산세<br>임대소득세 | 이자 · 배당소득세 |

보유 단계에서는 부동산에 대해서 재산세와 종합부동산세라는 보유세가 부과되고, 부동산의 임대소득에 대해서는 임대소득세가 부과된다. 이에 반해

금융자산에 대해서는 이자나 배당소득에 대해 이자·배당소득세가 부과된다. 이 중 부동산에서는 종합부동산세가 금융소득에서는 금융소득 종합과세가 부담될 수 있다. 전자는 주택의 경우 기준시가 6억 원 초과 시, 후자는 연간 2,000만 원 초과 시 부과되는 세금이다. 참고로 최근 주택임대소득에 대한 세법이 많이 바뀌었다. 구체적으로 개인별로 연간 2,000만 원 이하의 월세소득이 발생하면 2014~2018년 말까지 비과세가 적용되고, 2019년 이후부터 분리과세(14% 원천징수로 납세의무 종결)가 적용된다.

## 3. 양도 단계

부동산은 처분 단계에서 공통적으로 양도소득세가 부과된다. 다만, 비과세와 감면 등이 폭넓게 적용되고 있다. 이외에 조세정책적인 목적 하에 어떤 부동산에 대해서는 중과세를 적용하기도 한다. 대표적인 것이 바로 비사업용 토지에 대한 양도소득세 중과세이다. 구체적으로 토지를 투자목적으로 보유

| 부동산 | | 금융자산 | |
|---|---|---|---|
| 주택 | • 비과세 : 1세대 1주택<br>• 감면 : 신축주택 등에 적용 | 예·적금 | • 이자소득세(일부는 비과세) |
| 상가 | • 일반과세 | 주식 | • 배당소득세 : 과세<br>• 양도소득세 : 비과세<br>  (비상장주식 등 일부 과세) |
| 오피스텔 | • 일반과세<br>(주거용 오피스텔은 주택으로 보아 과세) | 채권 | • 이자소득세 : 보유이자 |
| 토지 | • 감면 : 8년 이상 자경농지 | 펀드 | • 배당소득세 : 과세<br>(단, 주식매매차익 등은 과세제외) |
| 분양권 | • 일반과세 | 보험 | • 이자소득세 : 과세(저축성 보험차익)<br>• 연금소득세 : 과세(연금저축, 10년 이상<br>  보유한 저축성 보험차익은 과세제외) |

하면 일반세율인 6~40%에 10%포인트를 더한 16~50%를 부과한다. 그런데 금융자산은 주로 이자나 배당소득에 대해 소득세가 부과되지만 이를 양도할 때에는 대부분 비과세된다. 상장주식이나 채권, 파생상품 등 대부분의 투자성이 있는 금융자산의 양도에 대해 비과세하는 이유는 우리나라 금융산업 발전을 도모하는 것과 관계가 있다.

## 4. 상속 · 증여 단계

부동산이나 금융자산을 배우자나 자녀 등에게 상속이나 증여로 무상이전을 하면 상속세나 증여세가 부과된다. 다만, 상속세는 기본적으로 피상속인 재산이 10억 원, 증여세는 6억 원, 5,000만 원 등을 넘어야 과세된다. 일정한 금액까지는 과세할 수 없도록 공제제도를 두고 있기 때문이다.

| 부동산 | 금융자산 |
| --- | --- |
| 상속세 | 상속세 |
| 증여세 | 증여세 |
| 취득세 | |

참고로 부동산과 금융자산 모두 상속세나 증여세가 발생하나 취득세는 부동산에서만 발생한다. 한편 금융자산은 이동과 은닉이 쉬워 편법 상속이나 증여 수단으로 변질된 경우가 많아 세법에서는 이에 대한 다양한 제도(예 : 상속추정제도* 등)를 두고 있다.

* 상속개시 전 1~2년 이내에 인출한 금액이 2억 원 또는 5억 원 넘어가는 경우로써 이에 대한 소명이 되지 않으면 미소명 상당액을 상속재산가액에 합산하여 과세한다.

# 05

# 공짜로 받은 재산에도 세금이 부과된다고?

## 헉, 공짜로 받은 재산에도 세금이 붙는다고요?

어떤 사람의 재산이 공짜로 이전되면 이를 받은 사람은 가만히 앉은 상태에서 재산이 늘어난다. 이렇게 되면 부잣집 자녀들은 수시로 재산을 물려받아 경쟁사회에서 남보다 앞서나갈 것이다. 이런 행위를 국가가 마냥 허용하면 그 사회는 공평한 사회가 될 수 없다. 그래서 세법은 재산의 대물림 행위에 대해 세금을 부과한다.

- 상속 : 죽어서 재산을 물려주는 것으로 상속세가 부과될 수 있다.
- 증여 : 살아 있을 때 재산을 물려주는 것으로 증여세가 부과될 수 있다.

# 세법은 상속보다는 증여를 규제 대상으로 본다

상속은 어느 가정에서나 발생할 수 있는 일이지만 증여는 어느 정도 재산이 있는 집안에서 발생하는 인위적인 대물림이다. 이를 공제금액으로 확인해 보자.

■ 상속 · 증여 시 공제금액

| 상속 | 증여 |
|---|---|
| • 배우자상속공제 : 5억 원<br>• 일괄공제 : 5억 원 | • 배우자로부터 증여받은 경우 : 6억 원<br>• 직계존비속으로부터 증여받은 경우 : 5,000만 원(미성년자는 2,000만 원)<br>• 기타 친족으로 증여받은 경우 : 1,000만 원 |
| 계 : 10억 원* | 계 : 6억 6,000만 원 |

* 이외에 동거주택상속공제(5억 원), 영농상속공제(15억 원), 가업상속공제(500억 원) 등이 추가될 수 있다.

상속은 일반적으로 유산이 10억 원 미만이면 상속세가 부과되지 않는다. 배우자 몫으로 5억 원, 기타 일괄적으로 5억 원을 더하여 총 10억 원만큼 공제되기 때문이다. 다만, 배우자가 생존하지 않은 상태에서 상속이 발생하면 배우자상속공제를 받을 수 없다. 따라서 이러한 상황에서는 상속재산이 5억 원을 넘어가면 세금이 부과된다.

증여는 증여자와 수증자(증여를 받은 사람) 간의 관계에 따라 공제금액이 달라진다. 배우자 간 증여공제는 6억 원이므로 생각보다 크다. 부부의 재산은 공동으로 형성한 것이므로 배우자 간 이동에 대해 세법은 관대하게 처리한다. 그러나 재산을 자녀에게 이전하는 경우 증여공제는 5,000만 원에 불과하다. 이는 아버지의 재산이 자녀에게 이전되는 것을 쉽게 허락하지 않겠다는 의미가 깔려 있다. 자칫 기회가 불공평하게 주어질 수 있기 때문이다. 그래서 부잣집에서는 자녀에게 증여할 때 10~50%의 세금을 부담하는 대신 편법 증여를 이용한다. 이에 맞서 세법은 자금출처조사 등을 동원해 탈루된 세금을 추징한다.

**돌발퀴즈**

Q  만약 상속재산을 미리 증여해버리면 상속세는 없을까?

A  그렇지 않다. 세법은 이런 것에 대비하기 위해 상속이 발생하기 전 10년(상속인 외의 자는 5년) 이내에 증여한 재산은 모두 상속재산에 합해 과세한다. 따라서 상속세를 조금이라도 줄이고 싶다면 조기에 증여계획을 실행해야 한다.

**여기서 잠깐!**

상속과 증여에 대한 세금은 부잣집에서만 발생하는 것일까?

그렇다고 생각하는 사람이 많은데 사실은 그렇지 않다.

상속의 경우 배우자가 있는지 없는지에 따라서 그리고 미리 재산을 처분하여 자녀에게 나눠주거나 또 할아버지의 재산을 손·자녀에 나눠주는 경우에도 예상치 못한 세금이 나온다.

증여의 경우는 증여를 매매로 위장하거나 명의 이전을 할 때, 보험료를 대신 지급할 때 등 다양한 거래에서 세금이 발생한다. 이렇듯 상속과 증여는 어떤 가정에서든 관계있으므로 이에 대한 지식을 미리 알아두면 좋다.

알|쏭|달|쏭|세|금|팁

## 증여에 해당하는 유형들

다음과 같은 행위들도 세법상 증여에 해당한다. 따라서 조건 충족 시 증여세가 부과됨에 유의해야 한다.

| 사유 | 증여유형의 예시 |
|---|---|
| 보험금 | 보험료를 내지 않는 사람이 보험금을 타게 된 경우 |
| 자산의 양도 | 특수관계를 불문하고 시가의 70% 이하 또는 130% 이상의 가액으로 재산을 양도하거나, 시가와 대가의 차액이 3억 원 이상인 경우<br>• 저가양수 시 증여금액=(시가−양수가액)−Min(시가×3%, 3억 원)<br>• 고가양도 시 증여금액=(양도가액−시가)−Min(시가×3%, 3억 원) |
| 채무면제 등 | 채무를 면제받거나 다른 사람으로부터 채무의 인수 또는 변제를 받은 경우 |
| 부동산 무상사용 권리 | 특수관계자의 부동산을 무상으로 사용하여 그 무상이익이 1억 원 이상인 경우<br>• 부동산 무상사용이익=각 연도 부동산 무상사용이익(=부동산가액×2%)×연금의 현가계수(이자율, 5년 : 부동산 무상사용 기간) |
| 금전대부 | 특수관계자로부터 1억 원 이상의 금전을 무상 또는 적정 이자율보다 낮은 이자로 대부받은 경우<br>− 무상 대부받은 경우: 대부금액×적정이자율(4.6%)<br>− 낮은 이자율로 대부받은 경우:(대부금액×적정이자율)−실제 지급한 이자상당액 |
| 전환사채 등 | 전환사채 등을 인수·취득·양도하거나 전환사채 등에 의하여 주식으로 전환·교환 또는 주식의 인수로 인해 일정한 이익을 얻은 자는 그 이익에 해당하는 금액을 증여받은 것으로 봄. |

# 06

# 일반인이 쉽게
# 세금함정에 빠지는 이유

## 우리 뒤통수를 때리는 세금함정들!

살다보면 세법 때문에 뒤통수를 맞는 일이 많다. 대표적인 다섯 가지만 살펴보자.

- 증여받은 재산을 5년 내에 양도하는 경우 : 증여받은 재산을 5년 내에 양도하면 증여의 효과가 없어지는 부작용이 발생함(이월과세제도가 적용되기 때문임).
- 어머니가 집을 보유한 상태에서 아버지의 주택을 상속받은 경우 : 이 경우 먼저 처분하는 주택은 무조건 과세됨(만일 세금을 안 내려면 동일 세대원이 아닌 사람이 상속받아야 함).
- 오피스텔을 주거용으로 사용하는 경우 : 오피스텔을 주거용으로 사용하면 이는 주택에 해당, 따라서 다른 주택을 팔 때 과세방식이 달라짐.
- 재건축·재개발 입주권을 보유하고 있는 중에 주택을 양도하는 경우 : 2006년 이후에 관리처분을 받거나 취득한 입주권은 주택 수에 포함. 따라서 진짜 주택을 양도하면 과세될 수 있음.
- 할아버지의 유산을 자녀가 있음에도 손자가 상속받은 경우 : 일반적으로 상속재산이 10억 원 미만이면 상속세가 부과되지 않음. 그러나 세대를 생략하여 유산이 이전되면 상속공제액이 축소되어 10억 원 이하가 되더라도 과세되는 경우가 있음(대표적인 세금함정).

## 세금함정에 빠지지 않는 방법!

일반인이 세금함정을 모두 피할 수는 없다. 하지만 적어도 어느 곳에 함정이 있는지 정도만 안다면 미리 그 길을 가지 않으므로 함정에 빠질 가능성이 낮아진다. 그렇다면 왜 피곤하게 세금함정을 만들었을까? 이는 세금을 내는 사람들이 세금을 내지 않으려고 편법을 쓰기 때문이다. 다시 말하면 세법의 허점을 이용해 세금을 회피하는 것을 방지하기 위해서다. 물론 탈세하면 조세범처벌법 등에 의해 세금징수뿐 아니라 법적 제재도 받을 수 있다. 다음 쪽 사례를 통해 세금함정의 덫에 발목 잡히는 일이 없도록 알아두자.

알 | 쏭 | 달 | 쏭 | 세 | 금 | 팁

### 세금함정에 잘 걸리는 유형들

자산의 양도나 증여 또는 상속과 관련하여 주의할 내용들을 정리하면 다음과 같다.

| 구분 | 내용 |
|---|---|
| 자산양도 관련 | • 이월과세→배우자 · 직계존비속간에 부동산을 증여 후 5년 내 양도 시 취득가액을 당초 증여자의 것으로 하는 제도<br>• 고가양수 · 저가양도행위에 대한 부인→양도세를 줄이기 위해 낮은 금액으로 양도하거나 높게 취득한 경우에 시가대로 양도세를 과세하는 제도. 거래상대방은 증여세가 과세될 수 있음. |
| 자산증여 관련 | • 증여추정→배우자나 특수관계자에게 양도하는 경우 증여로 추정됨. 따라서 거래 당사자는 유상대가로 양도되었음을 입증해야 증여로 보지 않음. 이외에도 무능력자가 재산을 취득하는 경우에는 증여로 추정함(자금출처조사). |
| 자산상속 관련 | • 상속추정→상속개시일 전 1년 내 2억 원(2년 내 5억 원) 이상 재산을 인출하거나 처분 또는 부채를 부담하는 경우 상속인이 자금용도를 소명해야 함. 소명이 안된 경우에는 상속재산에 포함시켜 상속세를 과세함. |

평소 세법을 잘 안다고 자부하는 똑똑해 씨. 그는 상당한 재산가로 알려져 있다. 그는 이번 기회에 보유한 재산 중 취득가액이 낮은 부동산을 배우자에게 증여하고자 한다. 물론 증여금액은 시세로 신고해두려고 한다. 배우자 간 증여는 6억 원까지 비과세되므로 이를 이용하여 증여하면 향후 양도소득세가 줄기 때문이다. 예를 들어 똑똑해 씨가 취득 당시의 부동산 가격이 1억 원인데 현재 시세가 5억 원이라면, 이를 증여 후 5억 원에 양도하면 양도차익 0원이 발생한다. 이렇게 되면 당연히 세금은 없다. 하지만 이를 용인하면 세금이 제대로 걷히지 않는다. 그래서 세법은 이 같은 행위를 조세회피 행위로 보고 이월과세라는 제도를 적용한다. 이 제도는 배우자나 직계존비속으로부터 부동산 및 시설물 이용권(골프 회원권 등)의 자산을 증여받은 자가 그 증여받은 날로부터 5년 이내에 당해 자산을 양도하는 경우, 취득가액을 당초 증여자의 것으로 하는 제도를 말한다. 위의 사례를 그림으로 표현하면 다음과 같다.

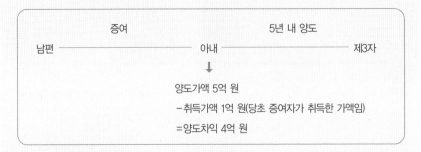

그 결과 증여한 효과가 없어지고 국가는 세금을 제대로 징수하게 된다. 하지만 이러한 세금 규제는 평생 동안 할 수는 없다. 그래서 세법은 증여받은 배우자가 5년 후에 양도하면 증여 당시 취득가액 5억 원을 인정한다. 참고로 이 제도는 최근 직계존비속까지 확대되어 적용된다. 그리고 배우자나 기타 자녀 등이 부담한 증여세는 양도세 계산 시 필요경비로 인정됨에 유의하자. 예를 들어 증여세를 1억 원 납부하였더라도 이 금액을 전액 돌려받을 수 있는 것이 아니라, 양도가액에 차감되는 필요경비로 처리되어 궁극적으로 낸 세금의 일부만 돌려받는다. 대략적으로 필요경비에 적용되는 양도소득세 세율만큼 세금을 돌려받게 된다. 이처럼 이월과세제도를 적용받으면 많은 세금 손실이 발생하므로 주의해야 한다. 장기보유특별공제는 남편이 취득한 기간을 따져 공제율을 적용한다.

# 고소득자가 조심해야 할 제도와
# 최근에 개정된 주요 세법

## 1. 소득 · 지출(PCI) 분석시스템

최근 도입된 '소득 · 지출 분석시스템(PCI 분석시스템, Property, Consumption and Income Analysis System)'은 고소득자 등 부자 층을 한층 더 압박할 것으로 보인다. 이 시스템은 재산증가액(신용카드 사용액과 해외체류비 등을 합산)과 국세청에 보고된 소득을 비교해 그 차이가 심한 경우 탈루혐의자로 보고 세무조사를 하여 세금을 추징하게 된다. 예를 들어 재산취득액과 카드사용액이 20억 원인데 국세청에 신고된 소득금액은 5억 원이라고 하자. 그러면 국세청의 전산망은 소득금액 15억 원이 탈루되었다고 보아 세무조사 대상자로 선정한다.

## 2. 성실신고확인제도

이 제도는 의사나 변호사 같은 전문직 사업자와 학원 등 현금수입업종 사업자 중에서 직전 연도 수입금액이 다음을 초과하는 경우에는 세무사로부터 장부기장 내용에 대해 정확성 등을 검증받도록 하는 것이다. 이는 개인사업자의 성실신고를 유도하고 세무조사 인력 부족 등 행정력의 한계를 보완하려는 취지로

마련되었다. 만일 검증이 제대로 되지 않은 경우 사업자에게는 검증불이행에 따른 가산세 10%를 부과하고 세무사에 대해서는 징계를 내리는 등 처벌이 강화된다. 참고로 검증 때 세무사에게 지급하는 검증비용에 대해서는 세액공제 60%(100만 원 한도)가 적용된다.

- **수입금액 20억 원 이상** : 광업, 도소매업, 농림업, 부동산업
- **수입금액 10억 원 이상** : 제조업, 음식숙박업, 전기가스수도업
- **수입금액 5억 원 이상** : 부동산임대업, 과학 및 기술서비스업, 보건업, 개인 서비스업 등

## 3. 현금영수증 의무발급제도

전문직이나 중개사무소, 학원 등의 현금수입업종은 건당 10만 원 이상 거래 시 현금영수증을 의무적으로 발행해야 한다. 위반 시 거래금액의 50%를 과태료로 내야 한다.

## 4. 해외금융계좌 신고제도

2010년부터 해외금융계좌에 10억 원이 넘게 입금된 날이 하루라도 있으면 이에 대한 계좌를 다음 해 6월에 국세청에 신고해야 한다. 이를 제대로 신고하지 않으면 가산세가 부과된다. 참고로 2014년부터는 해외금융계좌 미신고 혐의를 입증하는 데 중요한 자료(계좌번호, 계좌잔액 등)를 제공한 자에게는 최고 20억 원까지 포상금을 지급한다.

이외에도 고액현금거래보고제도(CTR, Currency Transaction Report), 혐의거래보고제도(STR, Suspicious Transaction Report), 해외금융계좌납세협력법(FATCA)에 의한 금융계좌신고제도 등에도 주의해야 한다.

■ 최근 개정된 주요 세법내용

| 번호 | 항목 | 개정내용 |
|---|---|---|
| 1 | 소득공제 항목 일부 세액공제 항목으로 전환 | 다자녀추가공제, 의료비, 교육비, 기부금, 연금저축, 월세 등에 대한 소득공제 항목이 세액공제 항목으로 전환됨 (고소득자에 대한 환급세액이 축소되는 효과가 발생). |
| 2 | 주택임대소득 비과세 한시적 적용 | 2014년~2018년 말까지 개인별로 2,000만 원 이하의 주택임대소득에 대해 비과세(이 비과세 조치는 2016년 말에서 2018년 말까지로 연장되었음) |
| 3 | 주택 양도소득세 중과세 폐지 | 2주택 이상자에 대한 주택 양도소득세 중과세제도는 2014년에 폐지되었음. |
| 4 | 비사업용 토지 양도소득세 | 비사업용 토지에 대한 양도소득세 중과세제도는 2017년 3월 현재 시행되고 있음. 단, 세율은 60%에서 16~50%로 인하되었음. |
| 5 | 농지 양도소득세 감면한도 축소 | 1년간 감면한도가 2억 원에서 1억 원으로 축소됨. |
| 6 | 증여재산공제 일부 변경 | 성년자의 경우 3,000만 원에서 5,000만 원, 미성년자는 1,500만 원에서 2,000만 원으로 공제액이 상향 조정되었음. |
| 7 | 업무용 승용차 비용처리 규제 | 업무용으로 사용되는 승용차에 대한 경비처리 한도가 연간 1,000만 원으로 규정됨(이를 초과한 경우 운행일지 작성 시 추가로 비용 인정). |
| 8 | 임차용 건물 인테리어비 | 인테리어비 잔존가액이 남아 있는 경우에 이를 비용처리할 수 있음. |
| 9 | 소득세율 인상 | 소득세 기본세율이 6~38%에서 6~40%로 변경되었음(5억 원 초과구간 40% 신설). |
| 10 | 간주임대료율 인하 | 1.8%에서 1.6%로 인하됨. |
| 11 | 매매사례가액 범위 신설 | 동일 단지 내, 기준시가와 전용면적의 차이가 ±5% 이내인 주택도 동일·유사한 재산으로 보아 매매사례가액을 적용할 수 있음. |

# 07

# 헷갈리는 절세? 탈세?

## 절세와 탈세 구분하기

세금을 안 내고 싶은 것이 인지상정. 그래서 많은 사람이 세금을 줄이려고 노력한다. 그러나 때로는 법을 어기는 실수를 저지르기도 하며, 간혹 세금을 회피하는 경우도 있다. 그런데 문제는 나의 행위가 법에 저촉하지 않을까 하는 궁금함이다. 이에 대한 판단을 내리기 위해서는 탈세와 절세, 그리고 조세회피 행위를 정확히 구분할 줄 알아야 한다.

| 구분 | 탈세 | 절세 | 조세회피 |
|------|------|------|----------|
| 의의 | 조세법을 직접적으로 침해<br>(비합법적, 비합리적) | 조세법을 정당하게 이용<br>(합법적, 합리적) | 조세법을 간접적으로 침해<br>(합법적, 비합리적) |
| 규제 | 조세범 처벌 | – | 개별세법 (부당행위계산부인, 증여추정,<br>실질과세원칙, 가산세, 세무조사 등) |
| 효력 | • 사법상 거래는 무효<br>• 본세 추징·가산세 부과<br>• 형사처벌<br>　(징역형 또는 벌금형) | – | • 사법상 거래는 유효함. 다만, 과세표준을 세법에<br>　따라 다시 계산함.<br>• 본세 추징, 가산세 부과<br>• 형벌의 제재는 없음. |

## 다음 중 조세회피행위에 해당하는 것은?

❶ 아버지가 자녀에게 부동산을 시가보다 50% 싸게 팔았다.

❷ 계약서를 허위로 작성하여 양도소득세를 신고했다.

❸ 장기보유특별공제를 많이 받기 위해 잔금청산일자를 조정했다.

❹ 취득 당시의 계약서를 잃어버려 취득가액을 환산했다.

정답은 ❶이다.

나머지는 탈세 또는 절세행위에 해당한다.

정답 ❶은 조세회피행위에 해당하는 경우로서 세법은 아버지에게 시가대로 양도소득세를 부과하고 자녀에게는 증여세를 부과하는 게 원칙이다.

❷는 탈세에 해당한다. 따라서 정상적인 금액으로 고쳐 세금을 추징하게 된다.

❸은 절세다. 장기보유특별공제는 보유기간에 따라 공제율이 달라지므로 매도자는 보유기간을 합법적으로 조절할 수 있다.

❹ 역시 절세에 해당한다. 계약서를 분실하는 등의 사유로 취득가액을 알기 힘든 경우에는 취득가액을 환산할 수 있다.

| 사례 |

**Q** 강남에 사는 최부자 씨는 부동산 임대사업자이지만 세금신고를 제대로 안 하고 있다. 임차인이 부가가치세 간이사업자라서 세금계산서를 받지 않았기 때문인데 향후 문제없을까?

**A** 그렇지 않다. 임대료에 대한 부가가치세와 소득세를 탈루하고 있는 만큼, 이 사실이 과세당국에 알려질 경우 임대기간 동안 탈루한 세금이 한꺼번에 추징될 수 있다(임차인이 탈세 사실을 고발하는 경우도 있다). 그래서 임대사업자들은 제대로 세금계산서를 발행하여 신고하는 것이 좋다.

| 사례 |

**Q** 경기도 성남시에 거주하고 있는 신명의 씨는 현재 1주택을 보유 중에 어머니 명의로 집을 추가 구입하였다. 이후 신명의 씨가 보유한 주택을 처분하였다고 하자. 세무상 문제없을까?

**A** 이러한 상황에서는 두 가지 문제가 발생한다. 신명의 씨가 처분한 주택에 대해 비과세를 받을 수 있는지와 어머니 명의로 된 주택에 대해 증여세 등이 부과되는지 여부이다.

먼저, 주택 비과세는 일시적 2주택 비과세특례가 적용되면 비과세를 받을 수 있을 것으로 보인다. 즉 어머니 명의로 산 주택의 취득일로부터 3년 내에 신명의 씨가 보유한 주택을 처분하면 비과세가 성립한다.

다음으로, 신명의 씨 어머니 명의로 되어 있는 주택은 부동산실명법을 위반한 사례에 해당한다. 따라서 이에 대해 30%의 과징금이 부과될 수 있다. 만일 이를 위반한 것이 아니라고 인정된다면 증여세가 부과될 수 있다(실무적으로 과징금 또는 증여세 중 양자택일을 해야 한다).

실무적으로 절세와 탈세 그리고 조세회피 행위를 잘 가려내는 것이 상당히 중요하다. 고수와 하수는 여기에서 갈린다.

**알|쏭|달|쏭|세|금|팁**

### 국세부과 제척기간

국세부과 제척기간이란 정부에서 세금을 부과할 수 있는 기간을 말한다. 소득세 등의 일반 세목은 보통 과세표준 신고기한의 다음날부터 5년 간 세금을 부과할 수 있고 이 기간이 경과하면 세금을 부과할 수 없다. 따라서 제척기간이 만료되면 납세의무가 소멸한다.

| 구분 | 원칙 | 특례 |
|------|------|------|
| 상속 · 증여세 | −15년 간(탈세 · 무신고 · 허위신고 등)<br>−10년 간(이외의 사유) | • 상속 또는 증여가 있음을 안 날로부터 1년(탈세로서 제3자 명의보유 등으로 은닉재산이 50억 원 초과 시 적용). |
| 이외의 세목 | −10년 간(탈세)<br>−7년 간(무신고)<br>−5년 간(이외의 사유) | • 조세쟁송에 대한 결정 또는 판결이 있는 경우, 그 결정 (또는 판결)이 확정된 날로부터 1년이 경과하기 전까지는 세금부과가 가능함. |

※ 성실신고도 절세대안이다!

신고불성실가산세는 산출세액의 10~40%로 단 1회 발생하지만, 납부불성실가산세는 위 제척기간 내에서 매년 10.95%씩 부과될 수 있다. 따라서 성실신고를 하는 것도 강력한 절세대안이다.

# 08

# 세금, 제대로 내는 것도 절세!

## 가산세, 절대 내지 맙시다!

다운계약 등 허위로 계약서를 작성하여 탈세가 발생하면 본세 이외에도 신고불성실가산세 (일반과소신고는 10%, 일반무신고는 20%, 부당과소 또는 무신고는 40%)와 납부불성실가산 세가 발생한다.

여기서 납부불성실가산세는 '미납세액×납부기한 다음날부터 고지일 경과일수×3/10,000' 을 곱하여 계산된다. 1일에 1만분의 3을 적용한 결과 연 이자율이 10.95%(=3/10,000× 365일)에 해당한다. 시중금리를 감안하면 상당히 높다고 볼 수 있다.

**가산세, 배보다 배꼽이 더 커질 수 있다! 이를 안 내는 것도 심신을 위해 좋다!**

## 다운계약서 · 업계약서 대처방법!

다운계약서는 실제 거래금액을 낮추는 계약서를, 업계약서는 이를 높이는 계약서를 말한다. 그런데 이러한 계약임이 드러나면 거래당사자는 물론 중개자도 재산상 손실을 입는다. 이러한 허위계약에 대처하는 방법은 없을까?

1. 2005년 이전의 거래분 : 실거래가 신고시스템이 도입되기 전이다. 따라서 허위계약임이 밝혀지면 당초 매도자에게 세금추징이 일어난다. 하지만 2005년 전에 거래된 것들은 현재 시점에서 보면 해당 거래일로부터 10년이 지났기 때문에 다운계약서임이 밝혀지더라도 세금추징을 당하지 않는다. 세법은 오래 전에 발생한 것에 대해서는 법의 안정성을 위해 이 기간이 만료되면 과세할 수 없도록 하고 있기 때문이다. 세법은 세목별로 바로 앞쪽에서 본 '국세부과 제척기간'을 정하고 있다.

2. 2006년 이후의 거래분 : 실거래가 신고시스템이 도입되어 실거래가액이 투명하게 관리되고 있다. 만일 이를 위반한 경우에는 거래당사자에게 취득세의 몇 배로 과태료를 부과하고 중개자에게도 일정액의 과태료를 부과한다. 이러한 조치로 인해 허위계약서 작성 행위가 많이 줄었다. 다만, 일부에서는 아직도 허위계약서를 작성하고 있는 것으로 파악된다. 그렇다면 2006년 이후에 다운계약서가 작성된 후 매수자가 양도하여 실제 계약한 금액으로 양도소득세를 신고하면 어떻게 될까? 이러한 상황이 발생하면 먼저 관할세무서는 허위로 신고한 종전 매도자에게 세금을 추징하며, 관할 시 · 군 · 구청은 취득세 과태료를 부과한다. 따라서 실거래가 신고시스템이 도입된 지금은 허위계약서를 작성하지 않도록 유의해야 한다.

### 허위계약을 하는 경우 비과세와 감면 박탈

2011년 7월부터 양도세 과세대상 자산인 부동산(부동산상의 권리 포함)을 거래하면서 허위계약서를 작성하면 양도세 비과세 · 감면을 배제한다. 따라서 매수 후에 1세대 1주택이 되거나 자경농지 등을 보유한 경우 자칫 비과세나 감면이 안 될 수 있으므로 주의해야 한다. 예를 들어 실지거래가액이 5억 원인데 4억 원으로 허위계약서를 작성했다고 하자. 이 경우 비과세를 적용하지 않은 산출세액이 5,000만 원이라면 다음 금액을 비과세 배제금액으로 한다.

> 비과세 배제금액＝5,000만 원과 1억 원 중 적은 금액인 5,000만 원

### 양도소득세 신고 후 검증단계

사람들의 관심이 많은 양도소득세 신고는 어떻게 검증하는지 그림으로 살펴보자.

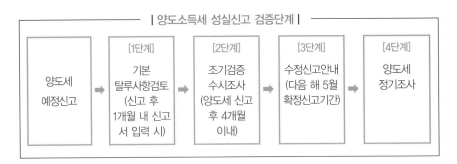

| 양도소득세 성실신고 검증단계 |

양도세 예정신고 → [1단계] 기본 탈루사항검토 (신고 후 1개월 내 신고서 입력 시) → [2단계] 조기검증 수시조사 (양도세 신고 후 4개월 이내) → [3단계] 수정신고안내 (다음 해 5월 확정신고기간) → [4단계] 양도세 정기조사

- 1단계(신고 후 1개월 내) : 양도세 신고서를 전산(TIS)에 입력할 때 단순 계산착오 사항 등 기본적인 서류검증을 통해 탈루사항 확인.

- 2단계(신고 후 4개월 내) : 사실과 다른 허위계약서 등을 이용해 신고한 혐의자를 신속하게 수시조사 대상자로 선정, 성실신고 여부 검증.

- 3단계(다음 해 5월 확정신고기간 중) : 전년도 예정신고자 중 사실과 다르게 신고한 혐의자에 대하여 수정신고 안내, 가산세 없이 자기시정 기회 부여.

- 4단계(다음 해 9월 이후) : 양도세 신고내역(무신고 포함) 전산분석 후 정기조사 대상자 선정, 정기조사를 통한 성실신고 여부를 최종적으로 검증.

 알｜쏭｜달｜쏭｜세｜금｜팁

### 세금항목별로 본 신고방법

각종 세금항목(줄여서 세목)을 어떻게 신고하는지 주의 깊게 살펴보자.

| 구분 | 신고방법 | 신고의 실익과 불이익 |
|---|---|---|
| 종합소득세 | • 중간예납<br>• 확정신고(다음 해 5월 중) | 무신고 시 가산세(단, 중간예납은 가산세 없음) |
| 양도소득세 | • 예정신고(양도일이 속하는 달의 말일부터 2개월) 의무화<br>• 확정신고(양도일이 속하는 다음 해 5월 중) | • 무신고 시 가산세 20% 부과(세액공제는 없음)<br>• 한 해에 2회 이상 누진세율 거래 분에 대해 합산신고 |
| 상속세 | 상속개시일이 속하는 달의 말일부터 6개월 | 7% 세액공제(무신고 시 가산세) |
| 증여세 | 증여일이 속하는 달의 말일부터 3개월 | 7% 세액공제(무신고 시 가산세) |
| 재산세 | 매년 6월 1일을 기준으로 7월과 9월에 지방자치단체에서 고지 | 미납 시 가산세 |
| 종합부동산세 | 매년 6월 1일을 기준으로 12월에 국가에서 고지 | 미납 시 가산세 |
| 취득세 | 취득일로부터 60일 내에 신고 | 무신고 시 가산세 있음. |

# 09

# 억울해서 부글거리게 하는
# 세금의 해법

## 세금 때문에 밤잠 설치는 당신!

살다보면 억울하게 낸 세금 때문에 밤잠을 설치는 경우가 생길 수 있다. **세법 내용을 몰라 그러는 경우도 있고, 세법이 쳐놓은 그물에 걸려 억울하게 과세되는 일도 있다.** 사전에 이런 상황을 만나지 않도록 관리하는 것이 좋겠지만 현실적으로 잘 안 될 때가 많다.

이런 상황이 오면 재산상 손실이 많아지므로 잘 대처해야 한다. 본문을 통해 현실적으로 어떤 세금들이 억울하게 발생하는지 살펴보고 적절한 대책도 함께 알아보도록 하자.

## 억울한 세금 사례들

- A씨는 아파트를 증여한 후 기준시가로 신고했는데 국세청은 이를 인정하지 않고 옆집의 매매가로 세금을 부과했다(←세법 내용을 모른 경우).
- J씨는 동생에게 사업자 명의를 빌려주었다. 그런데 J씨에게 세금을 내라는 고지서가 날라왔다(←세법 내용을 모른 경우).
- N씨는 주식회사 주주다. 그런데 이 회사가 문을 닫으면서 못 낸 세금을 낼 처지에 처했다(←세법 내용을 모른 경우).
- B씨는 상속받은 부동산을 처분했다. 그런데 양도가액이 시가임에도 취득가액을 기준시가로 해야 한다고 한다(←세법 내용을 모른 경우).
- C씨는 시골에서 농사를 8년 이상 지었지만 주소를 도시에 두고 있었다. 관할세무서에서는 세금을 내야 한다고 한다(←사실판단을 잘못한 경우).
- 씨는 IMF 때 취득한 양도소득세가 감면되는 주택과 일반주택을 보유하던 중에 일반주택을 양도하고 세금 신고를 하지 않았다. 그랬더니 관할세무서에서 세금을 신고하라고 한다(←법이 바뀐 사실을 몰랐던 경우).

## 왜 이런 세금들이 발생할까?

현실에서 보면 억울하게 낸 세금이 상당하다. 그렇다면 왜 이런 현상이 발생할까? 첫째, 법이 어렵다. 세법이 모든 경제상황에서 발생하는 세금문제를 규율하다보니 그렇다. 둘째, 세법을 잘못 해석한 경우이다. 세법이 바뀐 것을 모르거나 법 내용을 잘못 이해해서 내는 세금도 상당히 많다. 셋째, 국세청의 해석이 다양한 경우이다. 똑같은 상황에서도 국세청의 의견이 분분하여 조세심판원이나 대법원의 판결로 의견이 뒤바뀌는 일도 상당히 많다. 넷째, 사실판단에 대한 시각 차이가 존재한다. 이는 한마디로 '귀에 걸면 귀걸이, 코에 걸면 코걸이'가 되는 상황이 많다는 것. 보는 사람 입장에 따라 시각 차이가 존재하여 결국 심판원으로 직행하는 일이 많다. 다섯째, 세법에 무지하여 생기는 경우이다. 법이 어렵기 때문에 당연한 결과. 하지만 본인 노력이 부족하다면 재산손실은 어쩔 수 없을 것 같다. 여섯째, 정당한 거래를 부인당하는 경우이다. 세무공무원의 지식이 짧아서 과세가 안 될 것이 과세되는 일도 종종 있다.

## 그러면 어떻게 대처해야 좋을까?

일단 억울하다고 판단되면 세무전문가를 찾아 해결책을 도모하자. 만약 그 자리에서 세무서의 잘못이라고 객관적으로 발견된다면 바로 시정해 줄 것이다. 하지만 의견이 팽팽하다면 과세될 가능성이 높다. 이때에는 불복한다.

### 1. 과세예고통지서를 받기 전

관할세무서 등의 담당자를 통해 직권취소가 가능한지 알아본다. 그리고 과세 근거가 불명확한 경우에는 관할세무서 내에서 운영하고 있는 '과세쟁점자문위원회'를 활용하는 것도 좋다.

## 2. 과세예고통지를 받으면

과세예고통지서를 받은 날로부터 30일 내에 과세전적부심사제도를 활용할 수 있다.

## 3. 납세고지서를 받으면

불복절차를 거친다. 이 제도는 국세기본법 또는 세법에 의한 처분으로서 위법 또는 부당한 처분을 받는 등 권리 또는 이익의 침해를 받은 납세자가 법적 절차로 구제받는 것을 말한다. 이에는 이의신청, 심사청구, 심판청구, 감사원 심사청구 등으로 구분된다.

❶ 이의신청을 거치는 경우 : 이의신청(관할세무서장을 대상) 후 심사청구(국세청장을 대상) 또는 심판청구(조세심판원을 대상) 중 하나를 선택할 수 있다.

❷ 이의신청을 거치지 않은 경우 : 심사청구 또는 심판청구 중 하나를 선택할 수 있다.

❸ 이외 위의 절차를 밟지 않고 감사원 심사청구를 바로 할 수도 있다.

## 4. 불복청구기한이 경과하였다면

고충처리로 진행할 수 있다. 이는 세금과 관련한 애로 및 불편사항에 대한 고충을 세무서의 납세자보호담당관에게 신청할 수 있도록 하는 제도다. 예를 들어 세금이 잘못 나왔다든지 부당하게 재산이 압류되거나 조세불복기간이 경과한 경우 등 납세자의 세금 관련 애로사항을 해결할 수 있다. 고충신고는 국세를 부과할 수 있는 기간(예 5년) 내에 할 수 있다.

# 10

# 골치 아픈 세금,
## 좋은 해법이 없을까

### 국세청과 전문가 등 3인의 의견이 일치하면 정답률은 **99%!**

세무상담을 완벽히 할 수 있는 수단은 거의 없다고 해도 과언이 아니다. 따라서 늘 세무위험은 존재한다. 다만, 이를 줄이기 위해서는 적어도 국세청의 견해와 둘 이상의 세무전문가 등의 의견을 종합하여 판단을 내릴 필요가 있다. 세 곳의 의견이 일치하면 정답일 확률이 높다.

하지만 의견이 분분하다면 정답이 아닐 가능성이 높으므로 이때에는 답을 알고 있는 전문가 등을 통해 해답을 얻어야 한다. 그리고 모호한 상황에서는 반드시 국세청에서 서면으로 받은 의견을 근거로 남겨두는 꼼꼼함도 필요하다.

# 나에게 맞는 세무상담 방법을 고민해 보자!

일반인이 세금문제를 명쾌하게 정리하기란 쉽지 않다. 내용 자체도 어렵고 언제 어떻게 변할지 도통 감을 잡기가 어렵기 때문이다. 사례 한 가지를 살펴보자.

| 사례 |

표영숙 씨는 IMF 때 신축주택을 구입했다. 이 주택은 제3자로부터 매입한 분양권으로 취득한 것이었다. 원래 양도소득세를 감면받기 위해서는 시행사와 최초 계약을 해야 했지만 이처럼 다른 사람의 분양권을 양도받아 주택을 취득한 것에 대해서는 양도소득세 감면이 적용되지 않았다. 그래서 표 씨는 감면을 포기한 상태에서 이 주택을 처분하려는 생각을 많이 하고 있었다. 하지만 세금 때문에 지금까지 처분을 미루어왔다. 그러던 어느 날 평소 세무문제로 자문을 구하던 세무사로부터 뜻밖의 이야기를 들었다. 최근 대법원이 분양권을 매입하여 취득한 주택에 대해서도 감면해 주는 것으로 판결했다는 소식이었다(대법 2009두2566, 2009. 5. 14).

표 씨는 이런 이야기를 신문이나 방송, 책, 심지어 주위 부동산업에 종사하는 사람이나 기타 누구에게도 듣지 못했다. 그런데 이런 얘기를 여기서 듣다니! 심장이 벌렁벌렁하기 시작했다. 세금 차이가 수천만 원 날 수도 있기 때문이다.

실무현장에서 보면 위와 같은 일이 상당히 많이 일어난다. 따라서 계약 전에 반드시 세금문제를 따져보는 것이 좋다. 이때 세무상담은 국세청을 통해 다양한 방법으로 무료로 진행할 수 있다. 그러나 유의할 점이 많다는 사실도 알아야 한다.

▶ 국세청 인터넷 상담 : www.hometax.go.kr

▶ 국세청 전화상담 : 126(국번 없이)

▶ 국세청 서면상담 : 세종특별자치시 국세청로 8-14 국세청(정부세종2청사 국세청동) / (우편번호) 30128

국세청 상담을 포함하여 세무상담 시 주의해야 할 내용들을 정리해 보자.

## 1. 인터넷 상담

이는 주로 국세청 홈페이지이나 기타 개인 또는 회사들이 개설한 홈페이지에서 유료나 무료로 이용할 수 있다. 인터넷 상담은 실시간으로 할 수 있다는 장점이 있으나, 제한된 정보로 답변에 오류가 발생할 수 있다는 것이 치명적인 약점이다.

☞ 만약 필자와의 세무상담이 필요한 경우에는 필자가 운영하고 있는 네이버 카페(신방수세무사의 세테크_http://cafe.naver.com/shintaxpia)를 활용하기 바란다.

## 2.. 전화상담

전화상담은 유선으로 상담하는 것이지만 상담자와 피상담자의 인식 차이 등에 따라 상담내용이 상당히 왜곡될 수 있다. 특히 국세청 전화상담은 단지 참고용으로만 사용하고, 절대 이를 기준으로 세무처리를 하지 않도록 주의하자(이에 근거해 세무를 잘못 처리하더라도 구제받을 길이 없다. 인터넷 상담 역시 법적 효력이 없다).

## 3. 방문상담

방문상담은 대면상담을 말하며 직접 대면을 통해 상담할 수 있으므로 관련 내용 파악이 쉽다는 장점이 있다. 하지만 시간이 많이 들 뿐만 아니라, 자료 제출 등이 잘못된 경우 오류가 발생할 가능성도 높다.

### 알 | 쏭 | 달 | 쏭 | 세 | 금 | 팁

#### 경정청구와 수정신고

잘못 신고한 세금, 많이 신고한 세금 등을 불복 전에 고칠 수 있는 제도를 소개한다.

- **경정청구**
  세금을 세법에 의한 금액보다 많게 신고하여 납부한 경우 이용. 통상적으로 법정신고기한 후 5년(소송 등에 의한 후발적 경정청구는 3개월) 내에 청구할 수 있다. 세무서에서 이를 받아들이지 않으면 다음 단계인 불복을 진행할 수 있다.

- **수정신고**
  세금을 적게 납부했을 때 스스로 세금을 더 내는 제도를 말한다. 관할세무서장이 통보하기 전까지 수정신고를 할 수 있다. 법정신고기한으로부터 6개월 이내에 신고하면 신고불성실가산세를 50%(6개월~1년 20%, 1~2년 10%) 감면받을 수 있다.

# 11

# 세금이 수익률을 낮춘다고?

## 세금이 수익률을 낮춘다!

앞에서 남고 뒤에서 밑진다.는 말이 있다. 이는 앞에서 봤을 때에는 수익이 있어 보이지만 막상 취하고 나면 남는 것이 없다는 것을 말한다. 이러한 말은 특히 개인이 재테크 할 때 유념해야 한다.

▶ 소득 측면

개인에게 발생된 소득이 많아질수록 세금이 가중되기 때문에 실제 쥔 돈이 줄어든다.

– 근로소득·사업소득 : 40%를 초과한 근로자나 사업자에게 추가소득이 발생하면 소득의 44%(40%+ 40%의 10%)에 해당하는 금액이 세금이다.

▶ 자산 측면

개인 자산 측면에서는 주로 부동산에서 수익률이 급격히 떨어지는 경우가 많다.

| 부동산 | 금융자산 |
|---|---|
| 양도소득세가 많이 부과될 때 ▼ | 금융소득에 대한 세금이 많이 부과될 때 ▼ |
| • 부동산을 단기매매하면 40~50%로 적용받는다. <br> • 오래된 부동산을 양도하면 양도차익이 많이 발생해 세금이 증가한다. <br> • 중과세제도가 적용되면 세금이 증가한다. | • 이자나 배당소득이 연간 2,000만 원 초과하는 경우 6~40%의 세율이 적용된다(금융소득 종합과세). <br> • 비실명이자 등에 대해서는 90%까지도 세금이 부과될 수 있다. |

## 세금과 수익률의 관계, 그리고 대처방법

서울 강남구에 거주하는 박사장 씨는 보유기간이 11개월 된 주택을 양도하고
자 한다. 세금은 얼마가 될까? 그리고 절세방법은 없을까? 양도가액은 3억 원,
취득가액은 2억 5,000만 원 그리고 기타 필요경비는 2,000만 원이라고 하자.
이 사례의 경우 1주택자에 해당하나 보유기간 미충족으로 인해 세금이 부과되
는 상황이다. 세금계산을 위한 정보를 파악하면 다음과 같다.

- **장기보유특별공제** → 3년 미만 보유했으므로 장기보유특별공제는 받을 수 없다.
- **세율** → 주택을 1년 미만 보유 시 이에 해당하는 양도소득세 세율은 40%이다.

(단위 : 원)

| 구분 | 계산* | 비고 |
|---|---|---|
| 양도가액 | 300,000,000 | |
| − 필요경비 | 270,000,000 | |
| 취득가액 | 250,000,000 | |
| 기타필요경비 | 20,000,000 | |
| = 양도차익 | 30,000,000 | |
| − 장기보유특별공제 | − | 적용 배제 |
| = 양도소득금액 | 30,000,000 | |
| − 기본공제 | 2,500,000 | |
| = 과세표준 | 27,500,000 | |
| × 세율 | 40% | 1년 미만 보유 시의 세율 |
| = 산출세액 | 11,000,000 | 지방소득세 포함 시 1,210만 원 |

\* 양도소득세 계산구조는 120쪽 참조

박사장의 양도차익은 3,000만 원이지만 이 중 세금이 40%가량 차지한다. 이로인해 세금을 공제한 후의 수익률이 급격하게 하락한다. 따라서 향후 부동산에서 수익률을 높이려면 세금 변수를 고려할 필요가 있다. 양도소득세는 보유기간에 따라 세금이 결정되는 경우가 많으므로 이를 미리 확인해 두자. 가령 보유기간이 짧은 경우 장기보유특별공제가 적용되지 않고 여전히 높은 양도세 세율이 적용된다. 따라서 보유기간이 짧은 경우에는 보유기간에 따른 세금의 변화를 예측하여 보유 전략을 세우도록 한다. 이 사례의 경우 보유기간을 늘리면 세금이 줄어든다.

| 구분 | 1년 미만 | 1~2년 미만 | 2년 이상 |
|---|---|---|---|
| 양도차익 | 3,000만 원 | 3,000만 원 | 비과세 |
| – 기본공제 | 250만 원 | 250만 원 | |
| = 과세표준 | 2,750만 원 | 2,750만 원 | |
| × 세율 | 40% | 15% | |
| – 누진공제 | 0원 | 108만 원 | |
| = 산출세액 | 1,100만 원 | 304만 5,000원 | |

\* 참고로 잔금청산일과 등기접수일 중 빠른 날을 기준으로 취득시기와 양도시기가 결정된다.

알 l 쏭 l 달 l 쏭 l 세 l 금 l 팁

**보유기간과 세금의 관계**

양도소득세는 보유기간에 따라 여러 가지 제도가 적용된다.

● 주택을 2년 보유 시 : 비과세
● 농지를 8년 재촌 · 자경 시 : 100% 감면
● 주택이나 농지를 10년 이상 보유 시 : 장기보유특별공제를 30%(1세대 1주택은 80%)까지 적용

# 누진세율 대 비례세율의 차이점

세금을 이해할 때 각 세금항목에 따른 세율체계를 제대로 이해할 필요가 있다.
그래야 세금의 크기를 가늠해 보고 이에 따른 대책을 꾸릴 수 있다.

## 1. 종합소득세 세율

| 과세표준 | 세율(%) | 누진공제(만 원) |
|---|---|---|
| 1,200만 원 이하 | 6 | – |
| 4,600만 원 이하 | 15 | –108 |
| 8,800만 원 이하 | 24 | –522 |
| 1.5억 원 이하 | 35 | –1,490 |
| 5억 원 이하 | 38 | –1,940 |
| 5억 원 초과 | 40 | –2,940 |

이 세율은 소득이 많아지면 세금도 증가하는 특성을 보인다. 예를 들어 과세표준
이 1,200만 원 이하에서는 6%가 적용되나 다음 구간은 15%, 그 다음 구간은 24%
등으로 세율이 인상된다. 이처럼 소득이 점점 많아지면 세율도 덩달아 올라가는
세율구조를 '누진세율'이라고 한다. 이에 반해 소득과 무관한 세율을 비례세율
또는 단일세율이라고 한다.

### 계산방법

과세표준이 1억 원인 경우 6~40%로 산출세액을 계산하면? 단, 원칙적인 방법과 간편법으로 계산한다.

---

① 원칙적인 방법 : 1,200만 원×6%+(4,600만 원-1,200만 원)×15%+ (8,800 만 원-4,600만 원)×24%+(1억 원-8,800만 원)×35%=72만 원+510만 원+1,008만 원+420만 원=2,010만 원

② 간편한 방법 : 1억 원×35%-1,490만 원(누진공제)=2,010만 원

---

여기서 누진공제란 간편법을 적용하는 경우에 적용세율과 구간별 세율 차이에 해당하는 금액을 말한다.

### 절세 포인트

종합소득세는 개인의 종합소득에 대해 6~40%의 누진세율로 적용된다. 따라서 세금을 줄이기 위해서는 종합소득금액을 분산하는 것이 상책이다. 이 금액이 높아지면 누진세율에 의해 세금이 커지기 때문이다. 공동등기나 공동사업 등을 검토하면 된다.

### 절세 사례

성임대 씨의 부동산 임대소득금액은 1억 원이다. 그렇다면 만일 이 소득금액을 1/2로 나눠 과세한다면 세금이 얼마나 떨어질까?

---

1억 원×6~40%-(5,000만 원×6~40%)×2명 = 2,010만 원-1,356만 원=654만 원

---

## 2. 양도소득세 세율

| 구분 | | 세율 | | |
|---|---|---|---|---|
| 일반세율<br>(=보유기간에 따른 세율) | 1년 미만 | 50% (주택은 40%) | | |
| | 1~2년 미만 | 40% (주택은 6~40%) | | |
| | 2년 이상 | 6~40% | | |
| | | 과세표준 | 세율 | 누진공제 |
| | | 1,200만 원 이하 | 6% | − |
| | | 4,600만 원 이하 | 15% | −108만 원 |
| | | 8,800만 원 이하 | 24% | −522만 원 |
| | | 1.5억 원 이하 | 35% | −1,490만 원 |
| | | 5억 원 이하 | 38% | −1,940만 원 |
| | | 5억 원 초과 | 40% | −2,940만 원 |
| 중과세 세율* | 1세대 2주택 | 폐지 | | |
| | 1세대 3주택 | 폐지 | | |
| | 비사업용 토지 | 16~50% | | |
| 미등기 자산 | | 70% | | |

\* 2017년 3월 현재 비사업용 토지에 대해서만 중과세제도가 적용되고 있다. 토지는 주택과는 달리 생산요소에 해당하기 때문에 이 제도를 계속 적용하고 있는 것으로 보인다. 참고로 비사업용 토지의 경우 장기보유특별공제는 취득일로부터 기산하여 적용된다.

양도소득세 세율 내용은 원칙적으로 보유기간에 따라 달라진다.


계산방법

● 누진세율에 대한 계산방법은 종합소득세 세율과 같다.

● 보유기간이 짧거나 중과세 세율이 50% 등으로 적용되는 경우를 보자. 참고로 이렇게 하나의 세율로 고정한 세율을 비례세율 또는 단일세율이라고 한다. 과세표준이 1억 원인 경우는 다음과 같이 계산한다.

> 1억 원×50% = 5,000만 원

절세 포인트

양도소득세가 과세되면 수익률이 확 떨어지는 경향이 있다. 따라서 세금을 아예 내지 않는 비과세를 받거나 세금의 일부나 전부를 감면받는 것이 중요하다. 이를 위해서는 미리 조건을 살펴보고 대책을 마련해 두는 것이 좋다.

절세 사례

백절세 씨는 현재 2주택을 보유하고 있다. 한 채는 시세가 5,000만 원, 다른 주택은 5억 원이다. 어떻게 처분하는 것이 좋은가?

이런 상황에서는 일반적으로 세금이 적은 것을 먼저 처분하고 나머지 한 채에 대해서는 비과세를 받도록 한다. 참고로 요즘은 실거래가액 9억 원까지는 비과세를 적용한다.

## 3. 상속 · 증여세율

상속 및 증여에 대한 세율은 다음과 같다.

| 과세표준 | 세율(%) | 누진공제 |
|---|---|---|
| 1억 원 이하 | 10 | – |
| 5억 원 이하 | 20 | – 1,000만 원 |
| 10억 원 이하 | 30 | – 6,000만 원 |
| 30억 원 이하 | 40 | – 1억 6,000만 원 |
| 30억 원 초과 | 50 | – 4억 6,000만 원 |

상속세 과세표준은 총 상속재산가액에서 상속공제액(보통 10억 원)을 차감하여 구한다. 그리고 상속세 세율은 10~50%의 5단계 누진세율로 되어 있다.

계산방법

과세표준이 10억 원인 경우 다음과 같이 계산한다.

① 원칙적인 방법 : 1억 원×10%+(5억 원−1억 원)×20%+(10억 원−5억 원)× 30%=2억 4,000만 원

② 간편한 방법 : 10억 원×30%−6,000만 원(누진공제액)=2억 4,000만 원

절세 포인트

상속세도 누진세율이 적용되므로 미리 개인별로 분산해 두는 것이 좋다. 다만, 상속개시일로부터 10년(비상속인은 5년) 이내에 증여한 재산은 상속재산에 합산 과세되는 것이 일반적이다. 예를 들어 80세에 증여한 경우에 90세를 넘겨야 합산 과세를 피할 수 있게 된다. 따라서 이러한 합산과세를 피하기 위해서는 미리 증여계획을 실행할 필요가 있다.

절세 사례

AB부부는 20억 원의 재산을 모두 A가 가지고 있다. CD부부는 각각 10억 원씩 재산을 나누어 가지고 있다. 상속공제액은 배우자가 살아 있다면 10억 원 그렇지 않다면 5억 원을 공제받을 수 있다. 재산은 모두 자녀가 상속받는다고 하자. 어떤 부부에게 상속세가 적게 나올까?

당연히 CD부부이다. A가 사망하면 20억 원에서 10억 원을 공제한 10억 원에 대해서 세금(2억 4,000만 원)이 나올 수 있다. CD부부의 경우(C가 먼저 사망하고 D가 사망하면) 10억 원에서 5억 원을 공제한 5억 원에 대해 세금(9,000만 원)이 나올 수 있다.

# 12

# 비과세와 감면 어떤 차이가 있을까?

## 비과세와 감면을 구별할 수 있다면 당신은 고수!

비과세와 감면, 둘 다 세금을 줄여준다는 의미에서 좋은 제도임이 틀림없다. 그런데 이 둘을 정확히 구별하는 사람이 드물다. 그러다 보면 예기치 않은 세금을 낼 수 있다. 신고해야 함에도 신고하지 않으면 세금을 더 낼 수도 있기 때문. 세금혜택을 제대로 누리고 싶다면 이 둘부터 제대로 구별해야 한다.

| 구분 | 비과세 | 감면 |
|------|--------|------|
| 1. 개념 | 국가가 과세권 포기 | 세금의 일부 또는 전부를 경감하는 것. |
| 2. 세금발생 유무 | 없음. | 감면세액의 20%인 농어촌특별세가 부과됨 (단, 농지감면은 예외). |
| 3. 세금신고유무 | 신고할 필요 없음. | 반드시 신고해야 됨. |
| 예 | 1세대 1주택 | 8년 이상 자경한 농지 등 일정 기간에 신축주택을 취득한 경우 등 |

# 내 사전에 세금은 없다!

비과세는 세금이 한 푼도 붙지 않는 것을 말한다. 어찌 보면 가장 좋은 절세법이다. 세후수익률이 세전수익률과 같기 때문이다. 감면은 일단 세금을 계산한 후 법에 따라 세금의 일부나 전부를 면제받는 것이다. 따라서 비과세와는 달리 감면은 세금신고를 해야 하고 감면신청을 해야 한다. 일반적으로 감면을 받은 세액의 20%를 농어촌특별세로 내는 일이 있다. 이외에도 공제금액 이하가 되거나 과세소득에서 제외된 경우에도 세금이 없다.

## 1. 비과세
비과세를 받을 수 있는 상황은 다음과 같다.

● 주택
  - 1세대가 1주택을 2년 이상 보유한 경우(단, 실거래가액이 9억 원 초과 시 양도차익 중 일부에 대해서는 과세됨. 서울 등에 적용되던 거주 요건은 2011년 6월 3일 이후 양도분부터 폐지됨)
  - 1세대가 일시적으로 2주택을 보유한 경우(기존 주택은 3년 내에 양도)
  - 1세대가 부득이하게 2주택 이상을 보유한 경우(일반주택 외에 상속주택이나 농어촌주택 등이 있는 경우)
  - 주택임대사업자가 거주용 주택을 처분하는 경우

● 토지
  - 농지를 교환하거나 분합하는 경우

- 금융자산

  - 농어가목돈마련저축(최고 7~12%까지 이자를 받을 수 있는 저축)

  - 비과세종합저축(65세 이상의 노인 등에게 적용되는 비과세 저축) 등

  - 개인종합자산관리계좌(ISA, Individual Savings Account, 5년 동안의 수익과 손실을
    통산한 순수익을 기준으로 200만 원까지 비과세혜택을 부여하는 저축)

## 2. 감면

감면 종류에는 다음과 같은 것들이 있다.

- 주택

  - 조세특례제한법상에서 규정하고 있는 IMF기간 중에 취득한 임대주택(5년 이상
    임대해야 하고 필요 주택 수가 5호 또는 2호 이상이어야 함) 또는 신축주택(일정기간
    내에 신축된 주택을 말함)

  - 최근에 발생한 미분양 주택을 취득하여 임대하는 경우 등

- 토지

  - 8년 자경농지와 대토농지(대토농지는 4년 이상 자경한 상태에서 감면을 받을 수 있음)

  - 수용된 토지 등

- 금융자산

  - 세금우대저축(9%로 과세되는 저축)

### 3. 공제금액 이하

상속과 증여의 경우 다음 금액 이하로는 세금이 없다. 따라서 이 금액 이하
는 비과세 효과가 발생한다.

| 상속 | | 증여 | | | |
|---|---|---|---|---|---|
| 배우자 생존 | 배우자 부존 | 배우자 | 성년 | 미성년 | 기타 친족 |
| 10억 원 | 5억 원 | 6억 원 | 5,000만 원 | 2,000만 원 | 1,000만 원 |

다음 소득에 대해서는 원칙적으로 세금을 부과해야 하지만 금융산업 발전을
위해 특별히 과세소득에서 제외하여 비과세 효과가 발생한다.

● 소액주주의 상장주식에 대한 양도차익

● 채권의 매매차익

● 파생상품의 매매차익(2016년부터 과세)

● 10년 이상 유지한 저축성 보험차익 등

 알 | 쏭 | 달 | 쏭 | 세 | 금 | 팁

**노점상은 세금이 있을까 없을까?**

노점상도 사업자에 해당하나 사업자등록을 안 한 것에 불과하다. 그러므로 사업자에 부과되
는 세금을 내야 한다. 다만, 행정상 과세하기가 힘들어 과세를 유보하는 것이 일반적이다.

# 13

# 1주택자는
## 위장전입 필요 없어요!

### 위장전입은 이제 그만, 1주택자는 거주 요건이 없어요!

2017년 현재 국내에서 1세대 1주택을 보유한 가정들은 2년 이상 '보유'만 하면 양도소득세가 없다. 물론 양도할 때 거래한 집값이 9억 원 이하인 경우에 한해서이다. 여기서 중요한 사실은 소유만 해도 비과세되는 것이다. 거주 요건은 2011년에 폐지되었기 때문이다. 그래서 옛날처럼 일부러 하는 위장전입도 필요가 없다.

# 1주택자는 무조건 2년 이상만 보유하면 된다!

세법은 국내에서 1세대가 1주택을 2년 이상 보유하면 이를 양도할 때 세금을 받지 않는다. 그리고 신고의무도 부여하지 않는다.

집 1채 정도는 마음껏 누릴 수 있도록 하기 위해서이다. 물론 집값이 9억 원이 넘는 경우에는 고가주택으로 분류하여 세금의 일부를 거둔다.

그런데 실무적으로 이에 대한 비과세를 받을 때 몇 가지를 짚어볼 필요가 있다. 곳곳에 함정이 있기 때문이다. 지금부터 이에 대해 알아보자.

## 1세대란 무얼까?

우선 우리가 앞으로 친숙해야 하는 개념에는 '1세대'가 있다. 세법은 1세대를 기준으로 주택 수를 파악하는데, 이는 '거주자(주택을 양도한 자)와 배우자 동일한 주소 또는 거소에서 생계를 같이하는 가족'을 말한다. 그리고 여기서 가족은 거주자와 배우자의 직계존비속(배우자도 포함한다) 및 형제자매를 말한다. 이때 취학, 질병요양, 근무상 또는 사업상의 형편으로 본래의 주소 또는 거소를 일시 퇴거한 자도 포함한다. 이러한 세대 개념은 매우 중요한데 자세한 내용은 90쪽에서 구체적으로 살펴보기로 하자.

## 1주택은 어떻게 따질까?

주택에 대한 비과세를 따질 때 '주택'은 공부상 용도 또는 사업자등록 여부와 관계없이 사실상 상시 주거용으로 사용하는 건물을 말한다. 따라서 상가를 개조해 주택으로 사용하는 경우에는 주택으로 보며, 오피스텔을 주거용으로 사용하면 역시 주택으로 본다. 참고로 세법에서는 다음과 같은 주택들에 대해 1세대 1주택 판정 시 주택 수에서 제외하고 있다(양도소득세 집행기준 89-154-14). 이렇게 주택 수에서 제외되면 주택 수가 2 이상이 되더라도 1세대 1주택에 대한 비과세 혜택을 누릴 수 있다.

| 구분 | 1세대 1주택 수 | 비고 |
|---|---|---|
| 주택 신축 판매업자의 재고주택 | 제외 | 사업용 주택 |
| 부동산 매매업자의 재고주택 | 제외 | |
| 장기임대주택 | 제외 | 임대주택으로 등록한 주택을 말함 |
| 신축임대주택 | 제외 | 양도소득세 감면되는 주택 |
| 지방 미분양주택 | 제외 | |
| 미분양주택 | 제외 | |
| 신축감면주택 | 포함* | |
| 상속/농어촌주택 | 제외 | 비과세 특례가 적용되는 주택 |

* 2007.12.31.이전에 신축감면주택 외 일반주택을 양도하는 경우 신축감면주택을 거주자의 주택으로 보지 아니하는 것임

## 보유기간은 어떻게 따질까?

보유기간 '2년'은 취득시기와 양도시기의 기간을 따지게 되는데 이 시기들은 보통 잔금청산일과 등기접수일 중 빠른 날을 기준으로 한다.

예를 들어 어떤 사람이 1년 10개월이 된 1세대 1주택을 처분할 계획을 가지고 있다고 하자. 이 주택은 양도차익이 2천만 원 정도 발생할 것으로 예상된다. 이때 어떤 식으로 거래하면 세금문제가 없을까?

일단 세법은 잔금청산일과 등기접수일 중 빠른 날을 취득시기와 양도시기를 정하고 있으므로 사례의 경우 잔금청산일을 2년째가 되는 날로 맞추면 보유기간이 2년 이상이 되어 비과세를 받을 수 있게 된다.

**돌발퀴즈**

Q  손해를 보고 파는 경우에도 보유기간을 2년으로 맞춰야 하는가?

A  아니다. 양도소득세는 이익이 나야 과세되는 세금이다. 따라서 손해를 보고 파는 주택들은 언제든지 팔아도 세금문제가 없다.

## 거주 요건은 어떻게 따질까?

1세대 1주택에 대한 양도소득세 비과세 규정은 거주 여부와 관계없이 2년 이상 보유만 하면 비과세를 받을 수 있다. 현재는 거주 요건이 적용되지 않기 때문이다. 다만, 아래에서 보면 주택임대사업자가 본인이 거주용으로 보유한 주택에 대해 양도소득세 비과세를 받으려는 때에는 2년 이상의 거주 요건이 있음에 유의해야 한다.

### ※ 참고
**그래도 거주 요건이 필요한 경우가 있다!**

1세대 1주택 비과세 요건 중 2년 거주 요건은 폐지가 되었으나 다음은 거주 요건이 필요하다.

- **2년을 보유하지 않는 상태에서 전근 또는 1년 이상 요양을 위해 다른 시·군으로 이사를 갈 때** : 해당 집에서 1년 이상 거주해야 비과세를 적용한다(2년 보유요건에 대한 특례).
- **건설임대주택을 분양받아 양도하는 경우** : 임차일로부터 양도일까지 5년 이

상 거주해야 한다(2년 보유 요건에 대한 특례).

- **주택임대사업자가 본인이 거주하던 주택을 양도하는 경우** : 거주용 주택에 대해서는 모든 세대원이 2년 이상 거주해야 한다(전국적으로 적용).

자세한 요건은 111쪽을 참조하기 바란다.

## 고가주택은 어떻게 과세될까?

실거래가액이 9억 원을 초과하는 주택은 전체 양도차익에 대해 일부 과세가 된다. 이 때 과세되는 양도차익은 다음과 같이 계산한다.

$$\text{고가주택의 과세되는 양도차익} = \text{전체 양도차익} \times \frac{\text{양도가액} - 9\text{억 원}}{\text{양도가액}}$$

예를 들어 양도가액 15억 원, 취득가액 5억 원인 1세대 1주택을 양도하는 경우 과세되는 양도차익은 다음과 같다.

$$10\text{억 원} \times \frac{15\text{억 원} - 9\text{억 원}}{15\text{억 원}} = 4\text{억 원}$$

전체 양도차익은 10억 원이나 이 중 6억 원은 비과세, 나머지 4억 원은 과세되는 셈이다. 이에 대한 자세한 계산은 142쪽에서 살펴보기로 하자.

알 | 쏭 | 달 | 쏭 | 세 | 금 | 팁

## 비과세 요건의 원칙과 예외

비과세는 세금을 전액 없앨 수 있는 수단이 된다. 따라서 미리 비과세 요건을 챙기고 이를 충족시켜두는 지혜를 발휘하자. 다음 내용은 비과세 요건을 한눈에 알아볼 수 있도록 한 표다.

| 요건 | 원칙 | 예외 |
|---|---|---|
| 1세대 | 결혼한 부부와 생계를 같이 하는 가족 | −거주자가 30세 이상<br>−30세 이하인 경우 소득세법상 소득이 있거나 (2006년부터 최저생계비 이상의 소득이 있어야 함), 결혼 등을 하여 분가하면 독립세대로 인정한다. |
| 국내에 1주택 | 사실상 용도에 의해 1주택 여부 판단 | −실질용도로 주택임을 판정한다.<br>−2주택이 되더라도 이사, 혼인·동거봉양·재건축 등의 사유가 있으면 비과세가 가능하다. |
| 2년 보유 | 등기부등본 등을 기준 | −공공사업용으로 수용<br>−세대전원의 국외 이주 시<br>−건설임대주택의 거주기간이 5년 이상인 경우<br>−취학, 1년 이상의 질병치료, 근무상 또는 사업상 형편으로 1년 이상 거주한 주택을 양도하고 세대원 모두가 다른 시·군으로 이사한 경우 2년을 보유하지 않아도 된다. |
| 고가주택이 아닐 것 | 9억 원 기준 | 9억 원 초과분은 일부 양도차익에 대해 과세 |

양도소득세 비과세는 양도일(잔금청산일과 등기접수일 중 빠른 날)을 기준으로 판단한다. 따라서 다주택자라도 최종적으로 보유한 주택을 처분하면 그 전의 보유한 주택 수와 상관없이 비과세를 받을 수 있다.

※ 1세대 2주택 이상이라도 비과세를 받을 수 있는 방법

• 일시적 2주택에 해당하는 경우
• 상속주택 또는 농어촌주택+일반주택이 있는 경우
• 혼인·동거봉양주택+일반주택이 있는 경우
• 등록임대주택+일반주택이 있는 경우 등

# 2주택자가 영원히
# 비과세를 받는 비법

**2주택 상태에서 영원히 비과세를 받는 비법 대공개!**

새 주택을 구입한 날로부터 3년 이내에 종전 주택을 팔면 비과세를 받을 수 있다. 이 방법은 실수요자들이 새로운 집을 사서 이사를 가는 경우 일시적으로 2주택이 되는 문제를 해결해 주기 위해 시행하고 있다. 그런데 일시적 2주택 비과세 특례를 이용하면 영원히 비과세를 받을 수 있다. 계속 일시적 2주택을 유지하면 되기 때문이다.

예를 들어 1주택이 있는 상태에서 새로운 주택을 구입한 후 기존 주택을 3년 내에 양도하면 비과세를 받을 수 있다. 그런 후 1채가 남아 있는 상황에서 또 다른 주택을 구입*하면 일시적 2주택이 되는 것이다. **이처럼 일시적 2주택 비과세는 실수요자에게 상당히 도움되는 제도에 해당한다.**

* 나중에 산 주택은 종전 주택의 취득일로부터 1년 이후에 취득해야 한다. 이를 어기면 1년 이내에 산 주택에는 비과세를 적용하지 않는다(주의!).

사례를 하나 살펴보자.

| 사례 |

B씨는 현재 1세대 2주택자에 해당한다. 이 중 한 채(B)를 양도한 후 나머지 한 채(A)를 연달아 팔면 A주택에 대해 비과세를 받을 수 있는가? 그리고 한 채(A)가 남아 있는 상태에서 C주택을 구입 후 A주택을 3년 내에 양도하면 비과세를 받을 수 있는가?

내용이 조금 어렵게 느껴져도 잘 따져보자. 이런 것을 잘 해결해야 고수다.

첫 번째 질문의 경우 비과세가 가능하다. 마지막 한 채는 실수요의 목적으로 보유하는 것에 해당하기 때문이다. 두 번째 질문의 경우에도 비과세가 가능하다. 최종적으로 A주택 한 채가 남아 있는 상태는 실수요의 목적이 강하다. 이 상황에서 C주택을 구입한 후 A주택을 3년 내에 처분하면 비과세 규정을 적용한다. 중간에 양도한 주택은 양도시점에서는 없어졌으니 그냥 무시하면 된다. 그래도 이해가 안 되면 아래의 팁을 참고하자.

### 돌발퀴즈

**Q** 김홍수 씨는 현재 1주택(A)을 보유하고 있다. 그가 다른 주택(B)을 아버지로부터 증여받은 후 3년 내에 A주택을 처분하면 비과세를 받을 수 있을까?

**A** 받을 수 있다. 증여도 취득유형의 하나에 해당하기 때문이다.

**알 | 쏭 | 달 | 쏭 | 세 | 금 | 팁**

다주택자나 부동산 중개업 종사자들이 궁금하게 생각하는 것 중의 하나가 바로 2주택 이상을 보유한 상태에서 새로운 주택을 구입하여도 일시적 2주택 비과세를 받을 수 있는가 하는 것이다. 결론적으로 가능하다. 예를 들어 5년 전에 2채가 있었다고 하자. 그리고 1채를 새로 구입하면 총 3채가 된다. 이 상황에서 5년 전에 구입한 주택 중 1채를 처분한다. 물론 이 주택은 양도소득세가 과세된다. 이후 나머지 주택을 새 주택 구입한 날로부터 3년 내에 처분하면 비과세를 받을 수 있다.

# 고가주택과 저가주택
## 어떻게 처분해야 유리할까?

### 처분 순서에 따라 세금이 달라진다!

2주택을 보유하고 있는 경우에는 처분 순서를 잘 가려야 세금이 줄어든다.

▶ 상속주택과 일반주택이 있다면 : 일반주택을 먼저 양도해야 비과세를 받을 수 있다. 상속주택을 먼저 양도하면 세금이 나오는 것이 일반적이다.

▶ 농어촌주택과 일반주택이 있다면 : 일반주택을 먼저 양도하면 비과세를 받을 수 있다. 단, 여기서 농어촌주택은 세법에서 정하는 조건(경기도 외의 읍·면지역에 소재하고 이농주택 등에 해당할 것)을 충족해야 한다.

▶ 고가주택과 저가주택이 있다면 : 일반적으로 저가주택을 먼저 파는 것이 절세 측면에서 유리하다.

사례를 통해 이 부분을 확인하자.

 | 사례 |

부산에 살고 있는 홍두채 씨는 서울과 부산에 각각 1주택씩을 보유하고 있다. 그런데 서울에

있는 주택을 처분하고자 하는데 어떤 방법으로 처분하는 것이 좋을지 궁금하다. 이 주택들은

모두 10년 이상 보유하였다.

참고로 부산 집의 현재 시세는 3억 원, 취득가액은 2억 원 정도가 된다. 서울 집은 그동안 재

건축을 거쳐서 시세가 9억 원 정도가 된다. 취득가액과 추가부담금은 5억 원 선. 서울 집에

서는 거주한 적이 없다.

위와 같은 상황에서는 냉정하게 처분 순서를 잘 가려야 한다. 처분 순서에

따라 세금 차이가 확 나기 때문이다.

## 첫째 부산 집을 먼저 판 후 서울 집을 판다면?

| 부산 집 양도소득세 | 서울 집 양도소득세 |
|---|---|
| 1세대 2주택 | 1세대 1주택 |
| 양도차익 1억 원<br>−장기보유특별공제 3,000만 원<br>−기본공제 250만 원<br>=과세표준 6,750만 원<br>× 세율 6~40%<br>=산출세액 1,098만 원* | 비과세 |

* 6,750만 원×24%−522만 원(누진공제)

부산 집은 1세대 2주택 상태에서 양도하는 것인 만큼 양도소득세가 나온다.

양도차익 1억 원에 대해 장기보유특별공제가 30%(10년 이상 보유) 적용된다.

이후 서울 집을 양도하면 1세대 1주택에 해당하므로 비과세가 적용된다. 2011년 6월 3일 이후에는 이 지역에서 거주하지 않아도 비과세를 받을 수 있다.

 **둘째** **서울 집을 먼저 판 후 부산 집을 판다면?**

| 서울 집 양도소득세 | 부산 집 양도소득세 |
|---|---|
| 1세대 2주택 | 1세대 1주택 |
| 양도차익 4억 원<br>−장기보유특별공제 1억 2,000만 원<br>−기본공제 250만 원<br>=과세표준 2억 7,750만 원<br>× 세율 6~40%<br>=산출세액 8,605만 원* | 비과세 |

\* 2억 7,750만 원×38%−1,940만 원(누진공제)

서울 집은 1세대 2주택 상태에서 양도하는 것인 만큼 양도소득세가 나온다. 양도차익 4억 원에 대해 장기보유특별공제가 30%(10년 이상 보유) 적용된다. 이후 부산 집을 양도하면 1세대 1주택에 해당하므로 비과세가 적용된다.

두 가지 사례를 정리하면 다음과 같다.

먼저 첫 번째의 경우는 약 1,100만 원, 두 번째의 경우에는 8,600만 원 정도의 세금이 나온다. 이처럼 2주택을 보유한 상황에서 어떤 주택을 팔더라도 세금이 나오는 경우라면 저가주택을 먼저 처분하는 것이 훨씬 더 유리하다.

나중에 남은 주택은 2년 이상만 보유하면 비과세가 적용되기 때문이다(물론 9억 원 초과분에 대해서는 세금이 일부 나온다).

 알 | 쏭 | 달 | 쏭 | 세 | 금 | 팁

**양도소득세의 10%는 지방소득세다!**

부동산 양도에 따른 총 세금은 양도소득세와 지방소득세를 합한 세액을 말한다. 따라서 세금을 분석할 때에는 지방소득세를 누락하지 않도록 한다. 여기서 지방소득세는 종전 주민세로 불렸으며 통상 양도소득세 결정세액의 10%로 부과된다.

# 장기보유특별공제가 절세의 핵?

## 장기보유특별공제는 최대한 받아라!

장기보유특별공제가 적용되느냐 안 되느냐에 따라 세금 차이가 많이 난다. 예를 들어 임야를 수십 년간 보유했는데 양도차익이 5억 원 발생했다고 하자. 기본공제 250만 원은 적용되지 않고 세율이 6~40%라고 한다면 세금은 다음과 같다.

| 장기보유특별공제를 받지 못한 경우 | 장기보유특별공제를 받는 경우 |
|---|---|
| 양도차익 = 5억 | 양도차익 = 5억 원 |
| 과세표준 = 5억 원(장기보유특별공제 0원) | 과세표준 = 3억 5,000만 원(장기보유특별공제 30%, 1억 5,000만 원) |
| 산출세액 = 5억 원×6~40%=1억 7,060만 원* | 산출세액 = 1억 1,360만 원* |

* 과세표준이 1.5억 원 초과 5억 원 이하에 해당하므로 과세표준에 38%를 곱한 다음에 1,940만 원의 누진공제액을 차감하여 계산하였다.

## 수천만 원이 왔다 갔다 하는 장기보유특별공제를 잘 받는 방법

장기보유특별공제는 부동산을 보유한 기간에 맞춰 양도차익에 일정률을 곱해 이를 양도차익에서 차감하는 제도를 말한다. 자산을 오랫동안 보유함에 따른 물가상승률을 감안한 조세혜택 제도에 해당한다. 그렇다면 이 제도는 어떤 식으로 적용되는지 알아보자.

**첫째** 원칙적으로 모든 부동산에 대해 3년 이상을 보유하면 기본적으로 다음과 같이 공제받는다. 3년을 보유하면 10%, 4년째부터는 연 3%씩 추가되고 10년 이상은 최고 30%가 적용된다. 따라서 보유기간이 20년이 되더라도 최고 공제율은 30%만 적용된다.

| 3년 | 4년 | 5년 | 6년 | 7년 | 8년 | 9년 | 10년 이상 |
|-----|-----|-----|-----|-----|-----|-----|-----------|
| 10% | 12% | 15% | 18% | 21% | 24% | 27% | 30% |

**둘째** 1세대 1주택자는 2년 이상만 보유하면 비과세를 받을 수 있으나, 9억 원을 초과하는 고가주택에 해당하는 경우에는 양도차익의 일부에 대해 세금이 나온다. 이때에는 위의 원칙적인 공제율 대신 아래의 공제율을 적용한다. 3년을 보유하면 24%, 10년 이상을 보유하면 80%가 되는 것이다. 새로운 주택을 산 후 종전 주택을 양도하여 일시적 2주택 비과세가 적용되는 경우에도 이 공제율을 적용받을 수 있다. 고가주택이 몰려 있는 강남지역에 거주한 사람에게 상당히 큰 혜택을 준 제도이다(이명박 정부에서 감세 조치의 일환으로 공제율이 확대되었다).

| 3년 | 4년 | 5년 | 6년 | 7년 | 8년 | 9년 | 10년 이상 |
|------|------|------|------|------|------|------|-----------|
| 24% | 32% | 40% | 48% | 56% | 64% | 72% | 80% |

참고로 매입임대주택을 6년 이상 임대하면 최고 40%의 공제율이 적용된다.

**셋째** 다음은 장기보유특별공제를 적용하지 않는다. 보유기간이 짧거나 부동산에 해당하지 않는 경우이다.

- 3년 미만 보유
- 미등기자산
- 분양권
- 입주권(단, 전체 양도차익 중 부동산 양도차익에 대해서만 적용)

그동안 다주택자와 부재지주의 마음고생이 상당히 심했다. 중과세제도에 의해 '높은 세율 적용 및 장기보유특별공제 적용 배제(참여정부)→낮은 세율 및 장기보유특별공제 적용 배제(이명박 정부)' 순으로 세금 고통을 받아온 까닭이다.

하지만 최근 부동산시장의 환경 변화에 따라 이 제도가 다음과 같이 변화하였다.

| 구분 | 내용 | 비고 |
|------|------|------|
| 주택 | 2014년 1월 1일부로 영구적 폐지 | 중과세 폐지 |
| 토지 | 60% 대신 16~50%를 적용<br>장기보유특별공제는 2017년 이후부터 적용 | 중과세 존치 |

주택 중과세제도는 주택거래 활성화 명분으로 2014년에 폐지되었으며, 토지 중과세제도는 토지에 대한 투기를 방지하는 차원에서 존치되었다. 다만, 토지의 중과세 세율은 60% 대신 16~50%로 인하되었으며, 장기보유특별공제는 2017년부터 적용되고 있다. 비사업용 토지 세율은 사업용 토지에 비해 10% 더 적용된다. 참고로 여기서 비사업용 토지란 투자목적으로 보유한 토지를 말하는데 세법에서는 각 지목별로 이에 대한 판단기준을 두고 있다(219쪽 참조).

| 사례 |

나재벌 씨가 20년을 보유한 토지의 양도차익은 5억 원이다. 이에 대해 양도소득세를 계산하되, 사업용 토지와 비사업용 토지로 나눠 계산해보자. 단, 250만 원의 기본공제는 적용하지 않는다.

| 구분 | 사업용 토지 | 비사업용 토지 |
| --- | --- | --- |
| 양도차익 | 5억 원 | 5억 원 |
| −장기보유특별공제(30%) | 1억 5,000만 원 | 1억 5,000만 원 |
| =과세표준 | 3억 5,000만 원 | 3억 5,000만 원 |
| ×세율 | 38% | 48% |
| −누진공제 | 1,940만 원 | 1,940만 원 |
| =산출세액 | 1억 1,360만 원 | 1억 4,860만 원 |

사업용 토지의 경우 6~40%, 비사업용 토지의 경우 16~50%의 세율이 적용되는데 사례의 경우 세율 차이로 3,500만 원의 세금 차이가 난다.

참고로 보유한 토지 위에 신축한 주택이 1세대 1주택에 해당하는 경우 토지에 대한 장기보유특별공제는 전체 토지 보유기간에 대해 10~30%를 공제한 것과 주택부수토지로서의 보유기간에 대해 24~80%를 적용한 것 중 큰 것으로 한다. 주택은 신축일 이후 보유기간에 대해 24~80%를 적용한다.

# 17

# 보유기간을 조절하면 세금이 뚝!

## 보유기간을 조절하면 절세가 보인다!

부동산 보유기간은 취득일로부터 양도일까지를 말한다. 여기서 취득일과 양도일은 일반적으로 잔금청산일로 한다. 다만, 잔금청산 전에 등기가 된 경우에는 등기접수일이 취득 등의 시기가 된다. 이러한 취득시기와 양도시기를 어떻게 관리하느냐에 따라 세금의 내용이 달라진다.

● 비과세 여부 : 주택의 경우 1세대가 1주택을 2년 이상 보유하면 비과세를 받을 수 있다. 여기서 2년을 따질 때에는 취득일부터 양도일까지의 기간을 말한다.

● 장기보유특별공제 : 장기보유특별공제는 취득일부터 양도일까지를 기준으로 한다(상속받은 부동산은 상속개시일로부터 시작됨에 주의).

● 세율적용 : 양도소득세 세율은 원칙적으로 보유기간에 따른 세율이 적용된다. 예를 들면 1년 미만은 50%, 1년~2년 미만은 40%, 2년 이상은 6~40%가 적용된다. 단, 주택은 보유기간이 1년 미만이면 40%, 1년 이상이면 6~40%가 된다. 따라서 세율 적용 측면에서도 취득 및 양도시기가 중요하다.

## 보유기간에 따라 달라지는 제도들

### 1. 1년 미만

보유기간이 1년 미만이면 양도세 세율이 50%(주택은 40%)로 껑충 뛰게 된다. 그런데 만일 양도하는 물건이 미등기 자산이라면 다음과 같이 둘 중 큰 세율이 적용된다.

미등기 자산의 경우 — Max[50%, 70%] = 70%

### 2. 1년~2년 미만

보유기간이 1년 이상 2년 미만인 경우에는 양도세 세율이 40%(주택은 6~40%)로 여전히 높다.

### 3. 2년 이상~3년 미만

보유기간이 2년 이상인 경우에는 우선 주택 양도소득세 비과세를 받을 수 있고, 그 외에 과세되는 경우 유리한 양도세 세율인 누진세율(6~40%)을 적용받을 수 있다. 앞 50%와 40%를 누진세율과 비교하면 다음과 같은 세금 차이가 있다.

(단위 : 원)

| 과세표준 | 50% | 40% | 6~40% |
|---|---|---|---|
| 1억 | 5,000만 | 4,000만 | 2,010만* |

* 1억 원×35%-1,490만 원(누진공제)=2,010만 원

087

### 4. 3년 이상~5년 미만

보유기간 3년은 장기보유특별공제를 받을 수 있는 시점이 되며, 4년은 취득세 감면을 받은 주택임대사업자의 의무 임대기간이 된다. 한편 4년 이상 자경한 대토농지에 대해서는 양도소득세 감면이 적용되기도 한다.

### 5. 5년 이상

세법에서 5년이 차지하는 의미는 매우 크다. 우선 주택임대사업자가 거주용 주택에 대해 양도소득세 비과세를 받았다면 임대주택은 5년 이상 의무적으로 임대해야 한다. 한편, 배우자 등으로부터 증여받은 부동산을 5년 내에 처분하면 부당행위계산제도나 이월과세제도(취득가액을 당초 증여자가 취득한 가액으로 하는 제도) 등이 적용되기도 한다.

### 6. 8년 이상

자경농지는 8년 이상 재촌·자경을 해야 감면이 된다. 4년 이상 재촌·자경한 경우에는 대토감면을 받을 수 있다.

### 7. 10년 이상

10년 이상은 장기보유특별공제액이 늘어나는 효과가 있다.

- 원칙 : 3년 이상 보유 시 최소 10%, 10년 이상 보유 시 최고 30%를 공제함.
- 예외 : 1세대 1주택 등 법에서 정하고 있는 사유에 해당하는 경우에는 최저 24%(3년)~최고 80%(10년 이상)을 공제함.

보유기간을 조절하면 세금을 줄일 수 있는 사례 하나를 보자.

| 사례 |

**Q** 최조절 씨가 보유한 부동산의 취득 시 계약서상 잔금지급일은 2017년 5월 1일인데 실제로는 2017년 6월 1일에 잔금이 지급되었다. 등기 접수는 같은 해 6월 4일에 이루어졌다. 최조절 씨는 이 부동산을 양도하고자 한다. 이 부동산이 주택이라면 어떻게 해야 비과세를 받을 수 있을까?

**A** 세법에서 보유기간은 취득일과 양도일까지의 기간을 기준으로 따진다. 따라서 취득일과 양도일을 어떻게 산정하는지를 이해하는 것이 상당히 중요하다. 사례의 경우 취득일은 계약서상의 잔금지급일이 아닌 실제 잔금청산일과 등기접수일 중 빠른 날이다. 6월 1일이 취득일이므로 이날을 기준으로 2년이 되는 2019년 6월 1일 이후가 양도일이어야 한다. 그래야 보유기간이 2년 이상이 되어 비과세를 받을 수 있다.

 알 | 쏭 | 달 | 쏭 | 세 | 금 | 팁

**매도 전에 반드시 확인해야 할 보유기간**

부동산을 매매하기 전에는 미리 세금의 크기를 점검할 필요가 있다. 이때 양도시점을 잘 정해 세금을 절약하는 것도 필요하다. 보유기간에 따라 세금이 결정되는 경우가 많다. 일반적으로 취득일과 양도일은 잔금청산일과 등기접수일 중 빠른 날로 한다.

# 18

# 세금 안 내는 세대분리는 어떻게 할까?

## 세대의 개념

1세대가 1주택을 보유한다면 대부분 비과세처리를 한다. 그런데 1세대가 2주택 이상을 보유하면 기본적으로 과세한다. 이렇듯 양도소득세는 1세대가 보유한 주택 수에 따라 그 내용이 달라진다. 그렇다면 여기서 '1세대'는 무엇을 의미할까?

세법은 이에 대해 "거주자 및 배우자가 동일한 주소 또는 거소에서 생계를 같이하는 가족(직계존비속과 형제자매를 말함)과 함께 구성하는 것을 세대로 보며, 세대원의 일부가 취학, 질병요양, 근무상 또는 사업상 형편으로 본래의 주소 또는 거소를 일시 퇴거한 경우에도 생계를 같이하는 자로 보아 1세대로 판정한다."고 하고 있다.

쉽게 말하면 부부와 같이 먹고 자는 가족을 말한다. 여기서 가족은 남편이나 아내의 직계존비속과 형제자매까지를 말한다. 남편 입장에서 장인, 장모, 처형 등도 가족 범위에 포함된다.

## 세대분리를 하면 세금을 없앨 수 있다?

한 세대가 2주택을 보유하는 경우가 있다. 이러한 상황에서는 세대분리를 하면 세금을 줄일 수 있다. 여기서 세대분리란 주소를 다른 곳으로 이전하고 생계를 달리한다는 것을 의미한다. 쉽게 말하면 분가하는 것이다. 그런데 세법은 분가를 할 때 30세 이상인 자는 아무런 조건 없이 이를 인정한다. 하지만 자녀가 30세 미만인 경우, 자녀가 미성년자이거나 대학생인 경우, 또는 미취업 상태로 있는 경우 등은 세대분리를 하였더라도 인정하지 않는다. 독립적으로 생계를 유지할 수 있는 능력이 없다고 보기 때문이다. 다만 30세 미만인 경우 결혼하여 분가하였거나 최저생계비(1인 가구는 월 65만 원 정도) 이상의 소득을 증명할 수 있다면 이를 인정한다.

사례를 통해 내용을 확인해 보자.

| 사례 |

**Q** 제갈공명 씨는 31세인 자녀와 함께 2주택을 보유하고 있다. 제갈공명 씨가 보유한 주택에 대해 비과세를 받기 위해서는 어떻게 해야 하는가?

▶ 일단 앞에서 본 세대분리 요건에 부합한 경우에는 분가시킨다. 분가시킨 후

각자 1세대 1주택자에 해당해 비과세를 받을 수 있게 된다. 여기서 주의할 것은 세대분리는 양도 직전에 해도 법리상 문제가 없으나 세무서와 마찰을 일으킬 수 있다. 양도일을 기준으로 6개월 이전에 세대분리를 해두는 것이 좋다.

다른 사례 하나를 더 보자.

| 사례 |

**Q** 김장군 씨는 25세 대학생이다. 그는 일찌감치 할아버지로부터 받은 주택을 임대하여 소득을 올리고 있다. 그런데 아버지가 집을 양도하고자 하는데 비과세를 받으려면 어떻게 해야 하는가? 김장군 씨는 현재 혼자 자취생활을 하고 있다.

▶ 일반적으로 자녀 나이가 30세가 안 되는 경우에는 세법상 세대독립 요건을 갖추지 못한 것으로 본다. 다만, 최저생계비 이상의 소득 요건을 갖춘 경우라면 나이와 관계없이 세대독립 요건을 인정한다. 최저생계비는 1인 가구 기준 월 65만 원 정도를 말한다. 따라서 김장군 씨가 매월 이 정도의 소득을 창출해 생활하고 있는 사실을 입증하면 독립세대로 인정받을 수 있다.

여기서 '소득'은 수입금액에서 필요경비를 차감한 금액이다. 예를 들어 임대 월수입이 100만 원이더라도 지출경비가 50만 원이라면 월 소득은 50만 원에 불과해 최저생계비에 못 미친다. 그러므로 소득 요건을 갖추지 못한 것으로 보아 세대분리를 인정하지 않는다.

돌발퀴즈

**Q** 만일 주소는 같이 되었으나 생계를 달리하고 있다면 세대분리가 된 것인가?

**A** 그렇다. 실질적으로 생계를 달리하고 있다면 이는 실질과세의 원칙에 따라 세대분리가 인정된다. 다만, 입증하려면 납세의무자는 객관적인 증거를 가지고 있어야 한다.

돌발퀴즈

**Q** 세대분리를 한 후 양도를 하고 다시 세대합가를 하면 어떤 문제가 있을까?

**A** 이는 일시적인 퇴거로 보아 세대분리를 인정하지 않을 수 있다. 따라서 양도 후에 바로 세대합가 시에는 이러한 점에 주의해야 한다.

알 | 쏭 | 달 | 쏭 | 세 | 금 | 팁

### 세금 때문에 이혼하는 세상

부부가 각각 집 한 채씩을 가지고 있다고 하자. 이러한 상황에서 먼저 양도하는 주택은 양도소득세가 나오는 것이 일반적이다. 그래서 어떤 사람은 세금을 내지 않기 위해 이혼을 선택한다. 그런데 문제는 진짜 이혼을 한 경우라면 세금추징이 없겠지만 위장 이혼으로 밝혀지면 세금추징을 당할 수 있다는 것. 서류도 지저분해지고 세금도 추징되는 위장 이혼. 결코 추천하는 방법은 아니다.

# 사업도 부동산 등기도 공동으로 하면 세금이 절반으로 쫘악!

**네에, 소득이 분산되기 때문입니다**

**공동사업을 하면 왜 세금이 줄어들죠?**

신절세 세무사의 세금 강의

## 공동으로 사업하거나 부동산을 등기하면 세금이 줄어드는 원리!

사업을 공동으로 하거나 부동산을 공동으로 등기하면 세금이 줄어든다. 왜 그럴까?
이는 누진세율에서 그 답을 찾을 수 있다. 종합소득세 세율이나 양도소득세 기본세율은 6~40%인데 이를 그림으로 나타내면 다음과 같다.

| | 1,200만 원 | 4,600만 원 | 8,800만 원 | 1억 5,000만 원 | 5억 원 |
|---|---|---|---|---|---|
| ①구간 | ②구간 | ③구간 | ④구간 | ⑤구간 | ⑥구간 |
| 6% | 15% | 24% | 35% | 38% | 40% |

이 세율체계는 소득이 많아질수록 점점 높은 세율이 적용되는 구조로 되어 있다. 과세표준의 크기에 따라 6%, 15%, 24%, 35%, 38%, 40%가 순차적으로 적용된다. 그런데 공동사업이나 부동산을 공동등기하여 과세표준이 분산되면 높은 세율이 적용되는 대신 낮은 세율이 적용된다. 예를 들어 1억 원에 대해 세금을 계산한 것과 1억 원을 10으로 나눈 후 세금을 계산한 것을 비교하면 다음과 같다.

● 단독 : 1억 원×35%−1,490만 원(누진공제)=2,010만 원
● 공동 : [(1억 원/10)×6%]×10=600만 원

* 누진공제의 의미 : 62쪽 참조.

소득이나 재산을 분산하여 세금이 줄어드는 경우는 누진세율의 형태를 가진 세목에서 찾아볼 수 있다. 대표적으로 종합소득세, 양도소득세, 상속세나 증여세가 그렇다.

| 사례 |

나홀로 씨의 부동산 임대소득금액은 1억 원이다. 만일 이 소득금액을 1/2로 나눠 과세한다면 세금은 얼마나 떨어질까?

❶ 1억 원에 대해 과세되는 경우

- 1억 원×6~40%=1억 원×35%−1,490만 원(누진공제)=2,010만 원

❷ 1억 원을 1/2씩 나눠 과세한 경우

- (5,000만 원×6~40%)×2명=[5,000만 원×24%−522만 원(누진공제)]×2명=1,356만 원

❸ 세금 차이 : ❶−❷=654만 원

알ㅣ쏭ㅣ달ㅣ쏭ㅣ세ㅣ금ㅣ팁

### 사업 명의 대여하다가 홀딱 망한다!

부동산 임대를 하거나 사업하는 경우 어찌 보면 공동명의가 상당히 좋은 절세방법이 된다. 소득분산 효과가 제대로 나타나기 때문이다. 그래서 어떤 사람은 사업할 때 남의 명의를 빌려 사업하는 경우가 종종 있다. 세금을 줄이려는 목적에서다. 하지만 명의를 빌린 사람이 세금을 안 내는 경우 명의를 대여한 사람이 이를 내야 하는 상황에 몰릴 수 있다. 따라서 명의는 절대 빌려주지 않는 것이 상책이다.

| 사례 |

나차지 씨의 재산은 20억 원이다. 그의 배우자는 재산이 한 푼도 없다. 그런데 옆집의 왕배분 씨는 부부가 각각 10억 원씩 재산을 보유하고 있다. 나 씨와 왕 씨가 사망하여 상속이 발생할 때 누가 더 세금이 많을까? 이들의 재산은 자녀가 상속받는다.

당연히 나씨 부부가 세금이 더 많다.

- 나 씨가 사망하면 20억 원에서 상속공제 10억 원(배우자공제 5억 원＋일괄공제 5억 원)을 뺀 10억 원에 대해 상속세가 2억 4,000만 원 정도가 나온다. 왕씨의 경우 상속세는 없다. 상속세 과세표준이 0원이 되기 때문이다.
- 나씨 배우자가 사망하면 재산이 없으므로 상속세는 없다. 왕씨의 배우자가 사망하면 10억 원에서 5억 원(일괄공제)을 차감한 5억 원에 대해 상속세가 9,000만 원 정도 나온다.

결국 재산이 분산되어 있는 부부에게 상속세도 조금 나온다는 사실을 알 수 있다.

돌발퀴즈

Q 공동명의로 주택을 임대하면 과세는 어떻게 될까?

A 과세원칙에 의해 개인별 2,000만 원(부부합산 시 4,000만 원)까지는 한시적 비과세 등을 받을 수 있다.

# 건강보험료도 세금이다

건강보험료 부담이 점점 늘어나고 있다. 건강보험재정이 악화된 탓이다. 그런데 보험료가 어떻게 부과되는지 잘 알지 못하는 경우가 있다. 특히 지역가입자들이 그렇다. 다양한 건강보험료 부과방식을 알아보자.

### 직장가입자의 경우

직장가입자는 매월 급여 등을 기준으로 산정된 보수월액에 3.06%만큼을 회사와 본인이 각각 부담한다. 이외에 2008년부터 시행하고 있는 장기요양보험료도 부담해야 한다.

그런데 직장가입자에게 사업소득(부동산임대소득 포함)이나 기타소득 등이 발생한 경우에 건강보험료가 별도로 부과될까? 이처럼 추가적으로 소득이 발생하면 세금을 부과하는 것이 원칙이지만 근로소득이나 사업소득 외의 종합소득금액이 7,200만 원(3,400만 원 등으로 인하 예정)을 넘지 않으면 추가로 건강보험료를 징수하지 않는다. 참고로 여기서 종합소득금액은 수입에서 경비를 차감한 순소득 개념을 말한다. 따라서 현실적으로 수입에서 경비를 차감한 금액이 이 금액을 넘기가 힘들기 때문에 대부분의 직장가입자들은 추가로 보험료를 내는

경우가 드물다.

## 지역가입자의 경우

지역가입자는 대부분 소득과 부동산, 자동차 종류 등을 점수화한 기준으로 보험료를 부과하고 있다. 여기서 소득은 세무서에 신고된 종합소득금액을 기준으로 한다. 종합소득금액은 보통 수입금액에서 필요경비를 차감한 금액으로 세무서의 민원실에서 증명원을 발급받거나 종합소득세 신고서를 통해 확인할 수 있다. 매년 5월에 종합소득세 확정신고를 하게 되면, 그 종합소득세 과세자료가 국민건강보험공단에 통보되어 보험료가 나온다.

## 피부양자의 자격을 상실하는 경우

소득이 따로 없어서 다른 소득자의 피부양자로 등재되는 경우가 있다. 이러한 상황에서는 피부양자는 별도로 보험료를 부담하지 않는다. 따라서 피부양자의 자격 요건을 법으로 두고 있는데, 다음 경우에는 피부양자의 자격을 박탈하고 있다. 피부양자 자격이 박탈되면 별도로 건강보험료를 내야 한다.

- 사업자등록이 되어 있는 자
- 사업자등록이 안 되어 있는 자로서 사업소득금액 및 부동산 임대소득금액, 기타소득금액이 500만 원 초과하는 자
- 이자·배당소득금액이 4,000만 원을 초과하는 자
- 만일 전업주부인 배우자가 사업자등록을 하면 건강보험료가 추가될 수 있는데 이때 등록을 했더라도 비과세를 받은 경우에는 건강보험료가 추가되지 않는다. 주택임대소득이 2,000만 원 이하인 경우가 이에 해당한다.

참고로 일시적으로 사업소득 등이 500만 원을 초과하는 경우에는 해촉증명원 등을 보험관리공단에 제출하면 보험료를 부과하지 않는다. 일시적인 소득에 해당하기 때문이다. 한편 이자나 배당 등 금융소득이 연간 4,000만 원 초과하는 경우에는 타 소득이 전혀 없더라도 지역가입자로 전환된다. 이 같은 조치는 고액 금융소득자가 단독으로 생계유지가 가능하다는 판단에 따른 것으로 금리 4%를 기준으로 할 때 현금 10억 원 이상을 금융회사에 예치했거나 배당 소득이 있는 경우가 이에 해당한다. 금융 고소득자들은 보험료로 월 평균 30만 원 정도를 내게 된다.

☞ 국민건강보험료에 대한 부과기준이 개편될 예정이다. 앞의 직장가입자의 경우 종합소득금액 7,200만 원은 3,400만 원, 2,000만 원 등으로 순차적으로 하향 조정될 예정이며, 피부양자 자격상실 조건 중 금융소득 4,000만 원은 2,000만 원으로 인하될 예정이다. 자세한 내용은 국민건강보험공단 홈페이지를 참조하기 바란다.

 알ㅣ쏭ㅣ달ㅣ쏭ㅣ세ㅣ금ㅣ팁

### 건강보험료도 꼼꼼히 관리하자!

고령화사회가 진전될수록 국민연금과 건강보험 재정이 악화된다. 따라서 정부는 재정을 확보하기 위해 세금을 인상하거나 보험료를 인상할 가능성이 높다. 소득에서 지출해야 하는 개인입장에서는 정당하게 보험료가 지출되는지 항상 따져보자.

# 명의를 정할 때 세금을 고려하자!

① 단독주택
A    A ◄ 주택명의자

②
A    B

③
AB   AB

다음 중 절세 측면에서 가장 바람직한 주택보유 형태를 고르시오

Quiz

주택을 취득하면서 한 번쯤은 명의 문제로 고민하는 경우가 있다. 이러한 상황에서는 다음과 같은 관점에서 명의를 정하자.

- 공동등기를 적극적으로 고려한다. 공동등기를 하면 종합부동산세나 양도소득세 그리고 상속세 등에서 이득이 발생한다.

- 사업하는 사람이 있다면 가급적 사업자 본인 명의를 배제한다. 향후 압류의 대상이 될 수 있다.

- 지분등기를 하는 경우에는 증여세 과세여부를 파악한다. 배우자는 6억 원, 성년자는 5,000만 원, 미성년자는 2,000만 원까지 증여세가 부과되지 않는다.

앞의 질문에 대해 답을 내려보자. 단, 첫 번째 주택의 기준시가는 3억 원이고 두 번째 주택의 기준시가는 5억 원이다. 그리고 두 번째 주택의 전체 양도소득세 과세표준은 1억 원이라고 하자.

● **보유세 측면** : 주택을 보유하면 재산세와 종합부동산세라는 보유세가 부과된다. 여기서 종합부동산세는 주택의 경우 개인별로 합산한 기준시가가 6억 원(1주택 단독명의는 9억 원)을 초과하면 부과된다.

▶ 1의 경우 : A가 2주택을 보유하고 있다. 따라서 기준시가를 합산하면 8억 원이 되므로 종합부동산세가 과세된다.

▶ 2의 경우 : A와 B가 각각 한 채씩 보유하고 있다. 개인별로 기준시가가 6억 원에 미달하므로 종합부동산세는 과세되지 않는다.

▶ 3의 경우 : 기준시가를 합산한 8억 원을 2로 나누면 4억 원에 불과하므로 종합부동산세는 과세되지 않는다.

● **양도소득세 측면** : 양도소득세 과세 판단은 '1세대'를 기준으로 하지만 세금 계산은 지분별로 한다. 양도소득세 과세표준이 1억 원이고 세율이 6~40%라면 세금은 다음과 같다.

▶ 1 또는 2의 경우 : 1억 원×35%−1,490만 원(누진공제)=2,010만 원

▶ 3의 경우 : (5,000만 원×6~40%)×2명=[5,000만 원×24%−522만 원(누진공제)]×2명=1,356만 원

● **결론** : 절세 측면에서는 3의 보유형태가 가장 좋다. 참고로 주택임대소득세의 경우 개인별로 따지므로 2와 3의 형태가 1보다 낫다.

# 소득공제를 받으면 내 집 마련이 쉽다

## 집을 저렴하게 살 수 있도록 하는 제도

근로자가 주택 마련을 쉽게 할 수 있도록 대출금이자에 대해 소득공제를 허용하고 있다. 보통 10년 이상 장기로 상환되는 차입금의 이자는 연간 300~1,800만 원 한도에서 전액 소득공제를 한다. 소득세율에 따라 최저 6.6~44%에 상당하는 절세효과가 발생한다.

▶ 소득공제에 의한 절세효과
예를 들어 차입금이 2억 원이고 세율이 24%(지방소득세 10% 포함 시 26.4%)이며 이자율이 5%라면 세금 환급으로 인해 실질이자율은 다음과 같이 하락한다.

        이자 : 1,000만 원(2억 원×5%)
      - 세금환급 : 264만 원(이자 1,000만 원×26.4%)
      = 실질이자 : 736만 원(실질이자율 3.68%)

참고로 이자상환공제를 받기 위해서는 다음과 같은 요건을 충족해야 한다.

● 근로소득이 있는 세대주여야 한다.
● 기준시가가 4억 원 이하인 국민주택에 적용한다.
● 차입금은 상환 기간이 10년 이상이 돼야 한다.

이러한 공제제도를 활용할 때에는 두 가지 관점에서 주의해야 한다.

**첫째** 만일 본인 소득이 낮아 세금을 납부한 적이 없다고 하자. 이러한 상황에서는 환급효과가 발생하지 않는다. 세금을 환급받을 수 없어 실질이자율이 떨어지지 않는다.

이자 : 1,000만 원(2억 원×5%)
− 세금환급 : 0원
= 실질이자 : 1,000만 원(실질이자율 5%)

연말정산 때 소득공제 혜택은 본인 상황에 따라 다른 효과가 나타남에 유의할 필요가 있다.

**둘째** 대출 규모를 정할 때에는 상환능력을 먼저 고려해야 한다. 대출을 실행할 때에는 대출원금이 집값의 1/3 이하, 매월 상환해야 하는 원리금은 본인 소득의 1/4 이하가 되도록 관리해야 한다. 금리가 올라가는 상황이라면 이 문구가 더더욱 와 닿을 것이다.

참고로 주택청약종합저축은 불입액의 40%를 한도로 소득공제를 적용한다. 다만, 공제금액의 한도는 연간 48만 원이며 주택임차차입금 상한 시의 소득공제 금액과 합산하여 연간 300만 원까지 공제한다. 한편 그동안 근로자 편에서 아주 효과가 좋았던 장기주택마련저축 소득공제제도는 2012년에 폐지되었다.

# 확 바뀐 취득세 따라잡기!

## 주택을 취득하면 취득세를 내야 한다!

부동산을 사면 가장 먼저 부과되는 세금이 취득세와 등록세다. 그런데 2011년부터 등록세가 취득세에 통합되어 지금은 취득세만 부과된다.

취득세는 원칙적으로 4%(신축 시 2.8%)가 적용된다. 이외 농어촌특별세와 지방교육세가 더해지는데 이를 합한 세율은 다음과 같다.

- 유상 승계취득 : 취득세 4%+농어촌특별세 0.2%+지방교육세 0.4%=4.6%
- 원시취득 : 취득세 2.8%+농어촌특별세 0.2%+지방교육세 0.16%=3.16%

하지만 주택은 4%보다 낮은 세율이 적용되고 감면도 받을 수 있다!

# 주택 구입 시 취득세 감면을 받자!

일반인이 주택을 취득하면 취득세를 얼마나 내며 감면을 받을 수 있을까? 또한 오피스텔을 사면 얼마를 내야 할까? 지금부터는 주택 등에 대한 취득세 문제를 살펴보자.

## 주택 등의 취득세는 얼마나 될까?

원래 주택 등을 취득하면 취득세가 발생한다. 주택의 경우 주택가격에 따라 1~3%의 차등세율이 적용되며, 기타 오피스텔 등은 4%의 기본세율이 적용된다. 그리고 이외 농어촌별세나 지방교육세 등이 추가된다. 이를 요약하면 다음과 같다.

| 구분 | | | 취득세율 | 농어촌특별세율 | 지방교육세율 | 계 |
|---|---|---|---|---|---|---|
| 주택 | 6억 원 이하 | 85㎡ 이하 | 1% | – | 0.1% | 1.1% |
| | | 85㎡ 초과 | 1% | 0.2% | 1.1% | 2.3% |
| | 6억~9억 원 이하 | 85㎡ 이하 | 2% | – | 0.2% | 2.2% |
| | | 85㎡ 초과 | 2% | 0.2% | 0.2% | 2.4% |
| | 9억 원 초과 | 85㎡ 이하 | 3% | – | 0.3% | 3.3% |
| | | 85㎡ 초과 | 3% | 0.2% | 0.3% | 3.5% |
| 오피스텔/상가/나대지 | | | 4% | 0.2% | 0.4% | 4.6% |

이 표를 보면 주택은 생활 편의를 위해 다른 부동산(4%) 보다 취득세율이 낮다. 주택거래 활성화 차원에서 취득세율을 낮게 유지하는 측면도 있다.

## 주택 취득세 감면을 어떻게 받을까?

앞 표를 보면 주택 취득세는 다른 물건에 비해 현저히 낮다. 따라서 지금 주택을 취득하더라도 전과 다르게 부담이 줄어든 것은 사실이다. 그런데 세법은 이에 한발 더 나아가 주택을 임대주택용으로 사용하기 위해 분양을 받으면 취득세를 100% 면제해주고 있다. 아래 사례를 통해 알아보자.

| 사례 |

경기도 일산에서 거주하고 있는 김씨는 주택 취득 후 임대를 생각하고 있다. 만일 김씨가 이 주택에 대한 취득세 감면을 받기 위해서는 어떤 절차를 거쳐야 할까?

〈자료〉
• 신규분양주택
• 임대용
• 전용면적 60㎡ 이하

이를 이해하려면 우선 지방세특례제한법 제31조에서 규정하고 있는 내용을 간략히 정리할 필요가 있다. 이 규정에서는 다음과 같은 조건들을 충족하면 감면을 받을 수 있다.

**첫째** 「민간임대주택에 관한 특별법」에 따른 임대사업자(임대용 부동산 취득일부터 60일 이내에 임대사업자로 등록한 경우를 포함한다)가 임대할 목적으로 건축주로부터 공동주택 또는 준주택 중 주거용 오피스텔을 최초로 분양받을 것

이 규정으로 보건대 최초로 분양되는 주택은 공동주택이나 주거용 오피스텔에 해당해야 한다. 따라서 기존주택이나 단독주택은 취득세 감면과는 무관하

다. 한편 관할 시·군·구청에 기한 내에 임대사업자등록을 해야 하는 조건
도 추가된다.

**둘째** **전용면적 60㎡ 이하인 공동주택 또는 오피스텔을 취득할 것**
전용면적이 60㎡를 초과하는 경우에는 취득세 감면을 받을 수 없다.

**셋째** **2018년 12월 31일까지 취득할 것**
이는 감면기한을 말한다. 다만, 세법은 해마다 개정되므로 감면 적용 여부를
미리 확인할 필요가 있다.

## 주거용 오피스텔도 취득세 감면을 받을 수 있다!

세법에서는 주거용 오피스텔은 거의 주택으로 취급하고 있다. 실질적 주택에
해당하기 때문이다. 하지만 취득세는 일반주택과는 달리 기본세율 4%*를 적
용하고 있다. 건축물대장상에 주택으로 표시된 것만 주택으로 보아 취득세를
부과하기 때문이다. 그런데 이 주거용 오피스텔도 앞에서 본 취득세 감면규
정을 적용받을 수 있다.

\* 주택 취득세율(1~3%)로 과세하는 안이 추진되고 있다.

**※ 주의**

취득세가 200만 원 초과한 상태에서 감면을 받은 경우 감면된 세액 15% 정도는
최소한 납부해야 하는 제도가 2016년부터 시행되었다.

# 주택임대사업을 하면 세금혜택이 얼마나 될까❓

세법에서 정한 요건에 따라 주택임대사업을 하면 재산세나 지방세 외에도 국세인 종합부동산세 비과세와 거주용 주택 양도소득세 비과세 같은 혜택을 받을 수 있다. 그런데 최근 서울을 포함한 수도권의 주택임대사업 요건이 상당히 완화되었다. 이를 살펴보면 다음과 같다.

● 주택 수가 3호에서 1호로 바뀌었다.
● 공시가격이 3억 원에서 6억 원으로 상향조정되었다.

참고로 수도권을 벗어난 지방에서도 주택 수가 1채만 있어도 세법상의 임대주택에 해당해 거주주택에 대해서 양도소득세 비과세 같은 혜택을 받을 수 있다.

## 주택임대사업자에 대한 다양한 세금들

일단 부동산인 주택을 임대하면 기본적으로 사업자에 해당한다. 세법은 주택임대사업은 주거안정에 기여하므로 이를 활성화하는 차원에서 다양한 세금혜택 조치를 마련하고 있다. 지방세와 국세로 나눠 구체적으로 살펴보자.

### 1. 지방세

주택임대사업과 관련된 지방세에는 대표적으로 취득세와 재산세가 있다. 이들의 감면조건을 알아보자. 먼저, 취득세의 경우 60㎡이하의 공동주택(주거용

| 구분 | 40㎡ 이하 | 40~60 m² 이하 | 60~85 m² 이하 | 85~149 m² 이하 | 비고 |
|---|---|---|---|---|---|
| 취득세 | 1세대 이상 4년 이상 보유 | | | _ | 임대사업자가 임대목적으로 건축 또는 신규분양한 공동주택(주거용 오피스텔 포함)을 취득(기존 매입분에 대해서는 취득세 감면 없음) |
| | | | | | 2018년 12월 31일 한시적으로 적용 |
| | 면제 | 면제 | 50% 감면* | | 토지 취득 후 2년 내 착공하지 않으면 감면 배제함. 한편 4년 이전 전매 또는 양도 시 면제나 감면된 취득세 추징 |
| | | | | | 지방세특례제한법 제31조 (근거) |
| 재산세 | 2세대 이상 임대 | | | _ | 임대목적으로 2세대 이상 건축 또는 매입(기존/신규분양 등 불문)한 경우 |
| | | | | | 2018년 12월 31일 한시적으로 적용 |
| | 면제 | 50% 경감 | 25% 경감 | | 4년 이전 전매 또는 양도 시에도 면제나 감면된 재산세 추징은 하지 않음. |
| | | | | | 지방세특례제한법 제31조 (근거) |

* 최소 10년 이상 장기임대목적으로 20호 이상 취득하거나 20호 이상 보유자가 추가로 취득하는 경우 50%를 감면한다.

오피스텔 포함, 단독주택 제외)을 취득하여 임대하는 경우에는 100%를 감면한다. 여기서 주의해야 할 것은 기존 주택을 취득하여 임대하는 경우에는 감면되지 않는다는 점이다. 그리고 재산세의 경우 임대용 주택이 2세대 이상인 경우에는 평수에 따라 다양하게 감면한다. 전용면적이 60㎡이하는 50%, 85㎡이하는 25%가 감면된다. 앞의 취득세의 경우에는 신규분양주택만 감면대상이나, 재산세는 기존의 주택에 대해서도 감면한다.

## 2. 국세

주택임대사업과 관련된 국세에는 대표적으로 종합부동산세, 임대소득세, 양도소득세가 있다. 이들에 대한 세금문제를 정리해 보자.

첫째 종합부동산세는 보유세의 일종으로 주택 공시가격이 6억 원(1주택 단독명의는 9억 원)을 초과하면 부과되는 세금이다. 따라서 본인이 거주하고 있는 주택과 임대한 주택의 공시가격이 이 금액을 초과하면 0.5~2%의 세율로 종합부동산세를 내야 한다. 다만, 세법은 주택임대사업자가 앞에서 본 1호 이상의 주택 수·5년 이상 임대 등의 요건을 갖추면 종합부동산세를 비과세한다.

둘째 임대소득세는 주택의 경우 2,000만 원까지는 한시적으로 비과세(또는 분리과세)되므로 이 경우에는 큰 문제가 없다. 다만, 이를 초과하는 경우에는 과세되는 것이 원칙인데 이때 주택임대사업자등록을 한 경우에는 임대소득세의 30%(준공공임대주택은 75%)를 감면한다.

*셋째* 주택임대사업자는 기본적으로 다주택자에 해당하기 때문에 양도소득세를 부과하는 것이 원칙이다. 다만, 주택임대업을 장려하기 위해 임대주택들을 사전에 관할 시·군·구청과 관할 세무서에 순차적으로 등록하고 이후 5년 이상 의무임대를 하면 세대원이 거주용으로 사용한 주택에 대해서는 양도소득세 비과세를 적용하고 있다. 이에 대한 요건을 좀 더 구체적으로 정리하면 다음과 같다.

| 구분 | 내용 | 비고 |
|------|------|------|
| 임대주택 | 관할 지자체에 민간임대주택으로 등록할 것 | |
| | 관할 세무서에 사업자등록을 할 것 | |
| | 주택의 기준시가의 합계액이 해당 주택의 임대개시일 당시 6억 원(수도권 밖은 3억 원)을 초과하지 아니할 것 | |
| | 등록 후 5년 이상 임대할 것 | |
| 거주주택 | 1세대 1주택(일시적 2주택 포함)에 해당할 것 | 등록 전에 거주한 기간도 인정* |
| | 2년 이상 보유할 것 | |
| | 2년 이상 거주할 것 | |

* 2년 이상 거주 요건은 등록 이전의 것도 인정하며, 양도일 현재 반드시 거주할 필요는 없다.

예를 들어 어떤 부부가 아래와 같이 10년 이상 주택들을 보유하고 있다고 하자.

| 구분 | 용도 | 비고 |
|------|------|------|
| A주택 | 거주용 | 2년 이상 거주함. |
| B주택 | 임대용 | 미등록함. |

이 상황에서는 일반규정에 의해 비과세를 받기가 힘들기 때문에 B주택을 관할 시·군·구청과 관할 세무서에 동시에 사업자등록을 한 후 A주택을 양도하면 비과세를 받을 수 있다. 여기서 유의할 것은 B주택은 등록일 이후에 5년 이상 의무적으로 임대해야 한다는 것이다. 참고로 2년 이상 거주 요건 적용 시 등록일 이전의 거주기간도 인정한다.

알 | 쏭 | 달 | 쏭 | 세 | 금 | 팁

### 주택임대사업 절차

주택임대사업은 다음과 같은 절차를 통해 영위할 수 있다.

| 구분 | 내용 | 준비서류 |
|------|------|----------|
| 1. 임대주택사업자 등록 | – 거주지 시·군·구청<br>– 등기이전·잔금지급 전에 등록신청 | 임대사업자등록신청서, 매매계약서 사본 등 |
| 2. 임대차계약 체결 | – 표준임대차계약서 양식 사용 | 표준임대차계약서 원본, 임차인 주민등록등본 |
| 3. 취득세 감면신청 | – 물건지 시·군·구청 세무과<br>– 취득일로부터 60일 내 | 지방세액감면신청서, 임대주택사업자 등록증 |
| 4. 임대조건 신고 | – 물건지 시·군·구청 주택과<br>– 임대개시 10일 전 | 임대조건신고서, 표준 임대차계약서 |
| 5. 사업자등록 신청 | – 거주지 세무서<br>– 임대개시 20일 이내 신청 | 임대주택사업등록증, 사업자등록신청서, 임대계약서 등 |

# 부동산 임대사업의 경비처리법

상가 등의 임대사업은 다른 업종에 비해 세금이 높은 편이다. 임대업과 관련된 경비가 많지 않기 때문이다. 하지만 상황에 따라서는 경비로 인정받는 금액이 클 수 있다. 이하에서 임대사업자가 알아두면 유용할 경비처리법을 알아보자.

### 첫째, 인건비 처리방법을 알아보자

임대업을 영위하면 때에 따라서는 건물 관리인(청소 용역인 포함)을 별도로 두는 경우가 있다. 이러한 상황에서는 보통 급여가 발생하며 그에 따라 부수적으로 건강보험료 같은 4대 보험료가 발생한다. 일용직을 채용한 경우라도 4대 보험료가 부과되는 것이 원칙이다. 한편 근무하지 않는 가족의 급여를 비용처리하면 허위 신고에 해당해 세금이 추징될 수 있음에 유의해야 한다.

### 둘째, 임대용 부동산을 구입하면서 발생한 이자비용은 원칙적으로 모두 경비처리가 된다

하지만 해당 자금을 개인적인 용도로 사용하였다면 이에 대한 이자는 경비로 인정되지 않음에 유의해야 한다. 또한 공동사업자가 대출받아 임대용 부동산을 구입하는 경우 이에 대한 이자비용은 경비로 인정되지 않음에 유의해야 한다.

## 셋째, 감가상각비라는 것이 있다

이는 임대용 부동산가액 중 건물취득가액을 30~50년 동안 매년 같은 금액으로 비용처리하는 것을 말한다. 예를 들어 건물가액(토지가액은 제외)이 30억 원이고 30년 동안 나눠서 비용처리를 하면 매년 1억 원씩 비용처리가 가능하다. 하지만 이렇게 비용처리를 하여 소득세나 법인세를 덜 낸 후에 건물을 처분하는 경우에는 건물의 장부가액이 축소되어 많은 양도차익이 발생할 수 있다. 이 때 양도소득세 등이 늘어나므로 건물에 대한 감가상각비 계상은 신중할 필요가 있다.

## 넷째, 차량 관련 처리법에 대해 알아보자

임대업은 다른 제조업 등과는 달리 고정된 임대부동산에서 수익이 발생한다. 따라서 임대사업자는 사업상 이동이 거의 없으므로 차량운행과 관련된 비용을 장부에 반영하는 것이 쉽지 않다. 세법은 사업에 관련된 경비만 인정해야 하는데 사업용으로 사용했는지 가사용으로 사용했는지의 구분이 애매모호하기 때문이다. 하지만 실무상에 관한 경비는 대부분 장부에 반영되고 있는 실정이다. 여기에서 경비는 차량가격 뿐만 아니라 관련된 모든 비용으로서 유류대, 수리비, 자동차세, 차량보험료 등을 포함한다. 이처럼 차량가격 등이 비용 처리됨으로써 상당한 절세효과가 발생함에 주목해보자. 예를 들어 차량을 2,000만 원에 구입하고 연간 유지비가 1,000만 원인 상태에서 3년을 운행한다고 하자. 이렇게 되면 차량 관련 비용은 총 5,000만 원이 되는데 이 금액에 개인사업자의 최고 세율인 44%(지방소득세 포함)를 곱하면 약 2,200만 원이 넘는 세금을 절약할 수 있다. 법인의 경우에는 같은 금액에 법인세 최고세율인 22%(지방소득세 포함)를 곱하면 약 1,100만 원이 줄어든다.

2017년 3월 현재에서 보면 차량비에 대해 전액 비용처리가 되는 것이 아니라 1대당 연간 1,000만 원(5년 기준 5,000만 원)까지만 비용처리가 된다.

다만, 이를 초과한 비용에 대해서는 차량운행일지를 작성하여 업무용으로 사용하였음을 입증해야 추가로 비용을 인정받을 수 있다. 한편 2017년부터 부동산 임대법인의 차량비에 대한 감가상각비의 기본한도가 800만 원에서 400만 원으로 축소되었다. 따라서 임대법인은 기본적인 경비인정 한도가 1,000만 원이 아닌 600만 원임에 유의해야 한다.

다섯째, 이외에 꼭 알아둬야 할 기타 비용에는 복리후생비, 접대비, 통신비, 재산세와 종합부동산세, 교통유발부담금, 수선비 등이 있다

이 중 복리후생비는 임직원들의 식사대나 피복비 등을 말하며, 접대비는 거래처를 접대하기 위해 발생하는 비용을 말한다. 임대사업의 경우 일반적으로 연간 1,200만 원 정도를 합법적으로 사용할 수 있다. 다만, 접대비는 사업과 관련된 경비에 해당해야 하나 실무적으로 이를 구분하는 것이 힘들어 대부분 경비처리를 하고 있는 실정이다. 참고로 접대비는 법인카드나 개인사업주의 신용카드를 사용해야 비용처리가 된다는 점에 유의하자. 한편 통신비의 경우 사업과 관련된 전화요금뿐만 아니라 대표자의 핸드폰 요금도 비용으로 인정한다. 이외에 소모품비 등은 사업자카드를 만들어 사용하면 일일이 영수증을 보관하지 않아도 된다.

# 24

# 전세보증금에도 세금이 부과된다

### 주택임대사업자의 고민은?

주택임대사업자는 보유 중에 재산세와 종합부동산세 그리고 임대소득세를 내야 한다. 그런데 이 중 재산세는 50% 감면을 받고 종합부동산세는 비과세를 받기 때문에 큰 문제가 없다. 하지만 임대소득세는 그렇지가 않다.

임대소득이 다른 소득에 합해지면 세금이 크게 될 가능성이 높아진다. 그렇다면 임대소득세는 어떻게 부과될까? 특히 주택임차보증금에 디헤서도 세금이 나온다고 하는데…

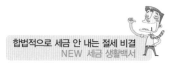

## 임대소득세 정복하기!

 **주택 수별로 월세와 전세보증금에 대한 과세방법**

| 구분 | 과세내용 | 비고 |
|------|---------|------|
| 1주택 소유 | 비과세 | 단, 기준시가 9억 원 초과 주택의 월세는 과세 |
| 2주택 소유 | 월세소득에 대해서만 과세 | 전세보증금에 대해서는 소득세가 부과되지 않음. |
| 3주택 소유 | 월세소득 및 전세보증금 이자상당액에 대해서도 과세 | 전세보증금은 3억 원 초과분에 대해서만 과세 |

현행 세법은 주택 수별로 월세와 전세보증금에 대한 과세방법을 달리 정하고 있다. 기본적으로 월세는 2주택 이상을 소유한 상태에서 전세보증금은 3주택 이상을 소유한 상태에서 부과된다(소형임대주택의 전세보증금은 2018년까지 과세유예). 단, 2주택 이상자의 주택임대소득이 연간 2,000만 원 이하이면 2018년까지 한시적으로 비과세가 적용되고 있다(2019년부터 분리과세로 전환예정).이때 주택 수는 원칙적으로 부부의 주택 수만을 합산한다. 따라서 자녀 등이 보유한 주택 수는 제외한다. 양도소득세 과세판단 때 세대(가구) 단위를 사용하는 것과 차이가 난다.

 **전세보증금에 대한 과세방법**

전세보증금 과세제도는 월세소득과의 과세형평을 맞추기 위해 2011년에 도입되었다. 다만, 전세보증금에 대한 과세를 강화하면 임차인에게 세부담이 전가되므로 소형임대주택(60㎡이하 및 기준시가 3억 원 이하 주택)을 제외한 주택 수가 부부 합산하여 3주택 이상이 되는 경우에 한하여 과세하고 있다. 임대보증금 소득산정은 임대보증금 합계액에서 3억 원을 공제한 잔액에 60%를 곱한 금액에서 이자율을 곱해 소득을 산출한다. 이를 요약하면 다음과 같다.

> 임대보증금에 대한 소득산정=(임대보증금 합계액-3억 원)×60%×
> 이자율(1.6%, 수시로 변경됨)-임대보증금에서 발생한 이자 · 배당소득

 **임대소득은 다른 소득에 합산**

주택임대소득은 비과세가 분리과세되지 않는 한 다른 근로소득이나 사업소득 등에 합산되어 6~40%의 세율로 정산된다. 따라서 주택임대소득 외의 소득이 많은 상황에서 주택임대소득이 추가되면 세금이 생각보다 많이 나올 수 있다.

---

 알 | 쏭 | 달 | 쏭 | 세 | 금 | 팁

### 지출액에 대한 소득공제와 세액공제

**1. 월세지출액에 대한 신용카드 등 사용공제**

월세금액에 대해서는 현금영수증을 사용한 것으로 보아 근로자에게 소득공제 혜택을 준다. 다만, 월세지출액의 일부만 소득공제가 된다. 신용카드 등 사용공제는 한도가 있기 때문이다. 현금영수증 사용등록은 국세청 홈페이지에 하면 된다(지급일로부터 1개월 내 등록해야 함에 유의).

참고로 신용카드 등 사용공제는 다음과 같이 적용된다.

첫째, 월세를 포함한 신용카드 등의 사용금액이 연봉의 25%는 초과해야 한다.

둘째, 위 초과금액의 10~30%만큼을 공제받는다. 단, 한도는 300만 원과 총급액의 20% 중 적은 금액이다.

**2. 월세지출액에 대한 10% 세액공제**

연간 총급여가 7,000만 원 이하인 무주택 소유자가 월세를 지출한 경우 지출금액의 10%를 세액공제한다. 다만, 공제한도는 연간 750만 원이다. 이 세액공제를 받기 위해서는 부양가족이 있는 근로자나 독신인 근로자에 해당해야 한다.

참고로 1과 2의 공제는 중복하여 받을 수 없다.

| 사례 |

주택 월세와 전세보증금에 대한 과세사례

① 나월세 씨의 주택임대소득은 월 100만 원이 된다. 그가 소득세로 내야하는 금액은 얼마일까? 단, 종합소득공제액은 300만 원이라고 가정한다.

이 경우 당분간(2018년 예정) 비과세가 적용된다. 만일 비과세되지 않고 분리과세된다면 총임대료에서 이의 60%와 400만원을 공제한 과세표준에 14%의 세율로 분리과세된다.

- 분리과세 되는 경우=(1,200만원-1,200만원×60%-400만원)×14%=112,000원

② 만일 나월세 씨의 주택임대소득이 월 200만 원이라면 세금은 얼마일까? 나 씨가 무직인 경우와 근로소득자(24% 세율 적용자)인 경우로 나눠 계산해보? 단, 월세소득의 57% 정도 과세된다고 하자.

먼저 나 씨가 무직인 경우에는 다음과 같이 세금계산을 한다.

- 연간 소득 : 2,400만 원
- 과세 소득 : 2,400만 원 × 57% = 1,368만 원
- 종합소득세 계산
- 임대소득금액 : 1,368만 원
  - 종합소득공제 : 300만 원
  - = 과세표준 : 1,068만 원
  - × 세율 6%
  - = 산출세액 : 640,800원

다음으로 나 씨가 24%의 세율로 근로소득세를 내고 있다면 주택임대소득에 대한 세금증가분은 다음과 같이 계산한다.

- 주택임대소득에 대한 세금증가분 : 1,368만 원×24%=3,283,200원

무직인 경우에 비해 264만 원 정도가 증가한다. 따라서 주택임대소득에 대한 절세를 위해서는 공동명의 등을 통해 소득을 분산하는 것이 좋다.

③ 김부자 씨는 주택을 4채 임대하고 있다. 이 중 2채는 전용면적이 60㎡이하이고 기준시가가 3억 원 이하인 소형주택에 해당한다. 이 경우 전세보증금에 대해서도 과세가 되는가?

그렇지 않다. 소형주택을 제외한 주택이 3채 이상이 되어야 하기 때문이다. 만일 3채 이상인 경우라도 전세보증금 합계액이 3억 원을 초과해야 최종적으로 과세된다.

119

# 나도 할 수 있다! 양도소득세 계산

세금을 제대로 계산하려면 양도소득세 계산구조부터 알고 있자!

| | | |
|---|---|---|
| 양도가액 | ----● | 실지거래가액 |
| − | | |
| 취득가액 | ----● | 실지거래가액 |
| − | | |
| 필요경비 | ----● | 양도비 등 실제경비 |
| ↓ | | |
| 양도차익 | | |
| − | | |
| 장기보유특별공제 | ----● | (토지건물의 양도차익)×공제율 |
| ↓ | | |
| 양도소득금액 | | |
| − | | |
| 양도소득기본공제 | ----● | (연간 250만원 한도, 미등기 양도자산은 적용 배제) |
| ↓ | | |
| 양도소득과세표준 | | |
| × | | |
| 세율 | ----● | 주택 : 40%, 6~40%, 주택 외 : 50%, 40%, 6~40% 등 |
| ↓ | | |
| 산출세액 | | |
| − | | |
| 감면세액 | ----● | 조세특례제한법상 감면세액 등 |
| + | | |
| 가산세 | ----● | 신고불성실가산세(10%, 20%, 40%), 납부불성실가산세 |
| ↓ | | |
| 자진납부할 세액 | | |

양도소득세를 잘 계산하려면 옆에서 제시한 계산구조를 이해해야 한다. 특히 다음 내용들은 누구나 이해하는 것이 좋다.

● 양도가액 : 양도가액은 처분할 때 실제 받는 금액을 말한다. 통상 부동산 매매계약서상의 금액을 말한다.

● 취득가액 : 취득가액은 취득 당시의 가액을 말한다. 그런데 양도가액과는 달리 계약서 등을 분실하는 경우가 많아 이를 입증하는 데 관심을 둬야 한다.

● 필요경비 : 필요경비는 취득과 양도에 필수적으로 발생하는 각종 비용을 말한다. 여기에는 취득세, 중개수수료, 법무 관련 수수료, 자본적 지출금 액 등이 해당한다. 필요경비는 보통 영수증으로 입증한다.

● 장기보유특별공제 : 토지와 건물에 한해 양도차익의 일부를 보유기간에 따라 공제하는 제도다. 3년 이상 보유해야 하며, 통상 10~30% 내에서 공제되고, 1세대 1주택자는 24~80%를 적용받을 수 있다.

● 세율 : 양도소득세 세율은 원칙적으로 보유기간에 따른 세율이 적용된다. 보유기간이 1년 미만이면 50%, 1~2년 미만이면 40%, 2년 이상 보유하면 6~40%가 적용된다. 다만, 주택은 거래활성화의 명분 아래 1년 미만 보유하면 40%, 1년 이상 보유하면 6~40%를 적용받는다. 2년 이상 보유한 비사업용 토지에 대해서는 16~50%의 중과세율이 적용되며, 미등기 자산에 대해서는 최고 70%의 세율이 적용된다.

## 양도소득세 신고법
# 홈택스 이용하기

부동산을 처분했다면 양도소득세 신고방법도 익혀둘 필요가 있다. 물론 주택의 경우 비과세가 가능하다면 신고하지 않을 수 있으나, 찜찜하면 신고하는 것이 좋다. 유비무환의 자세라고 할까?

- **신고기한** : 양도일이 속하는 달의 말일부터 2개월 내에 의무적으로 예정신고 및 납부해야 한다. 이를 놓치면 가산세가 있다.

- **신고를 해야 하는 경우** : 당연히 양도소득세가 과세되는 경우다. 양도소득세 감면을 받는 사람도 정확히 신고하고 감면신청을 해야 한다. 비과세를 받는 경우엔 신고가 필요없다.

- **신고를 해야 하는 세무서** : 신고 당시의 양도자의 주소지 관할세무서에 한다. 주소지가 바뀐 경우에는 바뀐 주소지를 기준으로 관할세무서가 결정되나 종전 관할세무서에 신고하더라도 신고는 효력이 있다.

- **신고방법** : 본인이 직접 할 수도 있고 세무사를 통한 신고도 가능하다. 우편신고나 세무서 방문신고 또는 국세청 홈택스를 통한 전자신고 중 하나를 선택한다.

- **제출서류** : 매매계약서, 필요경비에 관한 서류(취득세, 법무사비, 중개사비, 자본적 지출 영수증 등), 수용확인서, 기타 양도소득세 계산에 필요한 서류 등

양도소득세는 스스로 계산 및 납부도 가능하다. 잘못 신고했다면 막대한 재산손실을 초래할 수 있으므로 미리 세무사를 통해 상담받는 것이 좋다. 그럼 어떻게 하면 스스로 신고할 수 있을까? 아래는 국세청 홈택스를 이용하는 방법이다. 물론 서식을 출력하여 우편이나 방문을 통하여 접수할 수도 있다.

❶ 국세청 홈택스에 접속한다.

❷ 공인인증서 등으로 로그인한다.

❸ 메뉴 중 세금신고 – 양도소득세 부분을 클릭한다.

❹ 신고서 작성을 하기가 힘들면 작성요령 및 사례를 통해 미리 학습한다.

❺ 신고서 작성 후에 검토하고 이상이 없으면 작성된 신고서를 전송한다.

**알｜쏭｜달｜쏭｜세｜금｜팁**

**양도소득세 신고와 관련하여 주의해야 할 점**

바쁘게 살다보면 양도소득세를 신고해야 하는지도 깜빡 잊고 사는 일도 많다. 그리고 신고가 완료되었다고 생각하다 잘못 신고되었다는 연락을 세무서로부터 받을 때도 있다. 이럴 때에는 어떻게 해야 할까?

● 신고기한이 넘어갔다면?
　늦었더라도 신고하자. 자발적으로 신고하면 가산세를 감면해주기 때문이다.

● 잘못 신고되었다면?
　수정신고를 하거나 고지서를 받아 납부할 수 있다. 왜 잘못 신고되었는지 원인을 정확히 파악하여 대처방법을 찾는다. 만약 세무사가 잘못 신고했다면 신고에 관한 가산세는 세무사가 부담하는 것이 맞다.

# 또다시 돌발 퀴즈 시간!

**Q1.** 10년 전에 산 부동산이 있는데 이를 양도하려고 한다. 다음 중 어떤 방법으로 취득가액을 입증해야 하는가?

① 검인계약서
② 매매계약서

**A1.** 정답은 ②. 검인계약서는 부동산 등기만을 위해 존재하는 계약서이므로 양도소득세를 계산할 때에는 쓸모가 없다.

**Q2.** 그런데 매매계약서가 없다면 어떻게 해야 할까?

**A2.** 이런 상황이라면 취득가액을 입증하는 데 최선을 다해야 한다. 송금영수증이나 거래사실확인서 등이 있다면 취득가액을 인정받을 수 있다. 하지만 이 방법도 여의치 않으면 어떻게 해야 할까?

세법에서는 취득가액을 알 수가 없을 때 매매사례가액, 감정가액, 환산가액 순으로 취득가액을 계산하도록 하고 있다.

● 매매사례가액 : 양도일 또는 취득일 전후 각 3개월 이내에 당해 자산과 동일하거나 유사한 자산의 매매사례가액이 있는 경우 그 가액을 취득가액으로 한다.

● 감정가액 : 양도일 또는 취득일 전후 각 3개월 이내에 당해 자산(주식 등은 제외)에 대하여 두 군데 이상의 감정평가법인이 평가한 금액을 취득가액으로 한다.

● 환산가액 : 이는 양도 당시의 실지거래가액, 매매사례가액 또는 감정가액을 다음 과 같은 방법으로 환산하여 취득가액을 계산하는 것이다.

$$\text{양도 시 실지거래가액 등} \times \frac{\text{취득 시 기준시가}}{\text{양도 시 기준시가}}$$

만일 앞의 상황에서 양도시점의 기준시가가 1억 원이고 취득시의 기준시가가 5,000만 원이라면 양도가액 2억 원의 50%인 1억 원이 취득가액으로 환산된다. 참고로 분양받은 아파트, 경매에 의해 낙찰가격이 있는 경우에는 취득가액이 존재하므로 환산하는 것이 힘들 수 있다.

☞ 환산가액으로 신고한 경우라도 과세당국이 이를 무조건 인정하는 것이 아니라 실제 가액을 조사하여 다시 과세할 수 있음에 유의해야 한다. 그래서 이러한 상황이 발생하면 세무전문가와 상의한 후에 신고하는 것이 좋다.

# 28

## 계약서를 분실한 아빠의 고민 타파!

## 계약서를 분실한 아버지의 딱한 상황

- 취득 당시의 계약서를 분실했다.
- 등기필증 서류를 보니 실제 금액과 큰 차이가 있다.
- 혹시 하는 마음에 매수자나 공인중개사를 백방으로 찾아봤지만 도저히 알 수 없다.

매매예상가액은 3억 원이며 보유기간은 10년 정도 되어 장기보유특별공제를 30% 받을 수 있다. 그리고 양도시점의 기준시가와 취득시점의 기준시가는 각각 2억 원과 1억 원이다. 이 상황에서 아버지의 세금은 어떻게 계산될까? 그리고 그렇게 나온 세금대로 신고하면 될까?

※ 참고로 취득가액을 환산하는 경우에는 실제로 지출된 기타 필요경비 대신 취득 시 기준시가의 3%의 금액을 필요경비로 하는 것이 원칙이다.

일단 주어진 자료를 바탕으로 세금을 계산해보자. 여유가 있다면 직접 계산해 본 후 답과 비교하자.

(단위 : 원)

| 구분 | 계산 | 비고 |
|---|---|---|
| 양도가액 | 300,000,000 | |
| − 필요경비 | 153,000,000 | [취득가액 환산(3억×(1억/2억)] |
| 취득가액 | 150,000,000 | 개산공제액(1억×3%) |
| 기타필요경비 | 3,000,000 | |
| = 양도차익 | 147,000,000 | |
| − 장기보유특별공제 | 44,100,000 | 30%공제(10년×3%) |
| = 양도소득금액 | 102,900,000 | |
| − 기본공제 | 2,500,000 | 연간 1회 적용 |
| = 과세표준 | 100,400,000 | |
| × 세율 | 35% | |
| = 산출세액 | 20,240,000 | 과세표준×35%−1,490만 원 |
| − 예정신고납부세액공제 | 0 | 폐지 |
| = 결정세액 | 20,240,000 | 양도소득세 외 지방소득세가 10% 추가됨. |

실제 세금계산 시 어려운 부분은 취득가액을 환산하는 부분과 기타 필요경비 적용 부분, 그리고 세율을 적용하는 부분 정도일 것이다. 여기서 취득가액 환산에 필요한 기준시가는 상당히 복잡할 수 있으므로 세무사 도움을 받아 처리하는 것이 좋다. 수수료 아낀다고 혼자 끙끙거리거나 자격도 없는 사람이 이를 다루다가 가산세만 왕창 무는 경우가 비일비재한 것이 현실이다.

자, 위와 같이 계산된 신고서를 관할세무서에 제출하면 세무서는 순순히 받아줄까?

일단, 앞에서 보면 취득가액 환산은 취득가액이 불분명할 때 사용하는 방법이다. 따라서 취득가액이 나타나면 환산하는 방법을 사용할 수 없다. 대체적으로 전에 양도자가 양도소득세를 신고했다면 이를 사용하는 것은 한계가 있을 수밖에 없다. 어떤 경우에는 양도자에게 연락을 취해 알아볼 수도 있다. 그리고 신축의 경우에는 공사업체 등을 통해 건축원가 등을 알아볼 수도 있다. 따라서 취득가액 환산은 실제 거래금액을 알 수 없을 때 제한적으로 이용하는 것이 좋을 것 같다.

참! 어떤 사람은 취득계약서를 양도시점에 재작성하는 경우가 있다. 이 처럼 취득계약서를 나중에 작성하면 문제가 없을까? 금액이 변동되지 않는 경우에는 외관상은 문제없겠으나 금액이 변동되는 등의 사유가 발생하면 당연히 세법상 문제가 된다.

### ※ 이것만은 고칩시다!

상속받거나 증여받은 부동산을 양도한 경우 취득가액을 기준시가로 결정하는 경우가 있다. 세법에서는 취득가액을 상속이나 증여 시 평가액으로 하고 있는데, 상속이나 증여 시 시가로 신고해 두지 않으면 기준시가가 평가액이 된다. 그 결과 양도가액은 실제 거래가액이 되고 취득가액은 기준시가가 되어 양도차익이 커진다. 따라서 상속이나 증여를 받은 부동산도 취득가액을 환산할 수 있도록 하는 조치가 필요하다.

알 | 쏭 | 달 | 쏭 | 세 | 금 | 팁

### 1985년 1월 1일 이전에 취득한 부동산의 취득가액

1985년 1월 1일 이전에 취득한 부동산은 1985년 1월 1일에 취득한 것으로 본다. 이렇게 오래된 부동산은 취득가액을 입증하기 힘들어 취득가액을 부득이 환산하는 경우가 많다. 그런데 취득가액을 환산하는 경우 필요한 기준시가 중 취득시점의 기준시가를 파악하는 일이 쉽지 않다. 주택의 경우 다음과 같이 파악해야 한다(소득세법 시행령 164조의 ⑦항 등).

● 취득 당시의 기준시가 = 최초로 공시한 주택가격 × $\dfrac{\text{취득 당시의 토지·건물기준시가 합계액}}{\text{최초로 고시한 당시의 토지·건물기준시가의 합계액}}$

한편 토지의 경우 공시지가가 1990년에 처음 발표되어 그 이전은 공시지가가 존재하지 않는다. 따라서 다음과 같이 취득 시의 공시지가를 계산한다.

● 1990.1.1 기준 공시지가 = $\dfrac{\text{취득 당시의 과세시가표준액}}{\text{(1990.8.30 과세시가표준액 + 그 직전 과세시가표준액) ÷ 2}}$

*시가표준액의 개념은 세무용어사전 참조.

### ※ 취득가액을 획기적으로 올리는 방법

취득가액이 낮거나 계약서 분실, 다운계약서 작성 또는 오래 전에 상속받은 부동산을 양도하면 양도차익이 많이 발생하는 것이 일반적이다. 이런 상황에서는 배우자에게 증여한 후 5년 후에 양도하면 양도차익이 줄어들 가능성이 높다. 증여 시 시가로 두 군데 이상의 감정평가를 받은 후 증여세를 신고하고 5년 후에 양도하면 감정가액은 취득가액이 되기 때문이다. 여기서 주의할 것은 증여받은 후 5년 내에 양도하면 무용지물이 된다는 것. 역시 부지런한 사람이 세금도 아끼는 것 같다. 자세한 내용은 224쪽을 참조하라!

# 수리비 영수증을
## 못 받았다면

## 필요경비도 절세수단의 하나!

세금을 줄일 때 일단 뭐니뭐니 해도 양도차익을 줄이는 것이 중요하다. 이를 위해서는 양도가액을 줄이거나 취득가액을 올리고 기타 필요경비를 많이 넣으면 된다. 따라서 기타 필요경비도 지출 후 영수증을 보관하고 있다면 세금을 줄일 수 있는 길이 된다.

참고로 기타 필요경비는 원칙적으로 취득·양도 시 필수적으로 발생한 비용을 말한다.

구체적인 범위는 본문에서 살펴보자.

## 필요경비를 인정받으면 좋은 것들

아래 내용은 자산의 내용연수를 연장시키거나 당해 자산의 가치를 현실적으로 증가시키기 위하여 지출한 수선비 등에 해당해 필요경비로 인정한다.

- 전체(올) 수리비용(인테리어 비용)
- 취득세, 공인중개사 · 법무사 수수료
- 새시공사, 거실 확장공사, 발코니 확장공사, 상하수도 배관공사, 붙박이장, 보일러 교체 등 자본적 지출
- 경매취득 시 유치권 변제금액, 경락대금에 불포함 된 대항력 있는 전세보증금, 세무 신고비용, 계약서 작성비용, 공증비용, 소개비 등

## 받아도 쓸모가 없는 것들

정상적인 수선 또는 경미한 개량으로 자산의 가치를 상승시킨다기보다 본래의 기능을 유지하기 위해 지출한 비용은 필요경비로 인정하지 않는다.

- 도배공사, 벽지 · 장판 교체비용, 외벽 도색비용, 보일러 수리비용
- 경락대금에 불포함 된 대항력 없는 전세보증금, 은행대출 시 감정비, 임차인 퇴거 보상비용
- 싱크대 교체, 욕조 교체 등 수리비 성격, 이자, 위약금, 연체이자
- 재산세, 종합부동산세, 담보설정 관련 등기비, 수선충당금 등

참고로 인테리어의 경우 증빙(계약서＋세금계산서* 등＋송금영수증)을 제대로 갖추어 두는 것이 좋다. 한편 취득세 영수증을 분실하였다면 시 · 군 · 구청에서 확인서를 교부받으면 된다.

* 2016년 이후에 발생하는 인테리어 공사비는 반드시 세금계산서나 신용카드 매출전표 등의 적격증빙을 받아야 나중에 공제를 받을 수 있다.

# 30

# 중개수수료가 노출되는 경로!

## 세금관리가 곧 이익관리다!

아무리 돈을 잘 벌더라도 사업과 관련된 세금을 잘못 관리하면 이익이 크게 준다. 여기서 사업에 관련된 세금이란 부가가치세와 종합소득세를 말한다.

**부가가치세는 매출금액의 10%를, 소득세는 이익의 6~40%를 내는 세금이다.** 대략 부가가치세를 제외한 매출이 1억 원이라면 10%인 부가가치세는 1,000만 원이고, 매출 1억 원의 40%인 4,000만 원이 소득금액이라면 대략 소득세는 500만 원* 정도가 나온다.

* 4,000만 원×15%-108만 원(누진공제)=492만 원(지방소득세 포함 시 약 540만 원)

일부 사업자 중에는 이 같은 부가가치세와 소득세를 줄이기 위해 세금신고를 회피하는 경우가 있다.

그렇다면 중개수수료를 제대로 신고하지 않으면 어떻게 될까?

## 중개수수료 누락은 이렇게 발각된다!

앞의 중개사는 어떻게 하여 수정 안내문을 받게 되었을까?

먼저 부동산을 거래하는 경우 통상 60일 안에 관할 시·군·구청에 부동산 실거래가 신고서를 제출해야 한다.

이 신고서에는 통상 거래와 관련되는 정보와 중개수수료 등이 포함되어 있다. 이렇게 실거래가 신고가 제대로 되었다면 과세 당국이 중개수수료를 포착하는 일은 식은 죽 먹기다. 어떻게 파악할까?

일단 거래금액이 다양하게 있다면 다음과 같이 수수료 금액을 추정할 수 있다.

| 번호 | 거래금액 | 수수료 추정 | 근거 |
|------|----------|-------------|------|
| 1 | 1억 원 | 50만 원 | 1억 원×1천분의 5 |
| 2 | 2억 원 | 80만 원 | 2억 원×1천분의 4 |
| 3 | 3억 원 | 120만 원 | 3억 원×1천분의 4 |
| 4 | 5억 원 | 200만 원 | 5억 원×1천분의 4 |
| 5 | 10억 원 | 900만 원 | 10억 원×1천분의 9 |
| 계 | – | 1,350만 원 | – |

그런데 세무서에 신고된 수입금액이 500만 원이라면 위의 추정액에 비해 약 850만 원 정도가 과소신고된 것으로 추정된다. 그리하여 관할세무서는 수입금액을 자발적으로 수정신고를 하도록 안내문을 보내게 된 것이다.

만일 이에 불응하거나 탈루액이 크다고 인정되는 경우에는 실지조사를 벌일 가능성도 있다. 요즘 거래금액이 10만 원 이상일 때 무조건 현금영수증을 발급하도록 하는 제도도 중개사를 괴롭히는 제도에 해당한다.

## 대책은 이렇게 세우자!

중개 사실은 부동산실거래신고시스템 등에 의해 파악이 된다. 따라서 이를 신고하지 않으면 세금추징은 피할 수 없다. 따라서 부가가치세 신고 때 거래 건수 대비 현금매출분이 과소신고되지 않도록 하자.

참고로 주택 매매 등과 관련된 법정 중개수수료를 살펴보면 아래 표와 같다.

■ 주택매매와 임대차 중개료수수료

| 거래내용 | 거래금액 | 상한요율 | 한도액 | 비고 |
|---|---|---|---|---|
| 매매·교환 | 5,000만 원 미만 | 1천분의 6 | 25만 원 | • 주택에 준한 부동산<br>– 주택의 부속토지, 주택의 분양권 |
| | 5,000만 원 이상 ~ 2억 원 미만 | 1천분의 5 | 80만 원 | |
| | 2억 원 이상~ 6억 원 미만 | 1천분의 4 | 없음 | • 거래금액<br>– 매매 : 매매가격(대금)<br>– 교환 : 교환대상중 가액이 큰 중개대상물 가액 |
| | 6억 원 이상~ 9억 원 미만 | 1천분의 5 | 없음 | |
| | 9억 원 이상 | 거래금액의 1천분의(0.9) 이하 | | 거래금액의 1천분의 9 이하에서 중개의뢰인과 중개업자가 협의하여 결정함. 단, 중개업자는 자기가 요율표에 명시한 상한요율을 초과하여 받을 수 없음. |
| 임대차 등 (매매·교환 이외의 거래) | 2,000만 원 미만 | 1천분의 5 | 7만 원 | |
| | 2,000만 원 이상~ 5,000만 원 미만 | 1천분의 5 | 20만 원 | • 거래금액<br>– 전세 : 전세금(보증금)<br>– 월세(차임이 있는 경우) :<br>　보증금+(월 단위 차임액 × 100)<br>　단, 거래금액이 5,000만 원 미만일 경우 :<br>　보증금+(월 단위 차임액 × 70) |
| | 5,000만 원 이상 ~ 1억 원 미만 | 1천분의 4 | 30만 원 | |
| | 1억 원 이상~ 3억 원 미만 | 1천분의 3 | 없음 | |
| | 3억 원 이상~ 6억 원 미만 | 1천분의 4 | 없음 | |
| | 6억 원 이상 | 거래금액의 1천분의(0.8) 이하 | | 거래금액의 1천분의 8 이하에서 중개의뢰인과 중개업자가 협의하여 결정함. 단, 중개업자는 자기가 요율표에 명시한 상한요율을 초과하여 받을 수 없음. |

## 중개업과 현금영수증 의무발급제도

현행 세법(조세범처벌법 제15조)에서는 공인중개사업 등을 영위하면서 건당 10만 원 이상의 현금매출(수입금액 또는 수입과 같은 의미임)이 발생하면 현금영수증을 의무적으로 발급하도록 한다. 그리고 이 의무를 위배한 경우에는 매출의 50%를 과태료로 부과하고 있다. 따라서 매출신고를 누락한 경우에는 위의 과태료 외에 본세 및 가산세 등의 불이익이 뒤따른다.

■ **현금영수증 의무발급제도 요약**

• 중개사무소는 건당 거래금액이 10만 원 이상인 경우 의무적으로 현금영수증을 발급해야 한다. 이때 근로자는 소득공제용, 사업자는 지출증빙용으로 발급해야 한다.

• 현금영수증은 원칙적으로 '현금을 지급받은(계좌에 입금된) 때'에 발급해야 하며 사회통념상 입금 여부가 즉시 확인이 어려운 때에는 입금이 확인되는 때(통상 3일~5일 이내)에 발급해야 한다(서면3팀-1699, 2005.10.06.).

• 고객이 요청하지 않는 경우에는 국세청 전화번호(010-000-1234)로 이를 의무적으로 발급해야 한다(주의!).

알 I 쏭 I 달 I 쏭 I 세 I 금 I 팁

**다운계약서 작성은 절대 하지 말자!**

2011년 7월 이후부터 허위 계약서를 작성했음이 밝혀지면 중개인은 물론 거래당사자 모두에게 불이익이 돌아간다. 특히 1세대 1주택자도 비과세를 받지 못할 수 있으므로 다운계약서는 절대 쓰면 안된다.

# 31

# 양도소득세를 매수자가 대신 내는 거래

## 양도소득세를 매수자에게 떠넘겨볼까?

일반적으로 양도자는 거래금액보다는 세금에 민감하게 반응하는 경우가 많다. 세금이 많이 나오면 아무래도 수익률이 떨어지기 때문이다.

물론 그 이면에는 **'세금을 왜 내야 하지?'**라는 억울한 마음도 숨어 있다. 그러다 보면 세금이 아까운 게 당연지사. 그래서 세금부담이 많다면 거래를 망설이거나 선뜻 응하지 않으려는 마음도 생긴다.

**그렇다면 매수자가 양도소득세를 부담한다는 조건을 걸고 매매하면 어떻게 될까?**

## 대납한 양도소득세도 양도대가다!

원래 양도소득세는 양도자가 내야 하는 세금이다. 그런데 거래 조건의 하나로 양도소득세를 매수자가 부담하는 경우가 있다. 이런 상황에서는 매수자가 대납한 양도소득세가 양도대가에 해당함을 주의하자. 이렇게 되면 양도가액을 포함하여 세금을 재계산해야 한다. 이를 간단한 예로 살펴보면 다음과 같다. 편의상 장기보유특별공제를 적용하지 않는다고 하자.

### 당초 세금

(단위 : 원)

| 구분 | 금액 | 비고 |
|---|---|---|
| 양도가액 | 300,000,000 | |
| − 필요경비 | 100,000,000 | |
| = 양도차익 | 200,000,000 | |
| − 장기보유특별공제 | 0 | 적용 배제 |
| = 양도소득금액 | 200,000,000 | |
| − 기본공제 | 2,500,000 | 연간 1회 적용 |
| = 과세표준 | 197,500,000 | |
| × 세율 | 38% | 6~40% |
| = 산출세액 | 55,650,000 | 과세표준×38%−1,940만 원 |
| 지방소득세 포함 총 세금 | 61,215,000 | 양도소득세 + 양도소득세의 10% |

사례의 경우 과세표준이 1억 5,000만 원을 초과 5억 원 이하에 해당하므로 세율 38%가 적용되어 대략 5,565만 원의 양도소득세가 계산된다. 이외 10%의 지방소득세를 더하면 약 6,121만 원 정도의 총세금이 계산된다.

## 매수자가 위 양도소득세를 부담하는 경우

매수자가 양도소득세를 부담하는 경우 양도대가에 해당해 양도차익을 높이는 결과가 되어 세금이 약 2,500만 원 증가한다. 양도소득세 대납금액 약 6,000만 원에 세율 41.8%를 적용한 결과다. 따라서 이 세금을 누가 부담할지를 놓고 실랑이가 발생하곤 한다. 현실에서는 양도대가를 계약서 등에 반영하지 않는 방법 등으로 처리한다. 즉 세금을 당초의 것으로 납부하되 이를 양도대가에서 제외하는 것이다.

 돌발퀴즈

**Q** 대납한 양도소득세는 양도가액에 계속하여 합산해야 하는가?

**A** 대납한 양도소득세를 양도가액에 합산하면 양도소득세가 늘어나고 늘어난 양도소득세는 다시 양도가액에 합산해야 하는 문제점이 발생한다. 따라서 세법에서는 처음 1회분의 양도소득세 대납분만 합산하도록 하고 있다.

---

알|쏭|달|쏭|세|금|팁

### 양도소득세 대납 분쟁

양도소득세는 원칙적으로 매도자가 부담하는 것이지만, 매수자가 떠안는 일이 종종 있다. 그런데 이때 부실한 세금 예측 때문에 거래당사자가 곤혹을 치르는 경우도 있다. 예를 들어 양도소득세가 얼마 되지 않을 것으로 보아 매수자가 이를 부담한다는 조건으로 계약했는데, 실제로는 많은 양도소득세가 나온다면 계약이행이 제대로 되지 않아 분쟁이 발생할 수 있다는 것이다.

따라서 애초부터 이러한 계약은 맺지 않는 것이 좋으나, 부득이한 경우에는 정확하게 세금을 계산하여 차후에 분쟁이 발생하지 않도록 할 필요가 있다.

# 재산세와 종합부동산세의 과세방법

## 1. 재산세와 종합부동산세의 과세방식

보유세인 재산세와 종합부동산세는 다음과 같은 방식으로 부과된다.

보유세 구조를 잘 이해하기 위해서는 과세표준과 세율 적용방법, 그리고 세부담

상한율에 유념해야 한다.

### ❶ 과세표준

재산세는 기준시가에 공정시장가액비율을 곱해 과세표준을 산정하고 종합부동

산세는 기준시가에서 과세기준금액(6억 원 등)을 차감한 금액에 공정시장가액비율

을 곱해 과세표준을 산정한다. 두 세목의 과세표준 산정방식에서 차이가 있음을

알아두자. 여기서 공정시장가액비율이란 급격한 세부담을 방지하기 위해 도입한

비율을 말한다. 이 비율이 올라가면 과세표준이 증가하여 세부담이 증가한다. 이

는 정부에서 수시로 정할 수 있다.

| 구분 | 재산세<sup>*1</sup> | | 종합부동산세<sup>*2</sup> | |
|---|---|---|---|---|
| 납세<br>의무자 | 매년 6월 1일 사실상 소유자 | | | |
| 과세표준 | 기준시가×공정시장가액비율*<br><br>* 공정시장가액비율<br>• 주택 : 60%(변동가능)<br>• 토지, 기타건물 : 70%(변동 가능) | | • 주택 : (기준시가−6억 원−기초공제<sup>*1</sup>)×<br>  공정시장가액비율<sup>*2</sup><br>• 나대지 : (기준시가−5억 원)<br>• 상가부속토지 : (기준시가−80억 원)<br><sup>*1</sup> 세대 1주택을 단독명의로 보유 시 3억 원<br>  을 공제함.<br><sup>*2</sup> 공정시장가액비율 : 80%(변동 가능) | |

| | 주택세율 | | | |
|---|---|---|---|---|
| | 재산세 | | 종합부동산세(2009년 이후) | |
| | 6천만 원 이하 | 0.1% | 6억 원 이하 | 0.5% |
| 산출세액 | 6천만~1.5억 원 이하 | 0.15%(3만 원) | 6~12억 원 이하 | 0.75% |
| | 1.5~3억 원 이하 | 0.25%(18만 원) | 12~50억 원 이하 | 1% |
| | 3억 원 초과 | 0.4%(63만 원) | 50~94억 원 이하 | 1.5% |
| | | | 94억 원 초과 | 2% |

* 재산세는 위의 과세표준에 재산세율을 곱한다.
* 종합부동산세는 위의 과세표준에 종합부동산세율을 적용한다.
* 종합부동산세의 경우 재산세와의 중복분을 조정해야 한다.

| 세부담<br>상한율 | 30%(6억 원 이하 주택 5~10%) | 150% |
|---|---|---|

<sup>*1</sup> 재산세 과세특례분 별도(종전의 도시계획세를 말함)
<sup>*2</sup> 농어촌특별세 : 종합부동산세의 20%

| 사례 |

기준시가 10억 원 짜리 집을 단독으로 보유하고 있다고 하자. 재산세와 종합부동산

세의 공정시장가액비율이 각각 60%, 80%이라면 과세표준은 다음과 같다.

재산세 과세표준 : 6억 원(=10억 원×60%)

종합부동산세 과세표준 : 8,000만 원[(=10억 원−6억 원−3억 원)×80%]

❷ 산출세액

산출세액은 위의 과세표준에 법에서 정한 세율을 적용하여 계산한다. 사례의 집을 가지고 산출세액을 계산해 보자.

재산세 : 6억 원×0.4% − 63만 원(누진공제액) = 177만 원
종합부동산세 : 8,000만 원×0.5% = 40만 원

한편 앞의 종합부동산세의 경우 9억 원 초과구간은 재산세도 부과되었으므로 이중과세된 부분은 제거해야 한다. 이에 대해서는 편의상 설명을 생략한다. 내용을 알고 싶다면 종합부동산세법 제9조 등을 확인하기 바란다(법조문은 법제처 홈페이지 검색 가능).

❸ 세부담상한율

위와 같이 재산세와 종합부동산세가 도출되더라도 다음과 같은 세부담상한 금액 내에서 납부하게 된다. 이는 급격한 세금 증가를 막기 위한 제도에 해당한다.

| 재산세(주택) | 종합부동산세(주택) |
|---|---|
| 기준시가 3억 원 이하 : 5%<br>기준시가 3억 원~6억 원 이하 : 10%<br>기준시가 6억 원 초과 : 30% | 150% |

2. 신고 및 납부방법

보유세에 대한 신고 및 납부방법은 다음과 같다.

| 재산세(주택) | 종합부동산세(주택) |
|---|---|
| 지방자치단체에서 고지<br>• 7월 16일~31일 : 주택의 1/2, 기타건물 등<br>• 9월 16일~30일 : 주택의 1/2, 토지 | 정부에서 고지<br>• 12월 1일~15일 |

# 고가주택의 양도소득세 계산법

## 비싼 주택에 대한 세금규제 수단들

대한민국 사회에서 내 집 한 칸 가지고 있는데 세금이 부담스러워서는 안 될 것이다. 그런데 집 한 칸이라도 규모가 크다면 이래저래 부담을 주는데 일단 어떤 것들이 있는지 알아보자.

- 취득 시→지방세법상 고급주택에 해당하거나 별장에 해당하면 취득세를 중과세한다. 고급주택이란 1구의 건물의 연면적(주차장 면적을 제외한다)이 331㎡를 초과하는 등 지방세법상의 요건을 갖춘 주택을 말한다.

- 보유 시→재산세와 종합부동산세가 과세되는데 이 중 종합부동산세는 기준시가가 6억 원(1주택 단독명의자는 9억 원)을 초과 시 부과된다.

- 임대 시→1주택자가 기준시가가 9억 원을 초과하는 주택을 임대하면 월세소득에 한해 임대소득세를 내야 한다.

- 양도 시→실거래가액이 9억 원을 초과하는 경우 양도차익의 일부에 대해 양도소득세를 내야 한다. 참고로 단독주택이 경우 건물 정착면적의 5배(도시지역 밖은 10배)까지는 주택의 부수토지로 보나, 이를 초과하는 면적은 나대지로 본다.

앞의 사례자가 해당 집을 30억 원에 팔기를 원한다고 하자. 이 집은 서울에 소재하고 있어 건물 정착면적의 5배 내의 토지만 주택 부수토지로 인정한다. 이 경우 양도소득세가 얼마나 나올지 계산해 보자. 계산을 위해서는 취득가액 및 보유기간도 알아야 한다. 취득가액 5억 원, 보유기간 20년으로 가정하자.

먼저, 위에서 주어진 가정을 가지고 대략적으로 세금을 계산하면 아래와 같다.

(단위 : 원)

| 구분 | 금액 | 비고 |
|---|---|---|
| 양도가액 | 3,000,000,000 | |
| − 필요경비 | 500,000,000 | |
| = 양도차익 | 2,500,000,000 | |
| = 과세되는 양도차익 | 1,750,000,000 | 양도차익×(30억−9억)/30억 |
| − 장기보유특별공제 | 1,400,000,000 | 80% |
| = 양도소득금액 | 350,000,000 | |
| − 기본공제 | 2,500,000 | 연간 1회 적용 |
| = 과세표준 | 347,500,000 | |
| × 세율 | 38% | |
| = 산출세액 | 112,650,000 | 과세표준×38%−1,940만 원 |

대략 1억 1,000만 원 정도의 산출세액이 도출되었다. 양도차익이 25억 원이지만 이 중 세금은 1억 1,000만 원 정도밖에 되지 않는다.

자, 위의 결과가 맞는가? 아쉽게도 아니다. 앞의 그림을 보면 토지는 건평(건물 정착면적)의 5배를 뛰어넘고 있다. 따라서 대지면적 50평은 주택의 부수토지에서 제외되어 나대지로 과세된다. 따라서 위의 금액은 수정되어야 한다. 내용이 조금 복잡하지만 실력을 키우는 관점에서 세금계산을 다시 한 번 해보자. 이를 위해서는 다음과 같은 절차를 밟아야 한다.

**첫째** 주택과 나대지에 해당하는 금액을 산출해야 한다. 나누는 기준은 보통 기준시가로 한다. 토지와 건물의 기준시가가 18억 원과 2억 원이라고 하면 전체 양도가액 30억 원은 다음과 같이 나뉘게 된다.

$$\text{토지 양도가액} = 30억 \text{ 원} \times \frac{18억 \text{ 원}}{20억 \text{ 원}} = 27억 \text{ 원}$$

$$\text{건물 양도가액} = 30억 \text{ 원} - 27억 \text{ 원} = 3억 \text{ 원}$$

**둘째** 위 토지 양도가액을 주택 부수토지와 나대지로 구분하자. 이는 면적으로 나누면 된다. 전체 면적은 300평이고 이 중 250평은 주택 부수토지, 50평은 나대지에 해당한다.

$$\text{주택 부수토지 금액} = 27억 \text{ 원} \times \frac{250평}{300평} = 22억 \text{ } 5{,}000만 \text{ 원}$$

$$\text{주택 부수토지 외의 금액} = 27억 \text{ 원} - 22억 \text{ } 5{,}000만 \text{ 원} = 4억 \text{ } 5{,}000만 \text{ 원}$$

**셋째** 주택과 나대지에 대해 각각 세금을 계산한다. 참고로 취득가액은 주택 부분이 4억 5,000만 원, 나대지는 5,000만 원이라고 하자. 그리고 나대지는 비사업용 토지에 해당한다고 하자. 기본공제는 나대지에서 적용한다.

(단위 : 원)

| 구분 | 주택 | 나대지 | 합계 |
|---|---|---|---|
| 양도가액 | 2,550,000,000 | 450,000,000 | |
| − 필요경비 | 450,000,000 | 50,000,000 | 가정 |
| = 양도차익 | 2,100,000,000 | 400,000,000 | |
| = 과세되는 양도차익 | 1,358,823,529 [양도차익×양도가액− 9억/양도가액] | 400,000,000 | |
| − 장기보유특별공제 | 1,087,058,823(80%) | 120,000,000(30%)* | |
| = 양도소득금액 | 271,764,706 | 280,000,000 | |
| − 기본공제 | 0 | 2,500,000 | |
| = 과세표준 | 271,764,706 | 277,500,000 | |
| × 세율 | 1,940만 원(38%) | 1,940만 원(48%) | |
| = 산출세액 | 83,870,588 | 113,800,000 | 197,670,588 |

* 비사업용 토지에 대해서도 장기보유특별공제를 적용한다(2017년 기준).

앞의 결과에 비해 8,500만 원 이상 차이가 난다. 그렇다면 이런 상황에서는 어떤 식으로 하면 세금을 줄일 수 있을까? 일단 건물의 정착면적이 나대지에 비해 작으니 창고 등을 지어 주택건물의 정착면적을 늘린다. 이후 2년 이상 더 보유하면 나대지가 주택 부수토지로 변하여 이 부분에 비과세를 적용받을 수 있다.

알|쏭|달|쏭|세|금|팁

### 고가주택의 절세법

고가주택을 보유하고 있는 상황에서는 미리 공동명의로 해두면 종합부동산세 측면에서 도움을 받을 수 있다. 기준시가가 12억 원까지는 종합부동산세가 없기 때문이다. 그리고 9억 원을 초과하는 경우에는 보유기간을 늘리면 양도소득세를 줄일 수 있다. 보유기간이 10년 이상이면 과세되는 양도차익의 80%까지 장기보유특별공제를 받을 수 있기 때문이다.

만약 고가주택을 포함하여 1세대 2주택에 해당하는 경우에는 세금이 적게 나오는 주택을 먼저 처분하여 나머지 주택에 대해서는 비과세를 받도록 하자.

# 33

# 상가겸용주택의
# 매매와 세금

1층과 2층은 점포,
3층은 주택으로
되어 있는 겸용주택.
이 겸용주택은 점포일까요?
주택일까요?
그리고 세금관계는?

## 상가겸용주택의 과세 판단법!

점포(상가)와 주택이 결합된 겸용주택을 양도할 때에는 세금 관계를 따져볼 필요가 있다. 이를 위해서는 먼저 겸용주택이 점포에 해당하는지 주택에 해당하는지 구분부터 해야 한다.

점포에 해당하면 양도소득세는 무조건 과세되나 주택에 해당하면 비과세를 받을 수도 있기 때문이다. 이에 대해 세법은 주택면적이 점포면적보다 크다면 전체를 주택으로 본다. 하지만 주택면적이 점포면적과 같거나 작은 경우에는 주택 부분은 주택, 점포 부분은 점포로 보아 과세한다.

- 주택의 면적 > 점포의 면적 : 모두 주택으로 본다.
- 주택의 면적 ≤ 점포의 면적 : 주택부분은 주택, 점포부분은 점포(상가)로 본다.

\* 단, 이 규정은 상가주택에 대한 비과세를 판단할 때만 적용된다. 과세가 되면 상가와 주택을 구분하여 세법을 적용하게 된다.

## 상가겸용주택 양도 시 과세방법

앞의 나겸용 씨가 보유한 상가겸용주택(1~2층 점포, 3층 주택)의 양도가액은 6억 원, 취득가액은 3억 원이라고 가정하자. 보유기간은 5년이다. 나 씨가 이 건물을 양도하고자 한다. 세금은 얼마나 나올까? 나 씨는 이 주택만 보유하고 있다.

세금계산을 위해서는 먼저 양도가액과 취득가액을 점포 부분과 주택 부분으로 나눠야 한다. 나누는 기준은 일반적으로 기준시가로 한다. 이를 기준으로 나눈 결과가 다음과 같다고 하자.

| 구분 | 주택 부분 | 점포 부분 |
|---|---|---|
| 양도가액 | 2억 원 | 4억 원 |
| 취득가액 | 1억 원 | 2억 원 |

다음으로 양도가액과 취득가액이 물건별로 정리되었다면 주택과 점포에 맞는 세법을 적용해야 한다.

● 주택 부분 → 1세대 1주택 비과세 요건을 갖춘 경우라면 비과세가 가능하다. 비과세 요건을 갖추지 못하면 당연히 과세된다. 나겸용 씨는 비과세를 받을 수 있으므로 세금이 없다.

● 점포 부분 → 양도소득세는 무조건 과세된다. 그렇다면 양도소득세는 어떻게 계산되는가? 점포 부분의 양도차익이 2억 원이고 보유기간이 5년이므로 장기보유특별공제 15%(5년×3%)를 적용한 양도소득금액은 1억 7,000만 원이다. 이 금액에서

250만 원의 기본공제를 적용한 과세표준은 1억 6,750만 원이며 이에 38%의 세율과 누진공제 1,940만 원을 차감하면 4,425만 원이 산출세액이다.

**돌발퀴즈**

**Q** 그렇다면 위의 세금을 줄이거나 안 낼 수 있는 방법은?

**A** 일단 건물 전체가 주택에 해당하면 가능하다. 주택에 해당하면 실거래가액이 9억 원을 초과하지 않는 한 전체에 대해서 비과세를 받을 수 있다. 물론 양도 당시에 주택으로서의 비과세 요건을 갖출 필요가 있다. 구체적으로 점포를 주택으로 용도한 후 주택으로 사용한 기간을 2년 이상으로 맞춰두면 된다. 물론 용도변경이 가능한지의 여부는 관할 시·군·구청에 별도로 문의하면 된다. 그런데 용도변경을 하지 않더라도 사실상 주택으로 사용한 경우, 이를 입증하면 문제가 없다. 입증은 사진이나 각종 주거와 관련된 서류 등으로 한다.

한편, 양도 및 취득 가액을 조절하면 세금의 일부가 줄어들 수 있다. 점포가격 2억 원, 주택가격 4억 원 등으로 하여 계약서에 반영하는 식이다. 이렇게 하면 주택에 대해서 비과세 혜택이 늘어나는 동시에 점포에 대한 양도소득세가 줄어든다. 다만, 이렇게 가격을 인위적으로 정하면 조세회피 행위로 몰릴 수 있다. 따라서 이런 점을 예방하기 위해서 감정평가를 미리 받아 처리하는 것도 생각해 볼 수 있다.

**※ 건축물대장상에 없는 옥탑방도 주택의 연면적에 포함되는가?**

그렇다. 세법은 형식보다는 실질에 따라 과세판단을 하기 때문이다. 참고로 계단이나 지하 등도 실질용도에 따라 과세판단을 하며, 만약 용도가 불분명한 경우에는 공부상의 용도에 따라 과세판단을 한다. 참고로 1층 등의 상가에서 임차인이 거주를 하는 경우에는 주택으로 취급할 수 있으나, 객실로 사용하는 경우에는 상가에 해당할 수 있다.

알 I 쏭 I 달 I 쏭 I 세 I 금 I 팁

**상가겸용주택에 대한 고가주택 판단**

주택의 면적이 주택 외의 면적보다 커서 전체를 주택으로 보는 경우에는 상가겸용주택 전체의 실거래가액으로 고가주택 여부를 판정한다. 만일 주택의 면적이 주택외의 면적보다 작거나 같은 경우에는 주택과 그 부수토지의 가액만으로 고가주택 해당 여부를 판정한다.

# 34

## 매매예약가등기를 한 경우의

### 양도시기 판단법

## 매매예약가등기란?

부동산의 매매계약 진행 중에 임시로 하는 가등기를 말한다. 가등기는 본등기를 할 수 있는 요건이 갖추어지지 않은 경우 장래에 할 본등기의 준비로서 하는 등기다. 가등기를 해두면 훗날 본등기가 이뤄질 때 우선해 등기를 설정할 권리가 생긴다.

### 매매예약가등기가 된 경우
### 양도소득세 과세 여부는 어떻게 판단할까?

## 매매예약가등기의 과세방법 정리!

세법상 부동산의 취득일 및 양도일은 잔금청산일이 원칙이며, 잔금청산일이 불분명한 경우에는 등기접수일이 된다. 하지만 매매예약가등기의 경우 아래 날 중 하나를 그 시기로 한다.

❶ 채권담보를 목적으로 가등기를 하였다가 판결에 의하여 본등기를 한 경우 : 그 본등기일을 취득 · 양도시기로 한다.

❷ 매매예약에 의한 매매대금상당액을 수령한 경우 : 이는 예약금 또는 증거금에 불과하다. 따라서 예약 권리자가 매매예약완결의 의사표시를 한 때에 매매가 성립하고 매매대금으로 전환되는 것이며, 이 날이 취득 · 양도시기가 된다.

❸ 잔금청산이 이루어졌으나 양도소득세의 부담을 피하기 위하여 가등기만을 해 놓은 경우 : 취득 및 양도시기는 잔금청산일이 된다.

현실적으로 앞의 ❶과 ❷는 그리 문제가 되지 않지만, ❸의 경우는 그렇지 못하다. 사실상 잔금을 받아 소유권이 넘어갔음에도 세금을 회피하기 위해 매매예약가등기를 해두는 경우가 있기 때문이다. 하지만 추후 이 부분이 적발되면 가산세를 포함한 본 세금을 한꺼번에 내야 한다.

**돌발퀴즈**

Q  2년 뒤(본인의 1세대 1주택 양도세 비과세 요건이 충족되는 시점 이후에) 본등기가 넘어가고 매매대금 중 전세금을 제외한 잔여금액은 본등기를 넘겨가는 시점에 지급하는 조건으로 매매계약을 체결하고자 한다. '전세권설정–매매예약가등기–소유권이전 본등기' 순서로 등기절차가 진행될 경우 이러한 조건의 매매계약을 체결하여도 **양도소득세 비과세를 받는 데 문제가 없을까?**

A  앞의 내용에 따라 과세 여부를 판단해보면, 매매예약가등기 설정 후, 보유기간이 2년 이상이 되는 시점 이후에 잔금을 청산하고 본등기를 하면 잔금청산일이 양도시기가 된다. 따라서 이 날을 기준으로 비과세 요건을 충족했다면 비과세를 받을 수 있다. 잔금이 청산 안 된 상황에서 매매예약가등기가 위력을 발휘한다.

---

**알 l 쏭 l 달 l 쏭 l 세 l 금 l 팁**

### 부동산 등기와 세금

부동산 등기는 부동산에 대한 소유권을 법적으로 인정받기 위한 수단에 해당한다. 그리고 등기가 되었다면 소유자가 확인되는 만큼 여러 가지 세법상의 제도가 적용된다. 여기서 잠시 부동산 등기와 세금 관계를 살펴보자.

일단 등기부등본상에 소유권의 변동이 생기면 다양한 세금문제가 생긴다. 일단 등기부등본의 모습을 보자. 등기부등본은 표제부와 갑구, 그리고 을구로 구성되어 있다.

❶ 표제부
부동산의 소재지와 관련 내용이 표시된다. 집합건물(아파트나 연립주택 등)의 경우 1동 건물

전체와 소유주별 건물 내역, 대지권 등이 각각 표시된다.

【표제부】(소유권에 관한 사항)

| 표시번호 | 접수 | 소재지번 및 건물번호 | 건물내역 | 등기원인 및 기타사항 |
|---|---|---|---|---|
|  |  |  | 벽돌조 주택<br>1층<br>2층 |  |

이상과 같은 표제부에 나타나는 정보들은 세금과는 직접적인 관련성은 없다.

**❷ 갑구**

소유권에 관한 사항이 표시된다. 소유권을 이전한 경우라면 여기서 등기접수일과 권리자를 확인할 수 있다.

【갑 구】(소유권에 관한 사항)

| 순위번호 | 등기목적 | 접수 | 등기원인 | 권리자 및 기타사항 |
|---|---|---|---|---|
|  | 공유지분 이전 | 2008년 10월 1일<br>제50000호 | 2008년 9월 1일<br>공유지분 매매 |  |

갑구에서는 접수일이 세법상 의미가 있다. 부동산의 양도시기 또는 취득시기는 보통 잔금지급일과 등기접수일 중 빠른 날을 말하는데 이때 등기접수일은 바로 위의 접수란의 날짜를 의미하기 때문이다. 또한 등기원인란도 매우 중요하다. 만일 이 란에 상속이나 증여 등의 원인이 되어 소유권이 이전되었다면 상속세 또는 증여세의 과세대상임을 알 수 있기 때문이다.

**❸ 을구**

소유권 이외의 권리에 관한 사항이 기록된다. 예를 들면 해당 물건으로 대출받았으면 여기에 근저당 설정 내용이 표시된다.

※ 참고로 부동산을 거래할 때 부동산 등기부등본을 확인하는 것은 필수다. 부동산 등기에 따라 복잡한 법률관계가 발생하고 불이익을 사전에 방지할 수 있기 때문이다. 등기부등본은 부동산이 있는 관할등기소에서 발급해준다. 간단한 확인은 대법원 사이트의 유료서비스를 이용하면 되므로 대금지급 시점마다 확인하는 게 좋다. 확인해야 하는 사항은 소유자, 가등기 · 가처분 · 경매신청, 예고등기 여부, 저당권이나 가압류 여부 등이다. 등기부등본을 확인해 이상이 없다면 마지막으로 계약하는 사람이 소유자 본인임을 확인하고 반드시 그 소유자와 계약하도록 하자.

# 35

# 잔금을 100만 원만 남겨둔 간 큰 사나이

## 과연 저 사람이 천재라고 할 수 있을까?

세법상 취득시기나 양도시기는 일반적으로 잔금청산일과 등기접수일 중 빠른 날로 하고 있다. 따라서 많은 계약자가 유리하게 세법을 적용받기 위해 잔금을 받는 날을 조절하는데, 이때 '잔금 청산' 시 유의해야 할 것이 있다.

잔금을 얼마로 남겨둬야 하는지에 대해
논란이 있기 때문이다.

그렇다면 도대체 얼마가 있어야 잔금이 남아 있다고 하는 걸까?

과세당국은 "매매계약을 체결한 부동산 매매대금 대부분을 지급받고 일부 대금을 수개월 후 지급한 사례에 있어서 '잔금청산일'을 언제로 볼 것인지의 판단은 당해 매매계약서상의 계약조건, 매매대금의 수수상황, 거래당시의 정황, 당해 부동산 등기부등본상의 근저당권 설정에 대한 관계 등을 종합하여 사실판단 할 사항이다(재산-1570, 2009.07.29, 아래 참조)"라고 하고 있다.

다음 소개하는 국세청 예규를 보더라도 잔금이 청산되었는지에 대한 답변이 아주 모호하다. 답변이 모호하다는 것은 '귀에 걸면 귀걸이, 코에 걸면 코걸이'가 된다는 것을 의미한다. 나의 소중한 재산이 이러한 답변 하나에 좌우된다면 이것은 바람직한 일이 아니다. 따라서 불필요한 세무간섭을 배제하기 위해서라도 잔금은 매매가액의 10% 이상은 남겨두는 것이 필요해 보인다.

### ※ 예규

예규(例規)란 상급관청이 하급관청에 대하여 그 행정사무의 처리에 관한 기준을 제시하기 위하여 발하는 일종의 지침을 말한다. 법 규정이 모호한 경우에 법을 집행하기 위한 관청의 견해로서 대외적으로는 법규적 성질을 가지지 아니한다. 따라서 납세자들은 이를 따르지 않아도 되나, 실무적으로 집행기준이 되기 때문에 이를 따를 수밖에 없는 실정이다. 국세청과 기획재정부에서 예규를 발표하며 국세청 예규와 기획재정부 예규가 상반되는 경우에는 기획재정부 예규를 우선한다.

◆ 재산-1570, 2009년 7월 29일

【질의】

(사실관계)

- 2009년 6월 17.일 재건축조합원으로 분양받은 아파트를 27억 원에 매매하기로 계약하고 계약금 4억 원 수령

- 2009. 6 .24. 1차 중도금 6억 수령

- 2009. 7. 15. 재건축아파트 입주 시작

- 2009. 8. 17. 2차 중도금 16억 9,000만 원 수령 예정

- 2009. 12월 아파트 소유권보존등기 후 잔금 1,000만 원을 받고 소유권이전등기 예정

(질의 내용)

- 위 거래의 경우 양도시기를 언제로 봐야 할까?

【회신】

1. 부동산의 양도차익을 계산함에 있어서 그 취득시기 및 양도시기는 「소득세법 시행령」 제162조에 따라 원칙적으로 당해 부동산의 대금을 청산한 날과 소유권이전등기 접수일 중 빠른 날로 하는 것임.

2. 귀 질의의 경우, 매매계약을 체결한 부동산의 매매대금 대부분을 지급받고 일부 대금을 수개월 후 지급한 사례에 있어서 '잔금청산일'을 언제로 볼 것인지의 판단은 당해 매매계약서상의 계약조건, 매매대금의 수수상황, 거래당시의 정황, 당해 부동산 등기부등본상의 근저당권 설정에 대한 관계 등을 종합하여 사실판단할 사항임.

**돌발퀴즈**

**Q** 만일 위와 같은 상황에서 매수자가 등기 이전을 본인이 아닌 타인에게 하는 경우 미등기 양도에 해당할까?

**A** 앞 거래가 실질적으로 잔금이 남아 있는 상태라면 취득시기가 도래하지 않았으므로 부동산을 취득할 수 있는 권리 양도에 해당한다. 따라서 미등기 양도에 해당하지 않는다. 하지만 잔금이 청산된 것이라면 이미 취득시기가 도래한 상태에서 등기하지 않고 양도하는 경우로서 미등기 양도에 해당한다. 미등기 양도이면 양도소득세 세율이 70%로 껑충 뛴다.

# 36

# 분양권전매 vs 미등기전매

## 부동산 미등기전매 시 세율은?

부동산 미등기전매에 해당하면 양도소득세 세율이 무려 70%나 된다. 이렇게 세율이 높은 것은 미등기가 부동산 거래 질서를 해치는 동시에 세금을 탈루하는 수단으로 사용되는 것을 방지하기 위해서이다. 그래서 미등기전매에 해당하면 많은 세금을 피할 수 없다.

아파트 준공 후에 양도하는 분양권은 미등기전매일까 아닐까?

## 분양권 양도는 미등기전매일까?

앞의 문제를 해결해 보자. 이를 위해서는 분양권 양도가 발생하는 시점부터 하나씩 따져봐야 한다.

### 첫째 준공일 전에 양도하는 경우

이는 잔금청산 등이 되지 않아 단순한 부동산을 취득할 수 있는 권리 즉 분양권에 해당한다. 따라서 이를 양도하는 것은 분양권 양도로서 발생한 양도차익에서 기본공제 250만 원을 적용한 과세표준 보유기간에 따른 세율, 즉 50%, 40%, 6~40%(주택은 40%, 6~40%)를 적용하여 신고하면 된다.

### 둘째 준공일 이후부터 입주기간 만료일 전에 양도하는 경우

준공이라는 것은 집이 완공되어 들어가서 살아도 좋다는 승낙을 말한다. 따라서 주택이 완성되었으므로 분양받은 사람(수분양자)이 들어가 살면 된다. 그런데 분양을 받은 후라도 사정이 바뀌어 입주하지 못하는 경우가 있다. 물론 돈이 없어 입주할 수 없거나 들어가 살 마음이 없어 입주를 포기하는 일도 있다. 이런 상황에서 등기 전 준공주택을 양도했다고 하자. 이 주택은 주택인가 분양권인가? 일단 세법은 유상 승계취득은 잔금청산일과 등기접수일 중 빠른 날을 주택 취득시기로 본다. 따라서 이 상황에서 양도하는 것은 주택이 아닌 분양권에 해당하므로 취득세 납세의무 없이 분양권에 대한 양도소득세를 내면 끝이 난다.

### 셋째 입주기간 만료일 이후에 양도하는 경우

분양 아파트의 경우 대개 2개월 간의 입주기간을 주는 것이 일반적이다. 그래서 실수요자들은 이 기간 동안에 입주하는 경우가 많은데, 자금 사정이 좋지 않거나 투자목적으로 분양계약을 한 사람들은 입주하지 못하는 경우가 있다. 이러한 상황에서 이 분양권을 양도하면 이는 주택인가 분양권인가? 이 경우도 분양권이 맞다. 잔금을 치러야 비로소 소유권이 이전되는 것인데 잔금을 청산하지 않고 이를 팔았으니 분양권에 해당된다. 물권 변동이 발생하지 않은 것이다.

요즘 뜬금없이 과세당국에서 이런 분양권 매매를 미등기전매로 보는 경향이 있어 논란거리다. 잔금을 치를 능력이 있음에도 등기하지 않고 이를 매매하는 것은 조세회피의 목적이 있어 미등기전매라는 주장이다. 이렇게 되면 세율이 70%까지 높아지니 정말 심각한 사항이다. 그러나 미안하지만 잔금을 남겨둔 상황(물론 잔금을 100만 원 이런 식으로 남겨두면 잔금을 청산한 것으로 보기 때문에 유의할 것)에서는 미등기전매가 성립될 수 없다. 세법에서 미등기 양도자산은 그 자산의 취득에 관한 등기를 하지 아니하고 양도하는 것을 의미하기 때문이다. 즉 매매대금을 청산하여 부동산을 취득한 자가 등기절차를 이행하지 아니하고 당해 부동산을 양도한 것을 미등기 양도자산으로 보고 있다. 따라서 매매대금을 청산하지 않았다면 미등기가 성립되지 않는다.

자고로 세금을 다루는 공무원이 법조문을 확대하여 해석하면 선량한 국민이 골탕을 먹는다. 당한 납세자의 억울함은 나중에 풀어지겠지만 그동안의 걱정과 비용은 누가 보상할까. 참고로 세법에서는 다음과 같은 자산들은 미등기 양도에서 제외한다.

❶ 장기할부조건으로 취득한 자산으로서 계약조건에 의하여 양도 당시 그 자산의 취득에 관한 등기가 불가능한 자산

❷ 법률의 규정 또는 법원의 결정에 의하여 양도 당시 자산의 취득에 관한 등기가 불가능한 자산

❸ 소득세법 제89조 제1항 제2호(비과세 대상인 농지의 교환 또는 분합), 「조세특례제한법」 제69조 제1항(자경농지에 대한 양도소득세 감면) 및 제70조 제1항(농지 대토에 대한 양도소득세의 감면)에 규정하는 토지

❹ 소득세법 제89조 제1항 제3호에 규정하는 1세대 1주택으로서 「건축법」에 의한 건축허가를 받지 아니하여 등기가 불가능한 자산(다만, 무허가주택이 특정건축물 양성화조치에 따라 등기가 가능한 주택에 해당하는 경우에도 미등기 상태로 양도하는 때에는 「소득세법 시행령」 제154조 제1항의 규정에 의한 1세대 1주택 비과세가 적용되지 아니함)

❺ 상속에 의한 소유권이전등기를 하지 아니한 자산으로서 「공익사업을 위한 토지 등의 취득 및 보상에 관한 법률」 제18조 규정에 의하여 사업시행자에게 양도하는 것

# 37

# 준공 아파트의 재산세 누가 낼까 ❓

입주지정기간은
5월 1일~6월 30일 입니다.

준공 아파트의 재산세
누가 내야 할까요?

A : 5월 25일 잔금청산
B : 6월 30일 잔금청산

계약서

[제OO조] 제세공과금에 대한 사항
: 입주지정일 이후 발생하는
제세공과금에 대하여는 입주 및
잔금완납이나 소유권이전 유무에
관계없이 계약자(을)가 부담한다.

## 재산세는 누가 부담해야 할까?

재산세의 부과기준일인 매년 6월 1일 현재의 소유권을 가지고 있는 자가 납세의무자가 된다. 그런데 신축 아파트에서는 재산세를 누가 부담할지를 두고 종종 분쟁이 발생한다.

● **관할 시·군·구청** : 세법에 따라 매년 6월 1일 현재의 납세의무자에게 재산세를 부과한다.
● **시행사** : 계약서대로 입주지정일 이후 발생하는 제세공과금은 계약자가 부담한다고 되어 있으므로 계약자가 부담해야 한다.
● **계약자** : 6월 1일 후에 잔금을 치루고 입주하였다면 재산세 납세의무가 성립되지 않았으므로 시행사가 부담하는 것이 맞다.

## 재산세 분쟁을 해결하라!

재산세는 원칙적으로 6월 1일 현재 주택을 소유한다면 사람을 기준으로 부과된다. 따라서 신축 아파트라도 6월 1일 전에 잔금을 치른 계약자가 세금을 부담한다. 그러나 6월 1일 현재 계약자가 잔금을 치루지 않았거나 미분양 상태인 경우에는 납세의무자는 시행사가 되므로 시행사 명의로 재산세를 부과한다.

참고로 주택의 경우 내야 할 재산세액의 절반은 7월 16일부터 31일까지, 나머지 절반은 9월 16일부터 30일까지 내도록 2회분의 고지서를 발부한다.

시행사의 고민은 여기에서 비롯된다. 실제 분양이 되고 계약자들이 내야할 세금인데 잔금을 치루지 않았다는 이유 하나만으로 재산세를 내지 않는 것은 부당하다고 생각한다. 그래서 시행사는 지금까지 분양계약서에 다음과 같은 문구를 집어넣어 이런 문제를 해결해 왔다.

"입주지정일 이후 발생한 제세공과금은 을(계약자)이 부담한다."

실제 많은 건설회사가 지금까지 이러한 방법으로 재산세 등의 부담을 계약자에게 전가해 왔다. 하지만 대법원 3부(주심 박시환 대법관)에서 나온 판결에 따르면, 입주하기 전에 발생한 재산세를 계약자가 부담하는 것은 문제가 있다고 한다. 다음 기사를 함께 살펴보자.

| 사례 |

지난 2007년경 경기도 화성시 소재 모 아파트의 수분양자였던 L씨 등 238명(이하 원고들)이 분양사인 I사, W사, B사 등(이하 피고들)을 상대로 '재산세를 돌려달라'는 취지로 제기한 부당이득금반환 청구소송 항고심 공판에서 원고일부승소 판결한 원심을 확정했다. 재판부는 판결문에서 "아파트공급계약서상 제세공과금 부담조항의 '입주지정일 이후'를 '입주기간 초일 이후'로 풀이하게 되면 입주 여부와 관계없이 지정된 입주기간에 발생한 제세공과금은 수분양자가 부담하게 된다"고 설명했다. 이어 "이 경우 입주기간 만료일에 임박해 입주할수록 분양자에게 부과되는 제세공과금이 수분양자에게 전가되는 불이익이 발생한다"며 "수분양자가 지정된 입주기간 중 자유롭게 입주날짜를 선택할 수 있도록 한 아파트공급계약서의 취지에 어긋난다"고 밝혔다.

특히 "제세공과금 부담조항은 지정된 입주기간에 입주하지 않은 수분양자에게 지정된 입주기간 경과 후 발생한 제세공과금을 부담시키는 조항"이라며 "입주기간 중 발생한 제세공과금의 부담관계를 정한 조항으로 볼 수 없다"고 판단했다. 따라서 재판부는 "제세공과금 부담조항을 근거로 지정된 입주기간 중 발생한 제세공과금이라며 실제 입주하기 전에 발생한 제세공과금을 수분양자에게 전가시킬 수 없다고 보는 것이 합리적인 해석"이라고 판시했다. 2004년 7월경 원고들과 피고들 사이에 사용된 아파트공급계약서에는 입주지정일 이후 발생하는 제세공과금은 입주 및 잔금완납이나 소유권이전 유무에 관계없이 원고들이 부담한다는 내용이 명시돼 있었다(이하 생략).

 알 | 쏭 | 달 | 쏭 | 세 | 금 | 팁

### 계약과 재산세

매도자가 잔금을 6월 1일 전에 받으면 재산세는 매수자에게 전가된다. 매수자가 6월 1일 후에 잔금을 지급하면 재산세는 매도자가 부담한다.

신절세 세무사와 함께 배우는
고급 세무정보 ❻

# 아파트 분양가 할인 및 중도금 무이자와 세무처리, 재건축 입주권 양도소득세 비과세

## 1. 분양가 할인과 세금처리

아파트 시행사(분양회사)가 분양가를 할인하는 경우에는 할인금액만큼을 매출 에 누리로 보아 이를 차감한 금액으로 수입금액을 계상하면 세법상 문제가 없다. 물 론 소비자는 할인된 금액으로 취득세 등을 납부하게 된다. 그런데 분양가를 일부 에 대해서만 할인하거나 또는 할인 대신에 계약금이나 중도금 중 일부를 현금으 로 되돌려주는 경우가 있다. 이러한 상황에서 세무처리를 잘못하면 불이익을 당 할 가능성이 높다.

첫째, 분양가 일부에 대해서만 할인하는 경우 그 할인된 금액은 세법상 어떻게 처 리되는지 보자. 원래 모든 계약자를 대상으로 분양가보다 10%나 20%만큼 할인하 여 판매하는 것은 일종의 매출 에누리에 해당한다. 따라서 수입금액에서 제외하 는 것이 원칙이며 부가가치세도 할인된 금액으로 신고하면 문제가 없다(85㎡초과 주택). 그런데 사전 공고 없이 특정한 사람에게 이렇게 할인하는 것은 세법상 접대 비나 기부금으로 분류될 수 있다. 따라서 실무적으로 접대비 등으로 분류되지 않 도록 사전 검토가 필요하다.

둘째, 건설회사가 분양촉진을 위해 분양자에게 계약금을 받은 후에 2,000만 원을 지급하였다고 하자. 이렇게 지급된 금액의 성격은 어떻고 세법상 비용으로 인정받을 수 있을까?

곰곰이 생각하더라도 이 지출금액이 매출할인인지 판매부대비용인지 접대비인지 판단하기가 상당히 힘들다. 이렇게 되면 세법상 문제점이 발생할 소지가 있다. 모호한 상황에서는 접대비로 분류될 수도 있기 때문이다. 따라서 이 금액을 세법상 문제가 없는 매출할인(선납할인)으로 처리하거나 또는 모든 계약자에게 해당하는 계약변경으로 처리하는 것이 바람직할 것으로 보인다. 세무상 쟁점이 많이 발생하는 부분이므로 과세당국의 유권해석을 받아 처리하는 것도 하나의 방법이다.

셋째, 분양촉진을 위해 제3자에게 알선수수료를 지급하는 경우가 있다. 이 소득이 사업소득에 해당하는 경우에는 지급분에 대해 세금계산서를 받아 처리하거나 여의치 않으면 3.3% 원천징수를 해서 세금처리를 끝낸다. 그러나 기타소득에 해당하면 수입금액에서 필요경비를 차감한 소득금액에 22%를 원천징수하는데, 원천징수의 크기는 필요경비에 따라 달라진다. 알선수수료의 경우 총 수입금액에 대응하여 지출된 비용만 해당되므로 필요경비는 거의 없다고 봐도 무방하다. 이렇게 되면 지급금액의 22%가 원천징수금액이 된다. 소득을 지급받는 자의 기타소득금액이 300만 원을 초과하면 종합소득 합산신고를 해야 한다.

## 2. 중도금 무이자

아파트 신축분양업을 영위하는 법인이 분양 촉진을 위하여 아파트분양 당시 모든 피분양자에게 평형별로 동일한 기준에 의해 금융기관 대출이자의 일정액을 법인이 부담해 주는 조건임을 사전에 공시한 경우로서, 그 공시내용에 따라 분양계약을 체결하여 대신 부담한 금액이 사회통념상 적정하다고 인정되는 범위 내의 금액은 판매부대비용으로 본다. 이렇게 판매부대비용으로 처리되면 정당한 지출로 인정된다(서면2팀-36, 2006. 01. 06). 특정인에 대해서만 무이자를 적용하면 이는 접대비에 해당한다.

## 3. 기타 판매촉진비와 세무상 쟁점

### ● 미분양아파트 계약자에게 경품을 제공하는 경우

건전한 사회통념과 상관행에 비추어 정상적인 거래라고 인정될 수 있는 범위 안의 금액은 판매부대비용으로 인정하고 있다. 따라서 위의 경우에는 판매부대비용으로 인정받을 가능성이 높다(서면2팀-2060, 2007. 11. 12). 참고로 경품은 기타소득에 해당되어 지급자는 이에 대해 22%로 원천징수를 해야 한다.

### ● 취득세를 회사가 대납한 경우

분양 아파트의 원활한 분양을 위하여 분양받은 자의 취득세를 분양업자가 부담하는 경우에는 일반적으로 판매부대비용으로 인정될 수 있다. 단, 특정인이 받은 경우에는 접대비에 해당할 가능성이 높다. 한편, 이를 지급받은 수분양자는 기타소득의 하나인 사례금을 받은 것으로 보아 원천징수의 대상이 된다.

### ● 아파트 주민회에 버스를 제공하면

세법은 건전한 사회통념과 상관행에 비추어 정상적인 거래라고 인정될 수 있는 범위 안의 금액인 경우에는 판매부대비용에 포함되는 것으로 본다. 다만, 사전 공시 없이 특정 고객에게 동일하지 않은 기준을 적용하는 경우에는 접대비에 해당한다고 한다(서면2팀-621, 2006. 04. 13).

● 위약금을 받은 경우

계약해지로 인한 위약금이나 배상금은 소득세법에서 정한 기타소득에 해당하며, 이를 지급하는 사람이 지급액의 22% 원천징수를 해야 한다. 그러나 위약 또는 해약으로 인하여 지급받는 위약금과 배상금에는 계약의 위약 또는 해약으로 인하여 타인의 신체의 자유 또는 명예를 해하거나 기타 정신상의 고통을 가한 것과 같이 재산권 이외의 손해에 대한 배상 또는 위자료로 지급받는 금액은 원천징수 대상에서 제외된다.

● 지체상금

지체상금은 기타소득에 해당하며 지급금액에서 80%의 필요경비를 제외한 금액의 22%를 원천징수를 해야 한다. 지급금액이 1,000만 원이라면 200만 원에 대해 22%인 44만 원을 원천징수를 한다는 것이다.

**돌발퀴즈**

**Q** 만일 분양가가 5억 원인 아파트를 프리미엄 2억 원을 주고 분양권을 취득한 경우 취득세율은?

**A** 분양가를 기준으로 하면 1%이나 프리미엄을 포함한 가액으로 하면 2%가 적용된다. 세법은 프리미엄을 포함한 가액을 취득세 과세표준으로 하고 있다.

알 | 쏭 | 달 | 쏭 | 세 | 금 | 팁

## 입주권의 세금문제

분양권과 아주 유사한 재건축·재개발사업 과정에서 발생한 입주권이라는 것이 있다. 그런데 세법은 이 둘을 엄격히 구별한다. 분양권은 단순한 권리에 불과하나 입주권은 보통 주택 상태에서 권리로 변한 것이므로 주택을 보유한 것으로 취급한다. 조합원들이 보유하고 있는 입주권과 관련된 과세방식을 정리해 보자.

### 1. 1입주권만 있는 상태에서 입주권을 양도하면?

1세대 1주택 비과세 요건을 충족하면 비과세가 가능하다. 다만, 주택으로서의 보유기간은 관리처분계획 인가일과 철거일 중 빠른 날을 기준으로 따진다.

### 2. 1입주권과 다른 주택이 있는 상태에서 양도하면?

❶ 비과세가 가능한 경우 : 일시적 2주택의 비과세 요건을 충족하면 기본적으로 비과세가 가능하다. 즉 새로운 주택을 취득한 날로부터 입주권을 3년 내에 양도한다. 이와 반대로 입주권 취득한 날로부터 3년 내에 기존 주택을 양도해도 비과세가 성립한다. 참고로 입주권에 대해 양도소득세 비과세를 받기 위해서는 관리처분계획 인가일 현재 주택으로서 보유기간이 2년 이상이 되어야 한다. 따라서 관리처분계획 인가일 이후에 입주권을 승계취득한 조합원이 입주권을 양도하면 이에 대해서는 비과세를 받을 수 없다. 이들은 주택으로 보유한 기간이 없기 때문이다. 이러한 점에서 보면 승계조합원은 원조합원과는 다르게 세법을 적용받고 있다고 할 수 있다.

❷ 비과세가 불가능한 경우 : 입주권과 주택이 있는 상태에서 비과세가 성립하지 않으면 입주권을 팔든 주택을 팔든 무조건 과세된다.

# 38

# 귀농 준비 전에 알아야 할 세금

## 귀농 전 신경 써야 할 주택 양도소득세

귀농을 준비하는 사람이 점점 늘고 있다. 살림살이가 별로 없다면 세금을 크게 신경 쓰지 않아도 될 것이다. 하지만 도시에 주택을 남겨놓는다면 세금문제에 대해 각별히 주의해야 한다. 이에 대해서는 양도소득세가 부과될 수 있기 때문이다. 이렇게 되면 자금 계획이 틀어질 수 있다.

일반적으로 1세대 1주택 상태에서 해당 주택을 팔아 귀농을 준비한다면 세금문제가 없다. 1주택에 대해서는 비과세를 적용하기 때문이다. 하지만 해당 주택을 두고 농어촌에 주택을 취득하는 경우라면 다주택자가 될 수 있다. 따라서 세금 관계가 복잡하게 나타날 수 있는데 이때에는 다음과 같은 식으로 집을 정리한다.

- 도시주택만 있는 경우 : 비과세 요건을 충족한 경우라면 언제든지 비과세를 받을 수 있다.
- 농어촌에서 주택을 구입하는 경우 : 농어촌 주택 구입일로부터 3년 내에 도시주택을 양도하면 일시적 2주택 비과세 특례규정에 의해 양도소득세 비과세를 받을 수 있다. 단, 소득세법상 '귀농주택'에 해당하면 도시에 있는 주택에 대해서는 언제라도 (단, 2016년 이후에 귀농 시 일반주택은 5년 내에 처분요) 비과세를 적용한다(단, 최초 1채에 대해서만 비과세를 적용함).

여기서 귀농주택은 영농 또는 영어에 종사하고자 하는 자가 취득(귀농 이전에 취득한 것을 포함한다)하여 거주하고 있는 주택으로서 다음 각 호의 요건을 갖춘 것을 말한다.

❶ 본적지 또는 연고지에 소재할 것
❷ 고가주택에 해당하지 아니할 것
❸ 대지면적이 660㎡ 이내일 것
❹ 영농 또는 영어의 목적으로 취득하는 것으로서 다음 각 목의 어느 하나에 해당할 것

가. 1,000㎡ 이상의 농지를 소유하는 자가 당해 농지의 소재지에 있는 주택을 취득하는 것일 것

나. 기획재정부령이 정하는 어업인에 해당할 것

이처럼 귀농주택을 취득하는 경우에는 농지를 300평 이상을 소유해야 도시 주택에 대한 양도소득세 비과세 혜택을 누릴 수 있다. 물론 농어촌 주택 1채만 있다면 2년 이상을 보유하면 될 것이다.

참고로 전원주택을 구입해 상시 주거용이 아닌 별장식으로 사용하는 경우에는 소득세법상 주택에 해당하지 않는다. 따라서 다음과 같은 결론이 나온다.

● 도시 주택을 양도하는 경우 → 1세대 1주택에 해당하고 비과세 요건을 갖추었으므로 언제든지 이를 양도하여도 비과세를 받을 수 있다. 다만, 이런 상황에서는 전원주택을 별장식으로 사용했다는 것을 입증해야 할 것이다. 만일 이 전원주택을 다른 사람에게 거주용으로 임대했다면 이는 주택에 해당하므로 서울 주택에 양도소득세가 과세될 수 있으므로 주의해야 한다.

● 별장을 양도하는 경우 → 주택이 아닌 물건으로 보아 양도소득세가 과세된다. 만일 2년 이상 보유한 물건이라면 양도소득세 세율은 6~40%를 적용받을 수 있다.

**여기서 잠깐!**

서울 소재 고가주택과 제주도에서 건축물대장에 등재된 주택을 소유하고 있다. 그런데 제주도 소재 주택은 휴양 목적으로 활용하여 거주하지 않고 있다. 이러한 상황에서–

❶ 서울 주택을 양도하려고 할 때 제주도 소재 주택을 포함하여 2주택으로 판정 되는 것인지 아니면 제주도 소재 주택은 별장으로 보아 1세대 1주택으로 판 정되는 것인지?

❷ 위 ❶에서 제주도 소재 주택을 별장으로 본다면 필요한 증빙서류는 무엇인지?

지방세법 규정에 의하여 별장으로 재산세가 부과되는 건축물(지방세법 제112 조 제2항 제1호 규정에 의한 별장으로 이는 주거용 건축물로서 상시 주거용으로 사 용하지 아니하고 휴양, 피서, 위락 등의 용도로 사용하는 건축물과 그 부수토지를 말 함)은 주택에 해당하지 아니하나, 이를 사실상 주거전용으로 사용한 경우에 는 주택으로 보는 것이므로 당해 건축물이 별장에 해당하는지 여부는 소관세 무서장이 사실을 조사하여 판단한다. 별장으로 사용한 사실은 입증자료(인근 주민 확인서, 제주도의 공식 확인서 등)를 관할세무서장에게 제출하여 인정받으 면 된다.

**알 | 쏭 | 달 | 쏭 | 세 | 금 | 팁**

### 주말농장

농지법에서 소유가 허용되고 있는 주말 · 체험영농용 농지는 농업인이 아닌 개인이 주말 등 을 이용하여 취미 또는 여가활동으로 농작물을 경작하거나 다년생 식물을 재배하는 농지를 말한다. 세법은 이러한 농지의 소유자가 재촌 · 자경을 하지 않더라도 이를 비사업용 토지로 보지 않는다. 단, 다음과 같은 조건을 충족해야 사업용 토지로 인정한다.

● 취득시기 : 2003. 1. 1. 이후 취득한 농지에 한해 인정한다. 그 이전에 취득한 것은 재촌 · 자 경을 해야 한다.
● 면적기준 : 1세대 당 1,000㎡ 이내의 농지만 허용한다.
● 농지자격취득증명에 의해 소유권이전등기를 해야 한다.

# 39

# 자경농지 세금 감면법

## 세금을 안 내도 되는 농지

논이나 밭 그리고 과수원을 합하여 세법에서는 농지라고 부른다. 그리고 이러한 농지를 보유하면서 직접 농사지은 경우에는 양도소득세를 면제하고 있다. 따라서 농지 소유자는 정확히 세금 감면 요건을 인지하고 처분에 나설 필요가 있다.

▶ 농지 절세법 정리
- 8년 이상 자경 시에는 양도소득세 100% 감면을 받아라!
- 4년 이상 자경상태에서 수용을 당하면 대토하라!
- 오래 농사지은 땅은 증여보다는 상속하라!

# 농지 양도소득세 감면과 절세법

## 농지 양도소득세 감면

일단 농지에 대한 감면을 받을 때에는 재촌·자경기간이 8년 이상인지를 정확히 따져볼 필요가 있다. 재촌 요건은 농지가 소재한 지역에서 직접 거주해야 하는 것을, 자경은 소유자 힘으로 농사지어야 하는 조건을 말한다. 이러한 내용을 대략 표로 살펴보면 다음과 같다.

| 거주지역 | 직접자경 | | 농지요건 |
|---|---|---|---|
| | 대상농지 | 경작기간 | |
| ① 농지 소재지인 시·군·구(자치구)에서 8년 거주 | 농업기반공사와 농업법인에게 양도하는 경우 | 3년 이상 (2018. 12.31까지 양도해야 함) | 양도일 현재의 농지로서 농업소득세 과세대상이 되는 토지 (주거지역 등 편입일로부터 3년 이내 양도하는 토지) |
| ② 그 지역과 연접한 시·군·구(자치구)에서 8년 거주 ③ 농지로부터 30㎞ 이내에서 8년 거주 | 그 외의 농지 | 8년 이상 | |

## 농지 양도소득세 절세법

농지는 다음과 같이 4가지 조건이 완벽히 들어맞아야 감면을 받을 수 있다. 따라서 가장 좋은 절세법은 감면규정을 정확히 지키는 것이다.

❶ 취득일부터 양도일 사이에 8년간 농지 소재지에 거주 또는 농지 소재지와 연접한 시·군·구 또는 주소지와 농지 소재지와의 직선거리가 30㎞ 이내에 거주하면서 자기가 직접 자경한 사실이 있을 것←일단 주민등록이 농지 소재지에 있는 것이 좋다. 만일 실제 거주를 했으나 주소가 농지 소재지에 등재가 안

된 경우에는 거주 사실을 입증하도록 한다. 또한 자경은 본인이 직접 경작했음을 의미하므로 비료비 지출 등에 대한 영수증은 본인 명의로 발급받아 두는 것이 좋다. 농지원부는 없어도 무방하다.

❷ 양도일 현재 농업소득세 과세대상인 농지일 것←보통 논, 밭, 과수원이면 큰 문제가 없다.

> ※ '농업소득세 과세대상이 되는 토지'란 '통계청장이 작성·고시하는 한국표준산업분류표' 상의 농업 중 작물재배업의 분류에 속하는 작물을 재배하는 농지를 말하는 것이며, 이 경우 '농지'란 전·답으로서 지적공부상의 지목에 관계없이 실지로 경작에 사용되는 토지를 말한다.

❸ 양도일 현재 특별시·광역시(광역시에 있는 군 제외) 또는 시(도·농복합형태의 시의 읍·면지역 제외)에 있는 도시계획법상 주거지역·상업지역·공업지역내의 농지로 이 지역에 편입된 후 3년이 경과되지 않을 것←2002. 1. 1일 이후에 「국토의 계획 및 이용에 관한 법률」에 의한 주거지역·상업지역 및 공업지역내의 농지로 편입된 경우에는 해당 지역에 편입된 날까지의 소득에 대해서만 감면규정을 적용한다.

❹ 양도일 현재 특별시·광역시(광역시에 있는 군 제외) 또는 시(도·농복합형태의 시의 읍·면지역 제외)에 있는 농지로서 환지처분 이전에 농지외의 토지로의 환지예정지의 지정이 있는 경우 그 지정일부터 3년이 경과하지 않은 농지의 양도일 것

참고로 농지에 대해 무분별한 감면을 허용하지 않기 위해 1년간은 1억 원, 5

년간 3억 원까지만 감면하고 있다. 예를 들어 올해 농지를 처분해서 양도소득세를 계산해 보니 1억 원이 나왔다면, 이 금액 전액을 내지 않아도 된다. 그리고 다음 해 다른 농지를 처분해서 나온 세금이 1억 원이라면 이 세금도 전액 면제를 받는다. 최종 양도일로부터 소급해서 5년간 합하여 3억 원까지는 양도소득세를 면제하기 때문이다.

## 몇 가지 더 궁금한 내용들

**Q** 농지소유자의 세대원이 농사지으면 자경으로 인정받을까?

**A** 받을 수 없다. 농지소유자 본인이 자경을 하는 것이 원칙이다(이 규정은 너무 가혹하다는 주장이 많다. 입법적인 개선이 필요하다).

**Q** 농지를 형질 변경한 후 양도하면 감면이 적용될까?

**A** 토지의 성격이 농지에서 나대지로 바뀌기 때문에 양도소득세 감면을 받지 못한다. 다만, 토지 매수자가 형질을 변경한 경우에는 양도일(잔금청산일) 시점이 아닌 계약일 시점의 현황에 의한다.

**Q** 직장인이나 자영사업자는 감면이 안되는가?

**A** 안될 것은 없다. 직장을 다니거나 사업하면서 농사지을 수 있기 때문이다. 하지만 실제 현실은 그렇게 녹록치 않다. 현재는 연봉(사업소득)이 연간 3,700만 원 이상이면 자경을 하지 않는 것으로 보기 때문이다. 따라서 이 연봉이 안되어야 감면을 받을 수 있으므로 이때에는 최대한 입증수단을 많이 동원해 감면을 받도록 해보자.

# 40

# 상속받은 농지의 절세법

신절세 세무사

음… 상속받은 농지군요

세무사님, 지금 농사를 안 짓고있는데 이 땅 팔면 세금이 많이 나오나요?

혹시 좋은 절세법이 있나요?

농지를 상속으로 받은 후 이를 처분하면 양도소득세를 깎아주는 혜택이 있다. 상속은 어쩔 수 없이 발생하는 것이고, 농촌의 현실을 감안해서이다. 하지만 무분별한 감면을 하지 않기 위해서 법에서 정한 요건을 충족해야 한다. 그렇다면 상속으로 받은 농지에 대해 양도소득세를 면제받기 위해서는 어떤 조건을 충족해야 하는가?

● 상속을 받은 사람이 대를 이어 농사짓는 경우 : 피상속인(돌아가신 분)의 자경기간을 합산하여 8년 이상이 면 양도소득세를 면제한다.

● 상속을 받은 사람이 도시생활로 농사짓지 않는 경우 : 상속개시일로부터 3년 내에 처분하는 경우에는 피 상속인의 자경기간과 무조건 합산할 수 있으나 그 기간을 지난 경우에는 상속인이 1년 이상 새촌·자경을 해야 합산이 가능하다.

## 상속을 받은 농지 절세법

일단 농지 상속을 받은 사람이 그곳에서 농사짓는다고 하자. 이 경우 피상속인의 자경기간과 합산하여 8년 이상이 되면 양도소득세를 내는 경우는 없다. 그런데 문제는 상속은 받았으나 농사짓지 않는 경우이다. 이럴 때에는 다음과 같이 해야 양도소득세 감면을 받을 수 있다.

● 상속개시일로부터 3년이 안 되는 경우 : 상속개시일로부터 3년 내에 처분하면 피상속인의 자경기간을 승계할 수 있다. 따라서 이 기간이 8년 이상이면 양도소득세 감면을 받을 수 있다.

● 상속개시일로부터 3년이 경과한 경우 : 상속인이 1년 이상 농사지으면 이 기간과 피상속인의 자경기간을 합산할 수 있다. 따라서 합산한 기간이 8년 이상이면 양도소득세 감면을 받을 수 있다.

참고로 2010년부터 재차 상속을 받은 경우 최근의 피상속인뿐만 아니라 배우자의 경작기간도 합산한다는 것도 알아두면 좋다. 예를 들어 아버지 사망으로 어머니가 상속을 받고 어머니가 사망하여 농지 상속을 받으면 아버지 및 어머니의 경작기간을 합산할 수 있다.

 알ㅣ쏭ㅣ달ㅣ쏭ㅣ세ㅣ금ㅣ팁

**증여로 받은 농지의 양도소득세 감면**

농지를 상속을 통해 받으면 양도소득세 감면혜택을 다양하게 받을 수 있다. 하지만 증여를 통해 농지를 받으면 상속과 같은 혜택이 없다. 증여를 받은 경우 수증일 이후 기간부터 자경기간을 따져 이 기간이 8년 이상이어야 양도소득세를 면제받을 수 있다.

# 41

# 상가임대사업자의
# 新절세법

## 임대사업자의 고민은?

어떤 사람의 연간 임대수입이 10억 원이고 소유한 건물의 값어치가 100억 원 정도라고 하자. 이런 상황에서 이 부동산 보유자가 당면한 세금문제는 일차적으로 임대소득에 대한 소득세다.

알다시피 개인에게 적용되는 세율은 6~40%인데 지방소득세를 고려하면 최고 소득의 44%까지 세금으로 부과될 수 있다.

소득세 외에 더 큰 세금문제가 있는데 바로 상속세다. 상속세는 개인이 보유한 재산을 합계한 금액이 보통 10억 원이 넘어가면 10~50%의 세율로 과세한다. 앞의 부동산 가액이 100억 원으로 평가된다면 상속세로 대략 40억 원이 예상된다.

임대사업자의 법인 전환은 바로 이와 같은 상황에서 검토해 볼 만한 절세법이다.

## 임대사업자의 고민타파 비법 공개!

임대사업을 법인으로 전환하여 관리하면 10~22%의 세율로 법인세를 내면 되므로 개인에 비해 상당한 세금을 절약할 수 있다. 물론 대표자의 급여 등도 비용으로 인정되므로 경비처리도 한결 쉽다. 그리고 주식을 분할하여 사전 증여나 양도를 수시로 진행하면 부동산으로 관리하는 것보다 유리하다. 부동산에 비해 취득세 등이 수반되지 않고 이전 절차도 비교적 간단하기 때문이다. 그 결과 상속세 부담을 떨어뜨릴 수 있다. 물론 개인의 경우보다 회계 및 세무의 투명성을 높여야 하므로 관리비용이 증가될 수 있다는 점이 단점이다. 그렇다면 구체적으로 법인 전환은 어떻게 하고 법인 전환 후의 세금 문제는 어떤 것들이 있는지 알아보자.

먼저 개인이 보유한 임대용 부동산을 법인으로 전환하는 경우에는 다양한 세금문제가 대두된다. 일단 개인이 보유한 부동산을 법인 소유로 하면 개인에게는 양도소득세 문제가 발생하고 그리고 법인이 취득한 부동산에 대해서는 취득세 문제가 발생한다. 그런데 이렇게 세금이 발생하면 개인은 법인으로 전환하는 것을 포기하게 될 것이다. 그래서 조세특례제한법에서는 법인 전환을 용이하게 하기 위해 개인과 법인에게 세금혜택을 부여한다. 법인으로 관리하는 것이 세원관리 측면에서 효율성이 높기 때문이다.

▶ 임대용 부동산 법인에 현물출자를 할 때 임대사업자에게 양도소득세를 부과하는 것이 원칙이나, 일정 요건을 충족하면 부동산을 인수한 법인이 이를 처분할 때 양도소득세를 낼 수 있다. 이렇게 본래 납세의무자의 납세의무가 제3

자에게 이전되는 것을 '이월과세'라고 한다. 따라서 이월과세제도는 세금을 면제하는 것이 아니라 이연시키는 제도에 해당한다.

▶ 법인을 설립하면서 취득한 부동산은 취득세가 부과되는 것이 원칙이나, 앞의 양도소득세와 마찬가지의 조건을 충족하는 경우 취득세를 면제받을 수 있다 (면제된 취득세에 대해서는 20%만큼 농어촌특별세를 부과한다). 다만, 앞의 이월과세나 취득세 감면을 받으려면 법에서 요구하는 요건과 절차 등을 준수해야 한다. 예를 들어 설립법인의 자본금은 법인으로 전환하는 사업용 자산의 순자산가액 이상에 해당해야 문제가 없다. 법인으로 전환할 때 자금이 외부로 유출되는 것을 방지하기 위해서 이런 조건을 특별히 두었다.

▶ 임대사업자가 법인으로 사업을 포괄 양도 시 양수도한 자산에 대해서는 재화의 공급에 해당하지 아니하므로 부가가치세가 부과되지 않는다.

※ 주의 : 임대법인으로의 전환은 비용(농특세, 법인설립비용, 각종 수수료 등)이 발생하고, 상황에 따라 취득세 감면이나 양도소득세 이월과세가 안되는 경우가 많다. 따라서 미리 전문가 도움을 받는 것이 중요하다.

알|쏭|달|쏭|세|금|팁

## 법인 전환 후 발생하는 세금문제

개인 임대사업자의 임대법인으로의 전환은 법원이 선임한 감정평가인 등에 의해 임대용 부동산 등을 평가하는 등의 절차를 거쳐 완성된다. 따라서 임대법인으로 전환하려는 경우에는 법에서 정하는 절차에 따라 법인으로 전환해야 한다. 그렇다면 임대법인 전환 후에는 어떠한 세금문제가 있는지 살펴보자. 임대법인의 주식은 특정한 개인이 전부 소유하고 있다고 하자.

첫째, 법인으로 전환 후 임대수입은 10억 원이고 이 중 50%가 과세소득이라면 개인에 비해 얼마의 세금이 줄어들까? 개인으로 임대하는 경우 소득세는 5억 원에 38%의 세율을 곱하고 1,940만 원의 누진공제를 차감하면 1억 7,060만 원 정도의 세금이 나온다. 그런데 똑같은 소득에 법인세 세율 10~22%(2억~200억 원은 20%)를 적용하면 법인세는 8,000만 원[=2억 원×10%+(5억 원-2억 원)×20%] 정도가 나와 대략 한해 1억 원 이상이 절감된다. 만일 여기에 대표이사 등의 급여를 추가하면 세금이 더 줄어든다.

둘째, 앞의 주식 보유자가 보유주식 중 일부를 자녀에게 양도 또는 증여하고자 한다. 이 경우 주식을 자녀에게 양도하면 양도소득세가 부과된다. 비상장기업의 주식은 무조건 양도소득세가 부과되기 때문이다. 따라서 주식 양도자는 양도소득세를 내야하고 이외에 매매가액의 0.5%만큼 증권거래세를 내야 한다. 그리고 자녀 등이 매수하는 경우 취득자금에 대한 출처조사에 관심을 둬야 한다. 취득자금에 대한 소명이 되지 않으면 증여세가 부과되기 때문이다. 한편 주식을 증여받는 경우에는 세법상의 평가금액을 기준으로 증여세를 신고하는 점에 주의해야 한다. 세법상의 평가금액에 미달하게 신고하는 경우에는 세무조사에 의해 세금을 추징당할 수 있다는 점에 주의하자.

셋째, 법인 운영 중에 당해 부동산을 150억 원에 처분했다고 하자. 내야 할 세금은 얼마나 될까? 먼저 이월 과세된 양도소득세는 현물출자 당시의 평가액에서 당초 처분가액을 기준으로 계산한다. 따라서 양도차익은 100억 원에서 취득가액 50억 원을 차감한 50억 원이 되고, 이 금액에서 30%의 장기보유특별공제와 기본공제 250만 원을 차감한 과세표준은 34억 9,750만 원이 된다. 이 금액에 40%의 세율과 누진공제 2,940만 원을 적용하면 이월과세된 양도소득세는 13억 원가량이 된다. 그리고 이 양도소득세는 새로 설립된 법인이 납부하게 된다. 참고로 이렇게 양도소득세 납부가 유예된 기간 동안에는 별도의 가산세나 가산금 등이 붙지 않는다. 다음으로 법인의 소득에 대해서는 법인세를 별도로 내야 한다. 사례의 경우 처분가액 150억 원에서 법인이 취득한 가액(현물출자가액) 100억 원을 차감한 50억 원이 법인세 과세표준이라고 하자(감가상각비 등은 미반영). 법인세는 2억 원까지는 10%이고 나머지 48억 원에 대해서는 20%가 적용되므로 대략 9억 6,000만 원이 나온다.

임대법인으로의 전환은 임대소득세와 상속세를 동시에 줄일 수 있는 수단이다. 다만, 법에서 정하고 있는 요건을 갖추어야 하고, 법인 전환 후에는 여러 가지 세금문제가 파생한다는 점에 유의하자.

# 알쏭달쏭? 오피스텔의 세금

오피스텔인 나는, 집일까요? 근린생활시설 일까요?

## 주의해야 할 오피스텔 세금들

오피스텔은 공부상 근린생활시설에 해당한다. 따라서 주택과는 거리가 멀다. 하지만 국세는 실질 사용용도에 따라 세법을 적용하므로 오피스텔을 주거용으로 사용하면 이를 주택으로 취급한다. 그 결과 다양한 세금문제가 발생한다.

● 보유 단계→오피스텔을 주거용으로 사용하면 주택에 해당한다. 따라서 당초에 부가가치세를 환급받았다면 부가가치세 추징문제가 있다.

● 양도 단계→주거용 오피스텔을 양도하는 경우 이를 주택으로 보아 신고하는 것이 원칙이다. 그리고 오피스텔 외의 주택을 양도하는 경우 비과세가 적용되지 않을 수 있다.

## 오피스텔 양도소득세 절세법

오피스텔을 주거용으로 사용한 상태에서 주택이나 오피스텔을 양도하면 세금 관계가 꼬일 수 있다. 이 부분을 정리하면 아래와 같다.

**첫째** 주거용 오피스텔을 양도하면 이는 주택으로 신고해야 할까 아니면 일반건축물로 신고해야 할까? 일단 주거용 오피스텔은 세법상 주택에 해당하므로 당연히 주택으로 신고하는 것이 원칙이다. 따라서 주거용 오피스텔을 주택으로 보고 과세문제를 따져볼 필요가 있다. 만일 주택으로 보거나 일반건축물로 보거나 구분의 실익이 없는 경우에는 공부상의 용도를 쫓아 양도소득세를 신고하면 큰 문제는 없을 것으로 보인다.

**둘째** 주거용 오피스텔을 1채 가지고 있는 경우 양도소득세 비과세를 받을 수 있는가? 받을 수 있다. 다만 공부상의 용도는 주거용이 아니므로 본인이 비과세를 입증할 수 있는 서류를 구비하여 신고하는 것도 괜찮을 것으로 보인다. 단, 당초에 부가가치세를 환급받았다면 주택으로 사용한 만큼 부가가치세 추징문제가 발생할 수 있음에 유의해야 한다.

**셋째** 주거용 오피스텔이 있는 상태에서 주택을 양도하는 경우에는 더더욱 주의해야 한다. 주택에 대한 과세방식에 영향을 주기 때문이다.

● 만일 1주거용 오피스텔과 1주택이 있는 경우→ 원래 1주택에 대해서는 비과세를 받을 수 있으나 오피스텔이 주택으로 취급되면 비과세를 받을 수 없다. 따라서

오피스텔을 업무용으로 전환한 후에 주택을 양도해야 좋다.

● 만일 1주거용 오피스텔과 2주택이 있는 경우→만약 이사하는 과정에서 일시적으로
2주택이 되었다면 비과세를 받을 수 있으나 오피스텔이 주택으로 취급되면 비
과세를 받을 수 없다. 따라서 오피스텔을 업무용으로 전환한 후에 주택을 양도
해야 좋다.

알|쏭|달|쏭|세|금|팁

### 주거용 오피스텔의 임대주택 등록과 감면

주거용 오피스텔(업무용 오피스텔은 제외)을 임대주택으로 등록할 수 있도록 하는 안이 통
과되었다. 따라서 이에 대해서는 다음과 같은 세금혜택을 받을 수 있다(108쪽 참조).

● 취득세→신규 오피스텔에 대해 최고 100% 감면이 가능하다.
● 재산세→보통 50%까지 감면이 가능하다.
● 종합부동산세→비과세가 적용될 수 있다.
● 임대소득세→소형 오피스텔에 대한 전세보증금에 대해서는 과세유예가 적용된다.
● 양도소득세→주거용 오피스텔 외의 거주용 1주택에 대해서는 비과세를 받을 수 있다.

참고로 2016년 이후부터는 취득세가 200만 원, 재산세가 50만 원 초과하면 감면을 받은
15% 세액을 최소한 납부하도록 하는 제도가 도입되었다. 예를 들어 신규 분양되는 오피스
텔을 2억 원에 구입하면 취득세율 4%를 적용해 취득세 800만 원이 발생한다. 이를 임대주
택으로 등록하면 취득세 감면을 받을 수 있는데 이 경우 120만 원은 감면이 되지 않는다.
15%는 최소한 납부해야 하기 때문이다.

# 부동산 매매업과 세금문제 핵심정리

일반적으로 부동산을 개인적으로 자주 사고 팔면 부동산 매매업을 영위하는 것으로 취급될 수 있다. 이러한 상황에서는 양도소득세 체계와 다른 사업소득세 체계로 세금을 정산해야 한다. 매매사업의 좋은 점과 나쁜 점을 살펴보자.

## 1. 부동산 매매업의 좋은 점

부동산 매매업은 개인이 사업자등록을 내놓고 부동산을 전문적으로 매매하는 사업을 말한다. 이는 비사업적으로 양도하는 것과 비교해 보면 여러 가지 측면에서 차이가 있다. 대표적으로 세율 차이가 발생한다. 예를 들어 주택을 단기 보유한 상태에서 매매하더라도 매매사업자는 6~40%의 세율을 적용받을 수 있다.

| 보유기간 | 사업소득 | 양도소득 |
|---|---|---|
| 1년 미만 | 6~40% | 50%(주택은 40%) |
| 1~2년 미만 | | 40%(주택은 6~40%) |
| 2년 이상 | | 6~40% |

그러나 현행 세법에서는 매매사업자가 양도소득세 중과세 물건을 매매하면 양도소득세와 같은 방식으로 과세함에 유의할 필요가 있다. 매매사업자등록을 하

여 유리한 세율(6~40%)을 적용받는 것을 규제하기 위해서이다. 하지만 중과세 물건이 아닌 경우에는 단기매매에 대한 양도소득세 세율을 적용받지 않아도 된다. 무조건 6~40%만 적용되기 때문이다. 따라서 2017년 3월 현재 양도소득세가 중과세되는 부동산은 비사업용 토지 밖에 없으므로 주택을 사업적으로 매매하면 양도소득세가 아닌 종합소득세를 적용받을 수 있다. 하지만 토지의 경우 중과세제도가 적용되므로 이를 사업적으로 매매하더라도 종합소득세가 아닌 양도소득세가 과세된다.

한편, 매매사업의 좋은 점 중의 하나는 사업용 주택 외에 거주용 주택이 1채 있는 경우에는 이에 대해 비과세 규정을 적용한다는 것이다. 또한 사업하면서 발생한 비용처리의 폭이 매우 넓다는 것도 장점이다. 양도소득세의 경우 취득과 양도에 관련된 비용만 필요경비로 인정되나, 사업의 경우에는 이자비용이나 인건비 등도 비용으로 인정된다. 다만, 중과세 물건에 대해서는 이자 등의 일반경비는 공제되지 않는다.

## 2. 매매사업의 나쁜 점

부동산 매매사업의 나쁜 점은 양도소득에 비해 관리가 힘들다는 점이다. 예를 들어 보유한 주택을 사업용으로 인정받기 위해서는 장부에 반영되어 재무제표로 관리가 되어야 한다. 만일 이 부분이 제대로 정리되지 않으면 거주용 주택에 대해서는 비과세를 받기가 상당히 힘들어진다. 따라서 회계지식이 없다면 외부 세무회계사무소에 업무처리를 위임해야 하고 이에 따른 관련 비용이 발생한다. 한편, 매매사업자는 매매차익에 대한 예정신고 및 납부를 의무적으로 이행해야 한다. 만일 이를 위반 시 가산세가 20%로 부과되는 점에 주의해야 한다. 이외에도 중과세 물건의 경우 양도소득세와 같은 금액을 내야 하고 4대 보험료 등을 부담할 수 있다.

알 | 쏭 | 달 | 쏭 | 세 | 금 | 팁

## 사업자가 알아야 할 부동산의 부가가치세

부동산을 분양하거나 매매 또는 임대하는 사업자는 부동산 관련 부가가치세를 정확히 이해하고 있어야 한다. 먼저 부동산의 종류별, 거래 단계별로 부가가치세를 정리하면 다음과 같다.

| 구분 | | 취득 | 임대 | 양도 |
|---|---|---|---|---|
| 주택 | 토지 | × | × | × |
| | 건물 | ○<br>(85㎡ 초과 분양분) | × | ○<br>(사업자의 85㎡ 초과 매도분) |
| 상가 | 토지 | × | ○ | × |
| | 건물 | ○<br>(환급 가능) | ○ | ○ |
| 사무용<br>오피스텔 | 토지 | × | ○ | × |
| | 건물 | ○<br>(환급 가능) | ○ | ○ |

취득 단계에서는 토지를 제외한 건물에 대해서는 부가가치세가 포함되는 것이 원칙이다. 다만, 주택은 전용면적 85㎡ 초과분만 과세된다. 만일 상가나 오피스텔을 임대하고자 하는 경우에는 부가가치세를 환급받을 수 있다. 임대 단계에서는 주택을 제외한 부동산은 모두 임대료에 대해 부가가치세가 과세된다. 주택임대에 대해서는 특별히 부가가치세를 면제하고 있다. 양도 단계에서는 사업자 지위에서 양도하면 역시 부가가치세가 과세된다. 다만, 주택은 85㎡를 초과해야 부가가치세가 과세된다(주택매매사업자가 알아둬야 할 정보다).

참고로 상가 등을 양도하면서 임대사업에 관한 모든 권리와 의무를 포괄적으로 양도한다는 계약서를 관할세무서에 제출하면 부가가치세 없이 거래가 성립할 수 있다.

# 43

# 세금을 예방하는 가족 간
## 돈 거래법

**아버지, 돈 좀 빌려주세요~~**

**공짜로 빌려주면 세금이 나오니 매달 이자를 지급하거라.**

## 가족 간 금전을 거래하면 세금이 부과될 수 있다!!

가족 간 금전거래는 이런저런 문제점 때문에 여간 조심해서 다루지 않으면 안된다.
자칫 증여 등에 해당하면 세금이 부과될 수 있기 때문이다.
그래서 직계존비속 간에 자금 거래하는 사람은 미리 관련된 세금내용을
잘 알아둘 필요가 있다.

## 가족 간에 금전거래 시 주의해야 할 사항

**첫째**　직계존비속 간의 자금거래 시 먼저 차입인지 증여인지를 명확히 구별할 필요가 있다. 실무적으로 구별이 잘 안 되기 때문이다. 현행 상속세 및 증여세법에서는 직계존비속 간의 소비대차계약은 원칙적으로 인정하지 않는다. 다만, 사실상 소비대차계약에 의하여 부모 등으로부터 자금을 차입하여 사용하고 추후 이를 변제한 사실이 이자 및 원금변제에 관한 증빙 및 담보설정, 채권자확인서 등에 의하여 확인되는 경우에는 부모 등으로부터 차입한 금전에 대해서는 증여세를 과세하지 않는다.

**둘째**　직계존비속 간 금전거래가 인정되더라도 1억 원 이상을 무상으로 대부를 받은 경우, 대부를 받은 날의 금액에 적정 이자율(4.6%)을 곱한 가액을 증여받은 것으로 본다. 만일 이자의 일부를 수수했다면 실제 지급한 이자는 차감된다. 이를 정리하면 다음과 같다.

무상 대부를 받은 경우 : 대부금액×적정 이자율

낮은 이자율로 대부를 받은 경우 : (대부금액×적정 이자율)−실제 지급한 이자 상당액

참고로 무상 대여기간이 1년을 넘어가면 1년 단위로 위의 금액을 계산한다. 또한 수회에 걸쳐 무상 대부를 받은 경우 전체 합산한 금액을 기준으로 1억 원 여부를 판단한다.

셋째 개인끼리 주고받은 이자에 대해서는 소득세 납부의무가 있다. 예를 들어 아버지가 자녀로부터 돈을 빌려주고 매달 100만 원의 이자를 받았다면 이 금액의 25%(지방소득세 포함 시 27.5%)를 원천징수를 하게 된다. 그리고 이를 포함한 금융소득이 2,000만 원을 초과하면 금융소득 종합과세를 적용받는다.

넷째 다른 사람의 돈을 단순히 보관하는 경우에는 현행 세법상 증여에 해당하지 않으나 이를 해명하지 못한 경우에는 증여로 볼 수 있다. 특히 고령자의 재산을 처분한 후 이를 자녀 등이 보관하는 경우가 있다. 이럴 경우 자칫 증여로 볼 개연성이 높으므로 주의해야 한다. 다음의 사례로 확인해 보자.

| 사례 |

**상속 전에 피상속인의 예금이체를 받다 보관하는 경우**

아버지 계좌로 받은 토지보상금을 관리 목적상 어머니의 통장으로 이체하여 관리하던 중 아버지가 사망했다고 하자. 이 돈은 상속재산에 포함될까 안될까? 이에 대해 과세당국은 피상속인의 금전을 상속인 명의의 예금계좌에 입금한 것이 단순히 상속인 명의만을 빌려서 예치한 것이라면 증여에 해당하지 않는다고 한다. 그러나 만일 실제 증여한 것이라면 증여로 본다. 증여인지 아닌지 여부는 관할세무서장이 구체적인 사실을 확인하여 판단한다.

**자녀 명의의 계좌로 현금을 입금한 경우**

자녀 명의로 예금계좌를 개설하여 현금을 입금한 경우에 증여세가 과세될까? 이에 대해 과세당국은 현금을 입금한 시기에 증여한 것으로 본다. 하지만 입금한 시점에 자녀가 증여받은 사실이 확인되지 아니한 때는 당해 금전을 자녀가 인출하여 실제 사용한 날에 증여받은 것으

로 본다. 그러므로 자녀 명의로 예금계좌를 개설하여 입금한 자체가 증여로 단정되는 것은 아니다. 만약 금전을 자녀에게 증여한 사실을 입증하고 싶다면 증여세신고를 하면 된다. 가족 간에 자금이체가 빈번하면 증여로 오해받을 수 있다. 자금이체거래를 최소화하는 것도 절세 를 위해 필요하다.

알 | 쏭 | 달 | 쏭 | 세 | 금 | 팁

### 생활비 계좌이체와 세금

남편의 월급통장에서 이체받은 생활비에도 세금이 부과될까? 이에 대해 세법은 부양가족의 생활비로 사용하는 금액에 대해서는 증여세를 부과하지 않는다. 따라서 이 항목으로 돈을 받아 사용하더라도 큰 문제는 없다. 다만, 그 생활비 중 일부를 저축하여 예 · 적금하거나 주식, 토지, 주택 등의 매입자금 등으로 사용하면 증여세가 과세될 수 있다. 한편 부양의무가 없는 할아버지나 할머니 또는 형제자매, 친인척, 타인 등으로부터 받는 생활비 등은 비과세 에서 제외될 수 있다는 점에 유의하기 바란다. 생활비와 유사한 학자금이나 치료비, 용돈 등 도 위와 같은 내용에 따라 과세 여부가 판단된다.

# 내 축의금을 아버지가 가져가면

자녀 결혼과 관련하여 다음과 같은 세금문제들이 발생한다.

- 신혼집의 전세보증금을 주거나 집을 사주는 경우 또는 기타 혼수용품 명목으로 자동차나 가전제품 등을 사주는 경우
- 축의금이 과다한 경우
- 결혼 축의금을 부모가 사용한 경우 등

**그렇다면 이에 대해서는 어떤 형태로 세금이 부과될까?**

## 신혼집 전세보증금을 대주거나 집을 사주는 경우 또는
## 기타 혼수용품 명목으로 자동차나 가전제품 등을 사주는 경우

이에 대한 과세 여부 판단은 다음 예규를 통해 알 수 있다.

◆ 서면4팀-1642, 2005. 9. 12.

【질의】

(사실 관계)

결혼 전에 양가에서는 결혼풍습에 따라 예물과 예단을 구입하여 상대방의 가족과 교환
하는데 혼인 당사자들의 의견에 의하여 결혼비용을 형편에 맞는 범위 내에서 현금을 주
어 필요한 물품을 필요할 때 구입하여 결혼생활을 할 수 있도록 합의가 되었음.

(질의내용)

– 혼수용품으로서 통상 필요하다고 인정되는 범위가 어느 정도인지?

– 결혼식 축의금은 누구에게 귀속되는지?

【회신】

상속세 및 증여세법 시행령 제35조 제4호에 규정하는 통상 필요하다고 인정되는 혼수
용품은 일상생활에 필요한 가사용품에 한하며, 호화ㆍ사치용품이나 주택ㆍ차량 등을 포
함하지 아니하며, 결혼축의금이 누구에게 귀속되는지 등에 대하여는 사회통념 등을 고
려하여 구체적인 사실에 따라 판단하는 것임.

위의 예규는 호화 혼수품의 경우 증여세에 부과될 수 있음을 보여주고 있다.
의사, 변호사 등 이른바 '사' 자 돌림을 쓰는 사람들이 주의해야 할 대목! 앞에
서 호화 혼수품이 무엇인지를 두고 국세청과 납세자 간에 다툼이 벌어질 수 있

다. 국세청으로부터 자유로워지려면 미리 조심하는 수밖에 없다.

## 축의금이 과다한 경우

이에 대해서도 다음 예규로 판단해 보자.

> 증여세가 비과세되는 축의금 등은 그 금액을 지급한 자별로 사회통념상 인정되는 금액을 기준으로 한다. 그리고 사회통념상 인정되는 금품에 해당하는지 여부는 동일한 사건에 대하여 지급한 금품의 총액을 기준으로 한다(서일46014-11139, 2003. 8. 22).

축의금에 대한 세금문제를 없애기 위해서는 하객들의 명단, 지급금액 등을 보관하여 두는 것이 안전하다. 하지만 이러한 조치는 부유한 집안에서 또는 축의금을 재산취득자금 출처로 사용할 때나 필요할 듯하다. 일반인은 크게 신경 쓰지 않아도 될 것 같다.

## 결혼 축의금을 부모가 사용한 경우 등

자녀 결혼으로 하객들에게 받은 축의금 중 자녀에게 귀속(예를 들면, 자녀의 직장동료, 친구 등)된 축의금이 사회통념상 인정되는 금액에 해당하면 증여세가 비과세된다. 따라서 당해 금전으로 자녀가 예금 등을 하는 경우 증여세 과세문제는 발생하지 않는다. 다만, 부모에게 귀속되는 축의금을 자녀에게 증

여하는 경우 자녀는 부모로부터 축의금을 증여받은 것으로 본다.

참 어려운 내용이다. 축의금이 누구한테 귀속되느냐에 따라 증여세 문제가
발생하기 때문이다. 다만, 이 경우도 주로 거액의 축의금을 받는 집안에서나
통하는 것이지 보통 집안에서는 절대 문제 될 것이 없다. 증여세 비과세 한도
가 성년자는 5,000만 원이다. 5,000만 원의 축의금이 나오는 집안이 대한민
국에 얼마나 될까?

# 45

## 누가 자금출처조사를 받는가?

집을 산다? 그러면 자금출처조사를 대비해야지!

대한민국 사회에서 내 돈 가지고 내 마음대로 물건을 구입하는 것은 제약이 없다. 물론 마약 같은 것을 구입하면 감옥에 간다. 그런데 가끔씩 내 돈이 아닌 아버지 돈을 가지고 물건을 구입하는 경우가 있다. 세법은 이러한 행위에 대해서는 증여로 보아 과세하는 것이 원칙이다. 하지만 현금을 은밀히 주고받으면서 증여세를 신고하지 않으면 국세청이 이를 발견하는 것은 어렵다. 그래서 부득이 자금출처조사 제도를 두어 탈세를 예방하고 있다.

# 자금출처조사제도 해부하기

## 누가 대상자인가?

직업·연령, 소득 및 재산 상태 등으로 보아 재산을 자력으로 취득하였다고 인정하기 어려운 자와 채무를 상환한 자로서, 소득의 경우는 당해 연도와 직전 5년간의 소득 상황과 자산양도 현황 등을 전산 분석한 후 증여 혐의가 있는 자를 조사대상자로 선정한다.

실무적으로 미성년자, 주부, 고령자 등은 소득을 입증하기가 힘들므로 제일 먼저 걸려들 가능성이 높다. 또한 거액 자산을 취득한 경우도 마찬가지다.

## 자금출처를 입증하는 방법

자금출처 입증은 다음의 합계액으로 한다. 즉 신고하였거나 과세(비과세 또는 감면을 받은 경우 포함)받은 소득금액과 신고하였거나 과세받은 상속 또는 수증가액 그리고 재산을 처분한 대가로 받은 금전이나 부채를 부담하고 받은 금전으로 당해 재산 취득에 직접 소요된 금액을 말한다.

한편, 입증되지 않은 금액이 실제 취득가액의 20%와 2억 원 중 적은 금액에 미달하면 자금출처에 대한 입증책임을 면제한다. 따라서 이러한 경우에는 입

| 출처 유형 | 입증금액 | 증빙서류 |
| --- | --- | --- |
| 근로소득 | 총급여액 – 원천징수액 | 원천징수영수증 |
| 이자·배당소득 | 총지급 받은 금액 – 원천징수액 | 원천징수영수증, 통장사본 |
| 채무부담 | 차입금, 전세보증금 | 채무부담확인서, 전세계약서 |
| 재산처분 | 매매가격 등 | 매매계약서 등 |
| 상속·증여재산 | 상속·증여받은 재산가액 | 관련 서류 |

증되지 않더라도 증여세를 과세하지 않는다. 하지만 입증되지 않는 금액이 위의 기준을 벗어나면 입증되지 않는 금액 전체가 증여금액이 됨에 유의해야 한다.

| 사례 |

**Q** 김출처 씨는 30세이며 5억 원 상당의 주택을 구입했다. 그런데 얼마 전에 관할세무서에서 취득자금이 어떻게 조달되었는지를 소명하라는 안내문을 받았다. 어떻게 해야 할까? 이 주택에 대해서는 2억 원의 대출금이 있다.

**A** 일단 출처가 입증되지 않는 금액이 3억 원이다. 따라서 이 금액이 5억 원의 20%인 1억 원과 2억 원 중 적은 금액을 초과하므로 3억 원 전액에 대해 증여세가 부과된다. 참고로 자금출처 대상인지를 따질 때에는 취득세 등 각종 부대비용을 포함해야 한다는 점에 유의해야 한다.

## 아예 증여추정을 배제하는 경우

자금출처조사는 위와 같이 과정을 거쳐 증여세 과세를 목표로 하고 있다. 그렇다면 모든 거래에 대해 조사하는가? 그렇지 않다. 세무서가 사시사철 이것만을 조사할 수는 없다. 그래서 취득자금이 재산취득일 전 10년 이내에 당해 재산취득자금의 합계액이 5,000만 원 이상이고 연령·직업·재산상태 등을 참작하여 다음의 국세청장이 정한 금액 이하인 경우에는 자금출처조사를 하지 않는다. 만약 30세 이상에 해당하는 세대주가 주택을 산 경우라면 2억 원까지는 자금출처조사를 배제한다. 30세 미만이면 주택의 경우 5,000만 원이다. 또한 채무상환은 세대주 등과 관계없이 획일적으로 5,000만 원이 넘으면 자금출처조사대상이 되는 것이다. 물론 실제 이 조사가 진행될 것인지는 두

(단위 : 원)

| 구분 | | 취득재산 | | 채무상환 | 총액한도 |
|------|------|------|------|------|------|
| | | 주택 | 기타 재산(상가 등) | | |
| 세대주인 경우 | 30세 이상 자 | 2억 | 5천만 | 5천만 | 2억 5천만 |
| | 40세 이상 자 | 4억 | 1억 | 5천만 | 5억 |
| 세대주가 아닌 경우 | 30세 이상 자 | 1억 | 5천만 | 5천만 | 1억 5천만 |
| | 40세 이상 자 | 2억 | 1억 | 5천만 | 3억 |
| 30세 미만 자 | | 5천만 | 5천만 | 5천만 | 1억 |

고 봐야 한다(즉, 이 제도는 무조건 적용되는 것은 아니라 국세청의 사정에 따라 달라진다는 것을 의미한다).

한편, 상기금액 이하더라도 취득자금을 부모 등으로부터 증여받은 사실이 객관적으로 확인되는 경우에는 증여세 과세대상이 됨에 유의해야 한다.

### 자금출처조사 대비법

자금출처조사는 일반인과는 관계없다. 다만, 어느 정도 재산이 형성된 집안은 그렇지가 않으므로 재산 취득 전에 미리 주의해야 한다. 다음의 대비법을 생각해 보자.

● 재산취득 전에 자금출처를 명확히 해두자.
● 증여세 비과세 한도 내에서 자녀를 도와준다.
● 미성년자는 가급적 부동산 구입을 자제한다.
● 전세보증금이나 대출금 같은 부채를 최대한 활용한다.
● 고가의 부동산을 살 때에는 미리 세무상담을 받도록 한다.
● 조사가 시작되면 세무전문가 도움을 받도록 한다.

# 46

# 증여한 현금으로 보험료를 내면 세금이 나올까?

## 보험금 증여세를 피하는 방법!

세법에서는 보험상품에 대해서만 유독 까다롭게 규제한다. 특히 소득이 없는 자녀를 위해 들어
준 보험이 과도한 경우에는 증여세 문제가 발생할 가능성이 높다. 따라서 증여세 비과세 한도
(성년자 5,000만 원, 미성년자 2,000만 원) 내에서 보험금을 수령하던지 다음과 같은 방식으
로 보험을 설계하면 문제의 소지가 줄어든다. 물론 자녀가 소득 능력이 생기면 계약자를 자녀
로 바꾸는 것도 검토해 볼 필요가 있다.

| 보험계약자 | 피보험자 | 보험수익자 |
|---|---|---|
| 부모 | 자녀 | 부모 |

## 왜 이렇게 복잡할까?

보험금 증여시기는 보험사고가 발생하는 날이다. 따라서 보험료를 부모 등으로부터 받아 납입하는 경우에는 당장 증여세 문제는 없다. 그런데 문제는 보험료를 언제 증여받았느냐에 따라 세금 관계가 달라진다는 것이다. 먼저 보험계약기간 안에 보험료를 증여받아 납입하는 경우에는 다음 금액을 증여세 과세대상으로 한다.

증여재산가액 : 보험금×(증여에 의한 불입액÷총불입액)－본인 보험료 불입액

예를 들어 부모가 보험료를 불입한 후 자녀가 보험금을 1억 원 수령했다고 하자. 이런 상황이라면 보험금 전액에 대해 세금을 내야 한다. 그런데 이런 문제를 파악하기 위해 보험계약을 체결하기 전에 보험료 전액을 증여받은 경우도 있다. 이렇게 하면 세금을 안 내도 될까? 이에 대해 상속세 및 증여세법은 미성년자 등 직업·연령·소득·재산 상태로 보아 재산을 취득할 수 없다고 인정되는 자가 타인으로부터 재산을 증여받은 날로부터 5년 이내에 보험사고 등이 발생하여 일정한 이익을 얻은 경우, 이런 이익에 대해서도 증여세를 과세할 수 있도록 하고 있다. 따라서 5년 내에 보험사고가 발생하면 증여세를 피하는 것이 현실적으로 어렵다.

위 내용의 연결선상에서 만약 5년 이후에 보험사고가 발생하면 어떻게 될까? 이에 대해 세법은 다음과 같은 입장이다.

"그 경제적인 실질이 상속세 및 증여세법 제34조와 유사한 경우에는 같은 법 제2조 제3항 및 제4항의 규정에 의하여 수령한 보험금에서 불입한 보험료를 차감

따라서 이런 규정으로 볼 때 5년 전에 증여했더라도 안심할 것이 아니다. 이렇게 언제든지 상속세나 증여세를 과세할 수 있는 근거는 '완전포괄주의' 과세방식에 있다. 현행 상속세 및 증여세법에서는 경제적 이득이 제3자에게 무상으로 흘러가면 거래의 유형이나 동기 등을 불문하고 무조건 과세할 수 있도록 해두었다. 하지만 확실한 근거 없이 과세하면 조세 조항이 발생하므로 이 방식으로 과세하는 것은 상당히 힘들다(필자의 생각으로는 5년 전에 보험료를 증여한 경우라면 보험금에 대한 증여세 과세는 힘들 것으로 판단된다).

### 보험, 왜 이렇게 규제가 심할까?

현금을 미리 증여받아 신고하고 이를 보험료로 불입한 후 보험금을 수령하면 수령한 보험금에 대해서도 증여세가 부과된다. 그렇다면 동일한 방식으로 증여받은 현금을 펀드나 기타 예금 등에 가입하여 수익을 획득하면 이에 대해서도 증여세가 부과될까? 아니다.

그렇다면 왜 이렇게 세법은 보험에 대해 차별하고 있을까? 이는 보험상품의 특성에 기인한다. 보험의 만기가 비교적 장기이다 보니 보험계약 유지 기간 내에 자녀에게 증여 등을 통해 거액의 재산 이전이 이루어져도 이를 발견하기가 대단히 힘들다. 그래서 이를 방지하는 차원에서 이런저런 규제장치를 두고 있다.

알|쏭|달|쏭|세|금|팁

## 사망보험금과 상속세 또는 증여세

저축성 보험이라도 보험계약자와 피보험자가 일치한 상태에서 사망사고가 발생하여 사망보험금을 수령하면 상속세나 증여세가 부과될 수 있다.

| 구분 | 보험<br>계약자 | 피보험<br>자 | 보험<br>수익자 | 보험사고 | 과세 관계 |
|---|---|---|---|---|---|
| ① | A | A | A | 만기 | 상속세나 증여세 과세되지 않음. |
| | | | | A의 사망 | 상속세 |
| ② | A | A | B | 만기 | 증여세(A가 B에 증여) |
| | | | | A의 사망 | 상속세 |
| ③ | A | B | A | 만기 | 상속세나 증여세 과세되지 않음. |
| | | | | B의 사망 | 상속세나 증여세 과세되지 않음. |
| ④ | A | B | C | A의 사망 | 상속세(A가 불입한 보험료금액의 권리가 상속) |
| | | | | B의 사망 | 증여세(A가 C에 증여) |
| | | | | C의 사망 | 상속세나 증여세 과세되지 않음(만기에 A수령). |

위 ①의 경우 보험계약자와 피보험자 그리고 보험수익자가 모두 동일인으로 되어 있으므로 만기보험금에 대해서는 증여세 문제는 없다. 그런데 만일 A가 사망한 경우에는 A의 돈으로 보험료를 불입했기 때문에 사망보험금은 A의 상속재산으로 보게 된다.

# 47

# 짠다 빼앗아가는 조건부 증여의 세금

## 조건부 증여는 유효한가?

증여는 증여자가 증여하겠다는 의사표시를 하고 수증자가 좋다는 의사표시를 하면 계약이 성립한다. 이러한 증여는 원래 무상계약이므로 수증자가 어떠한 의무도 부담하지 않는 것이 원칙이다. 그런데 요즘 살아생전의 부양의무를 조건으로 증여계약이 체결되는 경우가 왕왕 있다.

예를 들어 증여받은 자녀가 월 100만 원씩 생활비를 증여자에게 드려야 한다는 조건을 달아 증여하는 식이다. 물론 이러한 조건을 지키지 않으면 증여한 재산을 반환받을 수 있다. 그렇다면 한 번 증여한 재산을 증여 조건을 위배했다고 해서 이를 반환받을 수 있을까?

민법(556조, 수증자의 행위와 증여의 해제)에서는 수증자가 '증여자에 대하여 부양의무가 있으나 이를 이행하지 아니하는 때'는 그 증여계약을 해제할 수 있도록 하고 있다. 따라서 증여자는 부양의무 조건을 두어 합법적으로 증여할 수 있다.

그렇다면 자녀가 증여 조건을 위반하여 그 재산을 돌려받을 때 어떤 세금문제가 발생할까?

여기서 세금은 취득세와 증여세를 말한다. 취득 관련 세금은 쉽게 판단할 수 있다. 세법은 돌려받은 부동산에 대해서 취득세 등을 과세하는 것을 원칙으로 삼고 있기 때문이다. 그러나 증여세의 경우에는 과세판단이 복잡하다. 반환되는 재산의 종류와 반환시기 등에 따라 차별적으로 과세 여부가 결정되기 때문이다.

● 금전 같은 재산은 당초 증여 분과 반환 분 모두 반환시기 불문하고 증여세가 부과된다. 예를 들어 아버지가 자녀에게 현금 1억 원을 증여한 후, 여의치 않자 이를 회수하면 자녀와 아버지에게 각각 증여세가 과세된다. 다만, 현실적으로 금전 증여는 증여임을 명백히 확인해야 하므로 금전 이동이 증여가 아니라고 주장하면 증여세를 부과하는 것은 상당히 힘들다. 참고로 배우자가 증여받으면 6억 원, 성년자는 5,000만 원, 미성년자는 2,000만 원까지 증여세가 없다. 따라서 이 금액 이하에서 이루어지는 금전 이동에 대해서는 증여세가 근본적으로 발생하지 않는다.

● 부동산은 금전과는 양상이 사뭇 다르다. 등기부등본에 재산 이전의 원인이 '증여'로 표시되므로 무조건 증여세가 과세될 가능성이 높기 때문이다. 그런데 여기서 문제는 반환되는 증여재산에도 금전처럼 무조건 과세해야 하는가이다. 이에 대해 세법은 부동산에 대해서는 반환기간에 따라 증여세 과세 여부를 판단하고 있다. 구체적으로 보면 증여세 신고기한 내에 부동산을 반환하는 경우에는 당초 증여 분과 반환 분 모두에 대해 증여세를 부과하지 않는다. 따라서 증여가 여의치 않다면 이 기간 내에 취소하면 된다. 물론 이렇게 취소한다고 해서 취득세가 취소되는 것은 아님에 유의할 필요가 있다.

※ 참고로 여기서 증여세 신고기한은 통상 증여일이 속한 달의 말일로부터 3개월을 말한다. 만일 증여일이 5월 1일이라면 5월 31일로부터 3개월인 8월 31일까지 신고하면 된다. 그런데 신고기한이 경과한 경우에는 좀 더 신중해야 한다. 신고기한으로부터 3개월 내에 반환받으면 당초 증여 분에 대해서만 증여세를 부과하지만 6개월이 경과하면 반환받은 부동산에 대해서도 증여세를 내야 한다.


● 한편, 증여행위가 취득원인 무효판결에 의하여 그 재산상의 권리가 말소되는 때가 있다. 이렇게 무효판결이 나면 처음부터 증여행위가 없었던 것으로 보므로 증여세를 내지 않아도 된다(취득세는 반환받을 수 있다). 그래서 어떤 사람들은 이러한 점을 악용하여 형식적인 재판절차만 경유하여 세금을 안 내려고 한다. 당초 정상적으로 증여계약에 의하여 증여등기 등을 하였다가 형식적인 재판절차에 의해 판결문을 받아 증여등기를 말소하는 경우가 대표적이다. 세법은 이러한 행위를 조세회피 행위로 보아 증여세를 부과한다.

알 | 쏭 | 달 | 쏭 | 세 | 금 | 팁

**사전증여재산과 상속분쟁**

사전에 증여한 재산에 대해서는 상속인들 간에 다툼이 발생할 수 있다. 따라서 분쟁이 발생
하지 않도록 대비해두자.

# 토지보상금 절세법

## 보상금을 받으면 세금관리가 필수!

공익사업용으로 수용을 당하거나 협의매수로 부동산을 넘기면 보상금을 받는다. 그렇다면 보상금액에는 어떤 세금이 따라다닐까? 일단 수용도 세법상 양도에 해당한다. 따라서 당연히 양도소득세가 부과된다. 그렇다면 보상금을 자녀에게 이전한다면? 이에는 증여세가 부과될 수 있다.

● 보상금 수령 시 : 양도소득세 과세
● 보상금 증여 시 : 증여세 과세

**양도소득세나 증여세를 줄일 수 있는 방법 어디 없을까?**

# 보상금 관련 세금을 줄여라!

● 양도소득세 줄이기 : 1세대 1주택에 해당하면 양도소득세 비과세를 받을 수 있다. 하지만 주택이 아닌 토지의 경우에는 세금이 과세되는 것이 원칙이다. 다만, 토지 중 8년 이상 자경한 농지는 100% 양도소득세를 면제받을 수 있다. 만약 이러한 감면을 받지 못한 경우에는 수용에 따른 감면을 받을 수 있다. 수용에 따른 감면율은 10~40%다. 현금보상 10%, 채권은 15~40% 수준이다(일반채권 15%, 3년 만기보유 채권 30%, 5년 만기보유 채권 40%).

● 증여세 줄이기 : 고액으로 토지보상금을 받은 후 이를 자녀 등에게 이전하면 증여세가 발생한다. 사전에 돈을 배분할 때에는 증여세가 없는 범위 내에서 하는 것이 좋다. 따라서 부동산을 취득할 때에는 본인 명의로 하되, 여의치 않다면 배우자 명의를 고려할 수도 있다. 배우자끼리는 6억 원까지는 증여세가 없다. 자녀 등에게는 증여공제 금액인 5,000만 원 근방에서 증여하도록 한다. 자녀가 여러 명인 경우에는 분산하여 증여하면 세금이 줄어든다.

알|쏭|달|쏭|세|금|팁

### 보상금을 즉시연금보험으로?

즉시연금보험이란 보험료를 한꺼번에 납부한 후 그 다음 달부터 일정액을 매달 받는 보험상품을 말한다. 이 상품은 연금을 받을 수 있는 시점을 기준으로 종신형 연금과 상속형 연금으로 나뉜다. 종신형은 사망할 때까지, 상속형은 만약 연금을 받다가 이 기간 중에 사망하면 보증기간 만료 시까지의 미지급 연금을 가족들이 받을 수 있도록 설계된 상품을 말한다. 만일 기간이 끝날 때까지 생존하면 원금을 만기보험금 형태로 돌려받을 수 있다. 시중에서 팔리고 있는 즉시연금보험은 소득공제의 기능이 없고 보험계약을 10년 이상 유지하면 보험차익에 대해서는 비과세가 적용되어 주로 부자들에게 많이 팔리고 있다. (단, 현재는 즉시연금의 보험료 납입금액이 1억 원 이하까지만 비과세가 적용된다.)

# 49

# 아버지 **땅**을 **공짜**로 사용하면?

## 세상에 공짜 점심은 없다!

세법에서는 이익이 공짜로 자녀 등에게 이전되면 이를 증여로 보는 것이 일반적이다. 그림에서
보는 사례가 대표적인 경우다. 따라서 자녀가 덕을 본 금액에 대해서는 증여세를 부과하는 것
이 옳다. 그런데 세금이 여기서 그치지 않는다. 아버지가 소득을 공짜로 이전하는 부분에 대해
서는 임대소득세가 없어지지만 이에 대해서는 소득세를 부과하고 있다.

## 부동산무상사용에 대한 세금을 줄여라!

그렇다면 구체적으로 세금을 얼마나 내야 하는지 알아보자. 앞의 자녀가 임대하는 건물에서 임대료가 매월 2,000만 원이 발생한다고 가정하자. 건물의 기준시가는 5억 원, 토지의 공시지가는 20억 원이라고 하자.

### 1. 증여세의 계산

자녀에게 증여세를 과세하기 위해서는 증여재산가액을 먼저 파악하는 것이 급선무이다. 세법은 이를 '부동산가액×2%×3.79'로 계산하도록 한다. 그리고 이 금액이 5년간 1억 원 이상인 경우에만 증여세를 부과하도록 한다. 그 미만은 증여세 부담을 지우지 않는다. 참고로 여기에서 부동산가액은 부동산의 무상사용을 개시한 날을 기준으로 상속세 및 증여세법(제60조 내지 제66조) 규정에 의하여 평가한 가액을 말한다. 따라서 시가가 없으면 대부분 기준시가로 평가한다.

**증여금액의 계산**

토지 공시지가 20억 원×2%×3.79 = 151,600,000원

**증여세 계산**

증여금액 151,600,000원－증여공제 50,000,000원 = 101,600,000원×20%－10,000,000원(누진공제) = 10,320,000원

## 2. 소득세의 계산

거주자가 특수관계에 있는 자(형제자매 등 친족 포함)에게 토지를 무상으로 사용하도록 하는 경우 그 소득에 대한 조세가 부당하게 경감된다. 이에 세법은 거주자의 행위 또는 계산과 관계없이 해당 과세기간의 소득금액을 계산하는 것으로 대응하고 있다. 이러한 제도를 '부당행위계산부인'이라고 한다. 그렇다면 앞의 경우 세금은 얼마가 나올까?

이러한 세금문제를 파악하기 위해서는 먼저 임대료 2,000만 원을 아버지 몫과 자녀 몫으로 나눠야 한다. 나누는 기준은 일반적으로 기준시가(토지는 공시지가) 비율로 하면 문제없다. 건물의 기준시가가 5억 원이고 토지의 공시지가 20억 원이므로 다음과 같이 나눌 수 있다.

$$자녀의 수입 = 2,000만 원 \times \frac{5억 원}{25억 원} = 400만 원$$

$$아버지의 수입 = 2,000만 원 - 400만 원 = 1,600만 원$$

원래 아버지의 임대수입은 월 1,600만 원(연간 1억 9,200만 원)이 되는데, 이 부분이 누락되었으므로 이에 대해 소득세가 부과된다. 물론 이때에는 신고불성실가산세 등이 부과된다. 한편 자녀는 과다하게 세금을 신고하였으므로 이에 대해서는 경정청구를 통해 세금을 환급받도록 하자.

## 3. 해결방안은 없을까?

위와 같이 무상으로 부동산을 사용하면 증여세와 소득세의 과세 문제가 있다. 물론 증여세는 계산한 금액이 1억 원을 넘어야 하므로 어느 정도 여유가 있으나, 소득세는 이러한 금액기준이 없어 대부분 과세되는 것이 일반적이다(가산세도 부과된다). 세금부담이 예상되는 경우에는 미리 각자 사업자등록을 내고 적정한 임대료를 주고받는 것이 중요하다. 다만, 이때 임대료의 수준이 주변 시세와 너무 동떨어지게 하지 않는 것이 좋다. 임대료를 시세에 비해 터무니없이 비싸게 하거나 싸게 하면 세법이 부당행위로 보아 세무간섭을 시작하기 때문이다. 참고로 가족 간에 임대차를 하면 임대료는 임대인의 매출이 되며 임차료는 임차인의 사업경비로 인정된다. 따라서 둘 간의 세금 관계를 고려하여 임대차계약을 전세로 할 것인지 월세로 할 것인지 등을 결정하면 절세효과를 극대화시킬 수 있다.

알|쏭|달|쏭|세|금|팁

### 건물만 증여가 가능할까?

그렇다. 건물과 토지는 별개의 부동산으로 보기 때문이다. 이때 상가건물을 구분 소유하여 임대하는 경우에는 별도의 사업자등록이 필요하다. 주택건물의 경우에는 건물소유자의 주택으로 간주하고 토지소유자는 주택으로 간주하지 않는다.

참고로 상가를 증여한 경우에도 건물가액의 10% 상당액이 부가가치세로 과세되는 것이 원칙이다. 다만, 포괄양수도에 의해 상가가 증여된 경우에는 부가가치세 없이 증여할 수 있다.

# 50

# 가족 간 매매가
# 증여에 해당하는 경우

## 가족 간 부동산 거래 시 주의해야 할 것들

가족 사이에 부동산 매매거래를 할 때에는 두 가지에 주의해야 한다.

● 돈을 제대로 주고받아라!
매매당사자가 유상대가로 이전되었음을 입증하지 못하면 증여세가 나올 수 있다.

● 거래금액을 잘 정해라!
돈을 주고받는 경우라도 거래금액이 시세와 동떨어지면 양도자에게는 부당행위계산부인제도가 적용될 수 있고, 양수자에게는 증여세가 부과될 수 있다.

# 가족 간 부동산 거래 시 절세법

가족 간 매매방식으로 부동산을 이전할 때에는 남들과 하는 것보다 몇 배 더 신경 써야 한다.

**첫째** 증여추정제도! 이 제도는 보통 거래당사자가 증여를 가장하기 위해 매매하는 경우 적용된다. 가족 간 매매방식으로 부동산을 이전하는 경우 무조건 이를 인정하는 것이 아니라, 진짜 매매인지의 여부를 가려 가짜 매매이면 증여세로 과세한다는 것이다.

따라서 거래당사자 간 대가관계가 확실하면 양도자에게 양도소득세가 부과되나 그렇지 않으면 양수자에게 증여세가 과세된다. 이때 대가관계는 다른 재산의 처분대금이나 신고한 상속이나 증여재산 가액 등으로 입증해야 한다.

**둘째** 매매가 인정된다면 거래금액에 관심을 둬야 한다. 거래금액이 너무 낮거나 높으면 이에 대해서도 세금이 부과되기 때문이다.

● **시가보다 낮게 거래한 경우**

예를 들어 아버지가 자녀에게 시가보다 낮게 파는 경우 아버지에 대해서는 양도소득세가 부과될 수 있고, 자녀는 이익이 발생하므로 증여세를 부과하게 된다. 다만, 양도소득세의 경우 시세의 5% 이상을 벗어나거나 차액이 3억 원 이상인 경우에 이 제도가 적용되며, 증여세의 경우에는 시세의 30% 이상을 벗어나거나 차액이 3억 원 이상인 경우에 적용된다.

● 시가보다 높게 거래한 경우

시가보다 높게 거래한 경우에는 우선 양도자에게 양도소득세가 부과되며, 시세의 30% 이상 벗어나거나 차액이 3억 원 이상인 경우에는 양도자에게 증여세가 부과될 수 있다. 다만, 시세보다 높은 금액을 밝혀내지 못하는 경우에는 대부분 양도소득세 하나만으로 과세되는 것이 일반적이다.

알ㅣ쏭ㅣ달ㅣ쏭ㅣ세ㅣ금ㅣ팁

**가족 간 매매는 이렇게 하자!**

● 돈이 없다면 매매방식은 선택하지 말자.←자금출처 확인에 의해 금방 가짜 매매임이 들통난다.

● 돈이 있는 경우에는 거래금액에 유의하자.←거래일 전후 3개월 동안 해당 부동산과 유사한 부동산이 있는지를 보자. 만일 유사한 부동산의 거래가액이 없다면 시세의 80% 선에서 거래금액을 정하는 것은 큰 문제가 없을 것이다(세무전문가의 확인을 요한다).

신절세 세무사와 함께 배우는
고급 세무정보 **8**

# 비사업용 토지 절세 솔루션

토지세금 중 가장 핵심적인 내용 중의 하나는 바로 '비사업용 토지'라는 개념이다. 이에 해당하면 양도소득세 중과세율 등이 적용되기 때문이다. 아래에서 비사업용 토지는 무엇을 의미하는지 그리고 이에 대한 과세방식은 어떻게 되는지, 절세대안에는 어떤 것들이 있는지 살펴보자.

## 1. 비사업용 토지란

세법은 모든 지목(28개)을 크게 농지, 임야, 목장용지, 주택부속토지, 별장부속토지, 그 밖의 토지 등 6개의 지목으로 구분하고, 이 지목별로 별도의 기준으로 두어 비사업용 토지에 해당하는지 판정하고 있다. 예를 들어 농지의 경우 '재촌/자경/도시지역 외 소재/사업용 기간' 등의 4가지 요건이 동시에 충족되면 사업용 토지, 그렇지 않으면 비사업용 토지로 구분한다. 임야는 '재촌/사업용 기간' 등의 2가지 요건을 충족하면 사업용 토지로 본다. 나대지는 원칙적으로 비사업용 토지에 해당하나 사업이나 거주에 필수적인 토지에 대해서는 사업용 토지로 인정한다. 이처럼 각 지목별로 어떤 요건을 충족해야 하는지 등을 미리 알아두면 실무상 실수를 최대한 줄일 수 있다. 참고로 위 '사업용 기간기준'은 전체 토

지의 소유기간 중 사업용으로 사용하는 기간이 아래 중 하나 이상을 충족해야 최종적으로 사업용 토지로 보는 것을 말한다. 상당히 중요한 요건에 해당하므로 미리 주의할 필요가 있다.

- 양도일 직전 5년 중 3년 이상 사업에 사용(5년 중 3년 기준)
- 양도일 직전 3년 중 2년 이상 사업에 사용(3년 중 2년 기준)
- 토지 전체 소유기간 중 60% 이상 사업에 사용(60% 기준)

## 2. 비사업용 토지에 대한 과세방식

일단 비사업용 토지를 양도할 때 부과되는 양도소득세 세율이 높다. 이외에도 장기보유특별공제 적용 측면에서도 불이익이 존재한다. 사업용 토지와 비교하면 다음과 같다.

| 구분 | 사업용 토지 | 비사업용 토지 |
|---|---|---|
| 세율 | • 1년 미만 : 50% | • 1~2년 미만 : 40% |
| | • 1~2년 미만 : 40% | • 1~2년 미만 : Max[40%, 16~50%] |
| | • 2년 이상 : 6~40% | • 2년 이상 : 16~50% |
| 장기보유특별공제* | 당초 취득일부터 보유기간 산정 | 좌동(단, 2017년 1월 1일 이후부터) |

* 3년 이상 보유 시 양도차익의 10~30%를 공제하는 제도를 말한다.

| 사례 |

서울에서 살고 있는 L씨는 10여년 전에 취득한 토지를 양도하고자 한다. 이 토지의 양도차익은 3억 원이다. 이 토지의 성격이 사업용 토지인 경우와 비사업용 토지인 경우 양도소득세와 지방소득세는 얼마인가? 단, 비사업용 토지는 2016년과 2017년으로 구분하여 계산하기로 한다.

사업용 토지는 장기보유특별공제와 6~40%가 적용되나, 비사업용 토지는 2016년의 경우 장기보유특별공제 적용 배제와 16~48%, 2017년의 경우 장기보유특별공제 적용과 16~50%이 적용된다. 이를 기준으로 양도소득세를 계산하면 다음과 같다.

| 구분 | | 사업용 토지 | 비사업용 토지 | |
|---|---|---|---|---|
| | | 2017년 | 2016년 | 2017년 |
| | | • 특별공제 적용<br>• 6~40% | • 특별공제 미적용<br>• 16~48% | • 특별공제 적용(단 402016.1.1.부터 보유기간 기산)<br>• 16~50% |
| 양도소득세 | 양도차익 | 3억 원 | 3억 원 | 3억 원 |
| | − 장기보유특별공제<br>(0%, 30%) | 9,000만 원 | 0원 | 9,000만 원 |
| | = 양도소득금액 | 2억 1,000만 원 | 3억 원 | 2억 1,000만 원 |
| | − 기본공제 | 250만 원 | 250만 원 | 250만 원 |
| | = 과세표준 | 2억 750만 원 | 2억 9,750만 원 | 2억 750만 원 |
| | × 세율 | 38% | 48% | 48% |
| | − 누진공제 | 1,940만 원 | 1,940만 원 | 1,940만 원 |
| | = 산출세액 | 5,945만 원 | 1억 2,340만 원 | 8,020만 원 |
| | 지방소득세(10%) | 594만 원 | 1,234만 원 | 802만 원 |
| 계 | | 6,539만 원 | 1억 3,574만 원 | 8,822만 원 |

이 사례에서 보면 사업용 토지와 비사업용 토지의 세금차이가 두 배(2017년은 1/3) 이상 나고 있음을 알 수 있다. 따라서 토지를 취득하여 양도할 때에는 최소한 사업용 토지로 양도하는 것이 세금을 아낄 수 있는 방법이라고 할 수 있다. 참고로 농지나 목장용지 등을 농업이나 목축업에 활용하는 경우에는 실수요자 관점에서 폭넓게 양도소득세를 감면하고 있다.

## 3. 비사업용 토지에 대한 절세대책

실무에서는 위 지목별로 어떤 요건을 가지고 비사업용 토지를 판정하는지 이를 이해한 후 예외적인 요건이 있는지를 검토하여 최종적으로 비사업용 토지 여부를 판정하는 것이 좋다. 여기서 예외적인 요건은 주로 상속 등 부득이한 사유가 발생한 경우 원칙적인 요건을 적용하지 않는 경우를 말한다. 참고로 나대지의 경우 재산세 과세방식이 매우 중요하다. 재산세가 비과세, 분리과세, 별도합산 과세되면 그 기간은 무조건 사업용으로 인정받기 때문이다. 따라서 나대지 등을 보유하고 있다면 재산세 과세방식부터 확인하는 습관을 들일 필요가 있다. 기타 지목들은 재산세 과세방식이 그렇게 중요하지 않다.

### ※ 무조건 사업용 토지로 보는 경우

다음과 같은 사유가 발생한 경우에는 토지 소유자가 재촌 · 자경 등을 하지 않더라도 무조건 사업용 토지로 본다.

- 8년 이상 재촌 · 자경 등을 한 농지, 임야, 목장용지를 상속받은 경우(단, 도시지역에 소재한 경우에는 제외)
- 상속받은 후 5년 내에 처분하는 농지, 임야, 목장용지
- 사업인정 고시일 2년 이전에 취득한 토지(농지, 임야, 목장용지, 나대지 등 모든 토지) 등

## 4. 법인이 비사업용 토지를 매매하는 경우의 실익

비사업용 토지는 개인이 양도하든 개인사업자가 양도하든 모두 양도소득세 중과세를 적용받는다. 그렇다면 법인이 이를 양도하면 세금이 줄어들지 궁금하다. 앞의 사례의 양도차익 3억 원이 발생한 경우를 가지고 이 부분을 분석해보자.

먼저 법인이 토지를 매매하면 일단 법인의 전체이익에 10~22%를 적용한 기본 법인세가 부과된다. 이외 토지매매차익에 대해 10%의 법인세를 추가로 과세된다. 따라서 다음과 같이 세금이 도출된다. 참고로 이때 법인을 운영하면서 들어간 일반관리비가 2억 원이라고 가정하자.

| 구분 | 본래 법인세 | 추가 법인세 | 계 |
|---|---|---|---|
| 양도차익 | 3억 원 | 3억 원 | |
| − 일반관리비 | 2억 원 | 0원 | |
| = 과세표준 | 1억 원 | 3억 원 | |
| × 세율 | 10~22% 중 10% | 10% | |
| − 누진공제 | 0원 | 0원 | |
| = 산출세액 | 1,000만 원 | 3,000만 원 | 4,000만 원 |
| + 지방소득세(10%) | 100만 원 | 300만 원 | 400만 원 |
| 계 | 1,100만 원 | 3,300만 원 | 4,400만 원 |

이처럼 법인이 토지를 매매하면 4,400만 원의 세금이 발생한다. 앞의 개인에게 부과된 8,800만 원보다 절반 정도 저렴하다. 하지만 법인은 세금을 제외한 이익에 대해서 이를 주주에게 배당할 때 배당금의 14%(지방소득세 포함 시 15.4%) 만큼 원천징수를 하므로 세금이 대략 4,000만 원이 추가될 수 있다. 따라서 이렇게 본다면 개인이 토지를 매매하든 법인이 토지를 매매하든 전체 세금은 비슷할 수 있다. 하지만 실무적으로 보면 법인은 대표이사 급여 등으로 추가 비용처리가 가능하여 잉여금 등을 줄일 수 있어 궁극적으로는 법인의 세금이 더 적게 나오는 것이 일반적이다. 구체적인 내용은 필자의 카페를 통해 문의하면 된다.

# 51

# 남편이 아내에게 집을 증여한 까닭

여보, 세금고민을 확실히 해결할 방법을 알아왔소!

그게 뭔데요?

당신에게 내 명의로 집을 시세로 증여하고 그 집을 5년 뒤에 팔면 양도소득세가 없다고 해요

네에? 뭐라고요?

## 남편이 배우자에게 증여 후 양도하는 절세법

남편 명의로 보유한 집이나 토지 등을 양도하려고 하는데, 양도차익이 많이 발생한다고 하자. 이러한 상황에서는 일단 부인에게 시세에 맞게 증여한 다음, 아내 명의로 해당 부동산을 양도하면 남편이 양도하는 경우보다 양도차익이 훨씬 줄어든다. 이는 배우자간 증여는 10년간 6억 원씩 증여세가 면제되는 것을 활용하는 것이다. 이렇게 하면 문제가 없을까?

# 가족 간에 증여 후 양도하면 이월과세제도가 적용된다!

예를 들어 남편이 1억 원에 산 집이 6억 원 정도에 팔린다고 가정하자. 이러한 상황에서 이 집을 아내에게 6억 원에 증여하면 아내가 6억 원에 취득한 것이 된다. 이것을 아내가 6억 원에 양도하면 양도차익이 0원이 되어 양도소득세가 한 푼도 없게 된다.

그런데 여기서 몇 가지 주의해야 할 것들이 있다.

### 증여신고가액을 어떤 근거로 찾아야 하는가?

앞에서 시세는 6억 원이지만 증여세 신고를 할 때에는 이에 대한 근거를 갖출 필요가 있다. 실무적으로 증여일 기준 전 3개월부터 증여세 신고 시까지의 유사한 자산의 매매사례가액이 있다면 이를 신고가액으로 해야 한다. 아파트 같이 시세를 금방 확인할 수 있는 부동산은 이러한 제도에 유의해야 한다.

### 취득세를 부담해야 한다

배우자에게 증여받은 부동산에 대해서는 취득세를 내야 한다는 것이다. 일반적으로 증여로 취득한 경우의 취득세는 증여한 부동산의 기준시가에 4% 정도가 된다. 위의 부동산 시세는 6억 원이지만 기준시가가 4억 원이라면 1,600만 원 정도의 취득세가 발생한다. 참고로 이외에 채권매입에 따른 수수료 등이 부과된다.

**증여받은 사람이 증여일로부터 5년 이내에 양도하는 경우에는 이월과세제도
가 적용된다**

이 제도는 증여일로부터 5년 내에 양도하는 경우 취득가액을 증여 당시의
가액으로 하는 것이 아니라, 당초 증여한 남편이 취득한 가액을 취득가액으
로 계산한 것을 말한다. 이렇게 되면 취득가액의 변동이 없어 증여의 효과가
없어지고 만다.

**결론**

앞의 경우 이월과세를 피하기 위해서는 증여일로부터 5년 후에 증여한 부동
산을 처분해야 한다. 물론 증여 시 취득세 부담은 필수다.

**※ 증여재산가액을 정하는 방법**

배우자 간에 증여를 통해 취득가액을 올릴 때에 증여재산가액을 어떻게 정하
는지가 상당히 중요하다. 신고가액을 부인당할 수 있기 때문이다. 다음과 같
은 방법을 통해 세무위험을 최소화하자.

● 국토교통부 홈페이지에서 증여대상 부동산과 유사한 자산이 최근에 거래
되었는지를 찾는다.

● 만약 유사한 자산 거래가 없다면 증여시기를 늦춘다(또는 두 군데 이상 감정평
가를 받아 이를 근거로 신고할 수 있다).

● 토지의 경우에는 분할 매매한 후 그 매매금액을 근거로 증여재산가액을 신
고할 수 있다(부당하게 거래된 매매금액은 인정되지 않음에 유의할 것).

## ※ 상속·증여재산평가 시 면적·위치·용도·종목 및 기준시가가 동일하거나 유사한 재산의 범위 구체화

2017년 개정세법에서는 동일 단지 내의 주택이 평가대상 주택과 기준시가 및 전용면적에서의 차이가 5% 이내이면 이를 동일·유사재산으로 보아 재산가액을 평가할 수 있도록 하였다. 개정 및 신설된 내용은 다음과 같다.

| 시행령(상증령 §49) 내용 | 시행규칙(상증규칙 §15의2) 신설 |
|---|---|
| 상속·증여세법상 재산평가 시 당해 재산의 시가로 인정되는 동일 또는 유사재산 평가액의 범위를 시행규칙에 위임 | 공동주택으로서 ①, ②, ③을 모두 충족하는 경우, 동일하거나 유사한 재산으로 인정<br>① 평가대상 주택과 동일한 공동주택단지 내의 주택<br>② 평가대상 주택과 주거전용면적의 차이가 ±5% 이내인 주택<br>③ 평가대상 주택과 공시된 공동주택가격의 차이가 ±5% 이내인 주택 |

---

 알 | 쏭 | 달 | 쏭 | 세 | 금 | 팁

### 증여받은 재산은 꼭 5년 뒤에 처분해야 하는 이유

부동산을 증여받자마자 처분하면 앞에서 본 이월과세 같은 제도가 적용된다. 따라서 이러한 제도를 적용받지 않으려면 어떤 경우라도 증여받은 후 5년을 넘겨야 한다는 것을 꼭 잊지 말자!
이러한 정보를 아는 것과 모르는 것의 세금 차이는 하늘과 땅만큼이다.

# 52

# 자녀에게 저렴하게 집을 증여하는 방법

## 부담부 증여를 즐겨라!

자녀가 부모로부터 집을 받거나 이용할 수 있는 방법은 증여, 양도, 무상사용 등 여러 가지 형태가 있다. 하지만 이왕 집을 마련해 줄 거라면 소유권을 이전하는 방식이 필요할 것이다. 하지만 무턱대고 양도나 증여를 선택할 수 없는 것. 왜냐하면 세금이 많이 나오기 때문이다. 그래서 많은 사람들이 세금부담이 적은 부담부 증여 방식을 활용한다. 부담부 증여 방식은 대출금 등과 함께 자산을 증여하는 것이다.

이렇게 되면 부채에 해당하는 부분은 양도세가,
나머지 부분은 증여세가 과세된다.

# 자녀에게 어떤 방법으로 줄까?

경기도 일산에 거주하고 있는 김상속 씨는 성년인 자녀에게 3억 원짜리 집을 증여하고자 한다. 물론 이 집을 반드시 증여하겠다는 것은 아니며, 때에 따라서는 다른 대안이 있다면 그 안을 선택할 수도 있다. 이 집은 현재 전세보증금 1억 원과 대출금 1억 원이 있다. 어떻게 하는 것이 좋을까? 이러한 상황에서는 다음과 같은 몇 가지 대안이 있다.

❶ 대출금 등 없이 증여하는 방법
❷ 대출금 등을 포함한 상태에서 증여하는 방법
❸ 김상속 씨와 자녀가 매매하는 방법
❹ 김상속 씨가 집을 판 후 현금을 증여하는 방법

위의 내용을 좀더 검토해 보자.

## ❶ 대출금 등 없이 증여하는 방법

3억 원에서 5,000만 원(증여공제)을 공제한 차액 2억 5,000만 원이 과세표준이 된다. 이 금액에 20%의 세율을 곱한 다음 1,000만 원의 누진공제를 하면 4,000만 원이 산출세액이 된다.

## ❷ 대출금 등을 포함한 상태에서 증여하는 방법

대출금 같은 부채를 포함해 증여하는 방법을 알아보자. 이러한 증여 방식을 부담부 증여라고 한다. 이 경우 증여금액은 부채를 차감한 금액이 되므로 1억 원에서 5,000만 원을 차감하면 5,000만 원의 과세표준이 나온다. 이 금액의 10%인 500만 원이 산출세액이 된다. 첫 번째 방식에 비해 증여세가 상당히 많이 감소했으나, 세법은 부담부 증여로 인해 인수한 부채는 양도의 대가로 보아 김상속 씨에게 양도소득세를 부과한다. 따라서 정확한 의사결정을 위해서는 양도소득세가 얼마나 나올지 계산해야 한다. 만약 양도소득세가 1,000만 원이라면 첫 번째 방식보다 2,500만 원 정도 적게 나온다.

### ❸ 김상속 씨와 자녀가 매매하는 방법

매매임이 입증되지 않으면 증여세가 부과되며 자칫 가산세 등이 부과되어 상당한 금액이 세금으로 나갈 수 있다. 따라서 자금 수수가 이루어지기 힘든 상황에서는 이 방법은 별로 추천하지 않는다.

### ❹ 김상속 씨가 집을 판 후 현금을 증여하는 방법

김 씨가 제3자에게 매매한 자금 중 일부를 세금으로 납부하고 남은 현금을 자녀에게 줄 수 있다. 이때 현금을 주는 자체는 증여에 해당한다. 따라서 자금출처조사 등에 의해 증여세가 추가로 나올 수 있다.

### 결론

위에서 보았듯이 자녀에게 집을 물려주는 방법은 각양각색이다. 어떤 방법을 선택하느냐는 당사자가 알아서 하겠지만 문제점이 없고 세금도 줄일 수 있는 방법을 선택하는 것이 안전하다. 이러한 관점에서 보면 두 번째 방식인 부담부 증여 방식을 추천한다. 다만, 세금을 절약하기 위해서 대출을 미리 받는 경우에는 이자손실도 발생할 수 있으므로 이러한 부분도 고려할 필요가 있다.

참고로 직계존비속 간 또는 배우자 간 자금을 차용하는 경우 이를 증여로 보아 과세할 것인지에 대해 논란이 많다. 과세당국 입장은 원칙적으로 직계존비속 등 간의 소비대차계약은 인정하지 않는다. 하지만 추후 변제사실이 여러 증거에 의해 확인된 경우에는 이를 인정한다. 따라서 이런 계약을 하는 경우에는 채무부담계약서, 채권자확인서, 이자지급에 관한 증빙 등 서류를 갖출 필요가 있다. 이를 정리하면 다음과 같다.

| 항목 | 증여세 | 양도소득세 |
|---|---|---|
| 채무로 인정되면 | 채무로 공제됨. | 채무 공제분은 유상양도로 보아 증여자에게 양도소득세가 부과 |
| 채무로 인정되지 않으면 | 채무로 공제되지 않고 전체에 대해 증여세가 과세됨. | 해당 사항 없음. |

**알 | 쏭 | 달 | 쏭 | 세 | 금 | 팁**

### 자녀에게 증여 시 주의할 점

자녀에게 증여할 때 다음과 같은 문제에 주의하자.

❶ 양도소득세 과세판정 시 주택 수는 '1세대'를 기준으로 한다. 따라서 자녀에게 증여한 경우에는 세대분리 요건을 충족하는지를 점검할 필요가 있다.

  ● 자녀가 30세 미만인 경우 : 자녀가 미성년자이거나 대학생인 경우 또는 미취업 상태에 있는 경우 등은 세대분리를 하였더라도 인정이 안된다. 다만, 30세 미만이더라도 이혼을 하였거나 상속주택을 받은 경우, 근로소득이나 사업소득 등이 있는 경우에는 인정된다.

  ● 자녀가 30세 이상인 경우 : 소득이 없더라도 세대독립이 인정된다.

❷ 증여받은 자녀가 처분할 때 처분기한에 유의해야 한다. 5년 내에 처분하면 양도소득세 계산 시 취득가액을 아버지의 것으로 하는 이월과세제도가 적용되기 때문이다.

❸ 부담부 증여로 발생한 부채를 증여자가 대신 갚아주는 행위에 대해 규제가 심해지고 있다. 따라서 부채를 승계한 수증자의 소득으로 부채가 상환되도록 해야 한다.

# 53

# 상속을 앞둔 고령자의
# 재산처분과 증여

## 고령자의 재산처분 시 대두되는 세금들!

고령자가 재산을 처분하는 경우에는 고령자가 아닌 사람이 처분한 것에 비해 다양한 세금문제가 발생한다.

첫째, 양도에 대해서는 양도소득세가 부과된다. 물론 비과세가 적용되면 세금은 없다.

**둘째,** 양도로 받은 금액을 자녀에게 이전하면 증여세가 부과될 수 있다.

셋째, 상속이 발생하면 상속재산에 포함될 수 있다.

## 고령자의 재산처분 대금관리법

고령자가 재산을 처분하는 경우에는 자금 흐름을 정확히 관리할 필요가 있다. 그렇지 않으면 예기치 않은 세금문제로 고생할 수 있다. '과세자료의 제출 및 관리에 관한 법률'을 근거로 다양한 과세 자료를 수집해 전산 입력한 후 이를 개인별로 관리하고 있기 때문이다. 상황별로 관리하는 방법을 알아보자.

### 상황 1 처분대금이 거액인 경우

고령자가 재산을 처분하여 받은 돈은 새로운 투자에 사용되는 것보다 증여성 자금으로 사용되는 경우가 많다. 이러한 점을 착안해 국세청은 고령자의 재산변동 내역과 배우자나 직계비속 등에 대한 재산변동을 추적하여 증여세를 부과한다. 따라서 처분대금이 거액인 경우에는 이러한 문제에 미리 대비할 필요가 있다.

### 상황 2 처분대금을 병원비로 사용하는 경우

간혹 고령자의 재산을 처분하여 병원비로 사용하는 경우가 있다. 이러한 경우 세금문제는 없으나 사용하고 남은 잔액은 그대로 두는 것이 안전하다. 이 돈을 자녀 등이 사용하면 증여로 볼 수 있기 때문이다.

### 상황 3 처분대금을 처분자 명의가 아닌 다른 사람 명의로 관리하는 경우

아버지 소유의 재산을 처분하고 그 대금을 자녀 명의 통장으로 관리하는 경우에는 어떤 문제가 있을까? 이러한 상황에 봉착하면 일단 증여세가 부과될 가능성이 높다. 하지만 단순 보관임이 인정된다면 증여세를 부과할 수 없다.

※심사증여 2008-52, 2008년 11월 10일

모(母)의 부동산 양도대금이 모가 관리하는 자녀의 차명계좌로 입금되었더라도 예금의 실질적인 지배관리한 자가 모라면 동 입금 사실만으로 증여로 과세할 수 없음.

※ 조심2008서486, 2008년 10월 2일

가족명의의 예금계좌를 사용하여 거래하였으나 예금에 대하여 실질적으로 지배관리한 자가 확인되는 경우 동 관리자를 실지 예금주로 봄이 타당함.

## 상황 4 처분 부동산이 차명자산인 경우

처분 부동산이 차명자산인 경우에는 문제가 복잡해진다. 차명자산에 대한 세금문제는 아래처럼 정리할 수 있다.

● 차명자산을 환원하는 경우

부동산을 타인 명의로 취득한 경우 본인이 부동산의 실질소유자임이 입증되면서 본인 명의로 소유권을 환원하는 경우 증여세 과세문제는 발생하지 않는다. 그러나 부동산에 있어 실질적인 소유자와 명의자가 다른 경우이므로 '부동산 실권리자명의 등기에 관한 법률'에 의하여 과징금(부동산 가액의 최고 30%까지) 등이 부과될 수 있다.

● 차명자산을 양도하는 경우

명의신탁 부동산을 매각 처분한 경우에는 양도의 주체 및 납세의무자는 명의수탁자가 아니고 명의신탁자(명의를 빌린 사람)이다. 따라서 본 양도가 명의신탁임이 밝혀지면 명의신탁자를 중심으로 세법이 적용된다.

### 상황 5 처분 후 바로 상속이 발생한 경우

재산을 처분 후 바로 상속이 발생하면 다음 경우에 따라 대처해야 한다.

● 재산이 별로 없는 경우

처분 후 남아 있는 잔금은 상속인들이 나누면 된다. 참고로 상속세는 배우자가 생존해 있으면 10억 원까지 없으면 5억 원까지는 과세되지 않는다. 따라서 이 금액 이하에 해당하는 경우에는 별다른 대책이 필요 없다.

● 재산이 많은 경우

처분대금이 상속개시 전 1년 내에 2억 원, 2년 내에 5억 원을 넘는 경우에는 상속인이 자금을 어디에다 사용했는지를 입증해야 한다. 상속추정이라는 제도가 적용되기 때문이다. 따라서 이러한 상황에 봉착하지 않으려면 미리미리 대비하는 것이 좋다.

### 상황 6 자금출처조사가 시작되는 경우

고령자 처분 대금에 대한 자금출처조사가 진행되는 경우에는 자금을 어디에다 썼는지 입증해야 한다. 문제가 되는 지출은 증여로 볼 수 있기 때문에 세무전문가 도움을 받는 것도 하나의 방법이다.

# 54

# 사전 증여 시 주의해야 할
# 10년 합산과세제도

## 피하고 싶은 상속세! 그러나…

부동산과 금융자산 등 돈이 되는 자산을 많이 보유하고 있는 집안에서는 늘 세금 고민이 많다. 이를 자녀 등에게 이전하면 상속세와 증여세가 나오기 때문이다. 그래서 어떻게 하면 세금을 안 낼 수 있을까 고민하던 끝에 미리 자산을 증여하거나 은닉하는 일도 있다.

그런데 미리 증여하는 경우에도 소용없는 경우가 있다. 이른바 합산과세제도 때문이다. 물론 은닉은 탈세에 해당하므로 사실이 밝혀지면 많은 세금을 피할 수 없다.

합산과세제도에 대해 제대로 살펴보자.

## 10년 합산과세는 누진적 세부담 회피를 방지하는 제도!

상속세는 상속재산이 10억 원(배우자가 없는 경우는 5억 원)을 넘어가면 과세 되는 게 일반적이다. 따라서 많은 세금이 예상되는 경우에 이를 줄이기 위해 미리 사전에 증여하는 일이 있다. 하지만 세법은 상속세의 누진적 세부담을 회피하는 것을 규제하기 위해 다음과 같이 합산과세제도를 두고 있다.

- 상속인에게 사전 증여한 경우 : 상속개시일 전 10년 이내에 증여한 금액을 상속재산 에 합산한다.
- 비상속인 : 상속개시일 전 5년 이내에 증여한 금액을 상속재산에 합산한다.

이러한 규정과 관련하여 정리해야 할 것들은 다음과 같다.

### ❶ 합산과세를 하는 이유

상속세와 증여세의 세율은 10~50%로 구성된다. 이 세율은 재산이 많을수 록 세금도 증가하는 모양새를 띤다. 그런데 사전에 증여를 자주 하게 되면 재 산의 분산으로 인해 전체 세금이 줄어들게 된다. 따라서 이를 방지하는 관점 에서 합산과세를 할 필요가 있다.

### ❷ 상속인과 비상속인의 구분

상속인의 경우 10년 합산과세, 비상속인은 5년 합산과세를 한다. 따라서 상 속인과 비상속인의 구분은 상당히 중요하다. 민법에서는 다음과 같이 상속 순위를 정하고 있다.

- 1순위: 피상속인의 직계비속(자녀, 손 · 자녀)
- 2순위: 피상속인의 직계존속
- 3순위: 피상속인의 형제자매
- 4순위: 피상속인의 4촌 이내의 방계혈족
※ 피상속인의 배우자는 1순위와 2순위에서 공동상속자가 됨.

1순위 직계비속은 혼인 중 또는 혼인 외의 출생자, 미혼 또는 기혼, 분가 · 입양 등에 의해 다른 호적이 있는 경우에도 인정한다. 또한 직계비속이 많은 경우에는 피상속인과 최근친인 자녀가 상속인에 해당한다. 따라서 손자는 피상속인(사망자)의 자녀가 있는 경우에는 상속인에 해당하지 않는다. 만약 피상속인의 자녀가 먼저 사망한 경우에는 상속인에 해당한다(이를 대습상속이라고 한다).

❸ 사전 증여 시 낸 세금은 어떻게 될까?

사전에 증여받은 금액이 합산과세에 의해 상속재산에 포함되면 누진세율에 의해 상속세가 증가된다. 그렇다면 사전 증여 시 발생한 증여세는 어떻게 될까? 사전에 증여한 재산가액에 대해 상속세가 부과되었으므로 이 세금은 공제되지 않으면 이중과세된다. 그러므로 이 증여세는 상속세 산출세액에서 공제된다.

마지막으로 상속세 합산과세와 관련하여 실무 시 주의해야 할 것들을 정리해보자.

❶ 사전 증여는 되도록 빨리 하는 것이 중요하다. 10년 또는 5년 합산과세를 피할 수 있기 때문이다.

❷ 손·자녀에게 증여하는 경우에는 5년 합산과세가 적용되지만 할증과세 30%가 적용된다는 점에 유의하자.

❸ 저평가된 자산을 위주로 증여하는 것이 좋다. 저평가된 자산으로 증여하면 합산과세가 되더라도 증여일 현재 신고한 금액이 합산되기 때문이다. 저평가된 자산을 증여하면 가격상승분에 대해서는 상속세가 추가되지 않는다.

알 | 쏭 | 달 | 쏭 | 세 | 금 | 팁

**상속세 합산과세기간을 벗어난 상태에서
사전 증여를 수회에 걸쳐 분산하면 문제없을까?**

그렇지 않다. 만일 아무런 여과 없이 이를 허용한다면 세금을 내는 사람이 없거나 줄어들게 될 것이다. 증여세는 증여재산가액에서 증여공제액을 차감한 과세표준에 세율 10~50%을 곱하여 계산하는데, 증여시기를 분산하면 낮은 적용으로 인해 낮게 나오기 때문이다. 예컨대 5억 원을 5회로 나눠 증여세를 계산해 보면 각 회당 1,000만 원, 5회를 합계한 5,000만 원의 세금이 나온다. 증여공제액은 감안하지 않고 1억 원에 10%의 세율을 적용한 결과다. 그런데 만일 5억 원에 대해 한꺼번에 세율을 적용하면 20%의 세율이 적용되므로 9,000만 원의 세금이 나온다. 5억 원에 20%를 적용한 다음 1,000만 원의 누진공제를 적용했다. 이렇게 증여금액을 분산하여 세금을 계산하는가, 아니면 합산하여 계산하는가에 따라 세금의 차이가 발생하는 것이다.

현행 세법은 이런 누진세 부담을 회피하는 것을 방지하고자 최종 증여일로부터 10년 이내에 동일인으로부터 받는 금액을 합산하여 세금을 정산한다.

# 55

# 손·자녀에게 재산이 이전될 때 주의할 점

<문제> 다음 중 손·자녀와 관련된
상속세·증여세 내용 중 잘못된 것은?

① 손·자녀에게 준 학자금에 대해서도
증여세가 없다.

② 손·자녀가 받은 상속 또는 증여재산에
대해서는 30%가 할증과세된다.

③ 손·자녀가 상속개시일 전 5년 이내에
증여받은 재산은 상속재산에 합산된다.

④ 아버지가 상속포기를 하여 손·자녀가
상속을 받으면 상속공제액은 변동이 없다.

할아버지나 할머니가 손·자녀에게 재산을 이전하는 경우
발생하는 세무상 쟁점을 알고 있는가?

그렇다면 시험을 치루고 있는 사람은 이 문제의 정답을 맞혔을까?

아니다. 답은 ❸이 아니라 ❹가 된다.

왜 그런지 본문을 통해 차근차근 살펴보자.

# 손·자녀와 관련된 세금문제를 정리해 보자!

### 첫째 학자금 등에 대해서는 원칙적으로 증여세가 없다

용돈이나 세뱃돈, 학자금, 생활비, 치료비 같은 항목에 대해서는 원칙적으로 증여세를 부과하지 않는다. 하지만 용돈의 명목으로 돈을 받은 후 이를 예·적금하거나 주식·토지·주택의 매입자금 등으로 사용하는 경우에는 증여세가 과세된다. 즉 재산을 불리는 수단으로 사용하는 경우에는 세금을 부과한다.

### 둘째 과세가 되는 경우 할증과세된다

할아버지가 손·자녀에게 증여하면 30~40%가 할증과세된다. 따라서 일반적으로 세대생략 증여가 불리하다고 할 수 있다. 하지만 세대생략 증여가 반드시 나쁜 것은 아니다. 아버지가 할아버지로부터 증여를 많이 받아 적용세율이 높은 경우에는 대를 이어서 증여하는 것보다 바로 손·자녀에게 증여하는 것이 전체적인 세금 측면에서 유리할 수도 있다.

### 셋째 상속세의 경우에는 5년 합산과세된다

상속개시일 전에 증여한 재산은 상속재산에 합산하여 과세된다. 다만, 무한정 이를 합산하는 것이 아니라 상속인은 10년(비상속인은 5년) 이내의 증여재산을 합산한다. 따라서 할아버지가 사망한 후 아버지가 있는 상태에서는 손·자녀는 상속인 외의 자가 되기 때문에 합산기간은 5년이 된다. 만일 아버지가 먼저 사망한 경우에는 대습상속인이 되기 때문에 합산기간은 10년이 된다.

**상속공제액이 축소될 수 있다**

세대를 생략하여 상속이 되면 다음과 같이 상속공제 한도액이 축소된다. 이렇게 되면 상속재산가액이 10억 원 이하가 되도 상속세가 나올 수 있으므로 매우 주의해야 한다.

---

■ **상속세 과세가액**

　－ 차감액 : ❶＋❷＋❸

　　❶ 선순위인 상속인이 아닌 자에게 유증 등을 한 재산의 가액

　　❷ 선순위인 상속인의 상속포기로 그 다음 순위의 상속인이 상속받은 재산의 가액

　　❸ 상속세 과세가액에 가산한 증여재산가액(증여재산공제액 차감 후의 금액을 말한다.)

　＝ 상속공제 한도액

---

**돌발퀴즈**

Q 　예를 들어 할아버지가 10억 원 정도의 재산을 보유한 상태에서 돌아가셨다. 이 재산

　　을 손자에게 전액 상속한다면 세금은?

A 　1. 있다? 없다?→ 답은 '있다!'

　　2. 있다면 세금은 얼마나 나올까?

상속공제 한도가 0원이 된다. 따라서 10억 원에 대해 10~50%의 세율을 적용하면 대략 2억 4,000만 원(10억 원×30%－누진공제 6,000만 원)이 나온다. 그리고 할아버지가 손자에게 세대생략을 하여 이전되는 재산에는 30%가 할증

과세된다. 따라서 최종 세금은 3억 원이 넘는다. 이러한 이유로 세대생략을 통한 부의 이전을 세금함정이라고 한다.

**다섯째** **민법상 적법한 유언절차나 상속포기 등의 제도를 이용하지 않고 상속인 외의 자가 상속재산을 취득하는 경우가 있다**

할아버지가 돌아가셨는데 아버지가 상속포기를 하지 않은 상태에서 손·자녀가 재산을 취득한 경우가 있다. 이러한 상황에서는 상속인이 상속받은 재산을 손·자녀에게 증여한 것으로 보아 아버지에게 상속세가 부과될 수 있고, 손·자녀에게는 증여세가 부과될 수 있다. 따라서 이와 같은 상황이 발생하지 않도록 노력해야 한다.

알|쏙|달|쏙|세|금|팁

**상속재산가액이 5억 원에 미달하는 경우의 상속공제 적용법**

2016년 이후의 상속분부터는 사전 증여한 재산가액을 포함한 상속재산가액이 5억 원에 미달하면 사전 증여재산가액에 대해서도 상속공제를 받을 수 있다. 상속재산이 얼마 안되는 사회적 약자층을 배려하기 위한 취지이다.

# 56

## 상속개시 전 1~2년 내에
# 주의해야 할 **상속추정제도**

일반적으로 상속세는 상속재산에서 부채 등을 차감한 금액이 10억 원 또는 5억 원을 넘어가면 과세되는 것이 일반적이다. 따라서 재산금액이 이를 넘어갈 경우에는 미리 재산 정리해두는 것이 좋다.

그런데 자녀들이 살아생전에 부모에게 자산에 대해 말을 꺼내는 것은 현실적으로 상당히 힘들다. 그 결과 상속이 임박한 가운데 상속세를 대비하는 사람들이 종종 있다. 그런데 문제는 앞의 경우처럼 상속 바로 전에 돈을 인출하여 은닉하는 일이 생기는 것이다. 이렇게 되면 세금문제를 피할 수 없다.

### 세법은 어떤 식으로 대응할까?

이런 상황이 발생하면 세법은 상속추정제도를 적용한다. 이는 상속개시 전에 재산을 은닉하는 경우 이를 적발하여 상속세를 부과시키는 제도이다. 구체적으로 상속개시일로부터 소급하여 1년(2년) 이내에 재산 종류별로 인출하거나 처분한 금액 또는 부채로 빌린 돈이 2억 원(5억 원)을 초과하는 경우, 상속인에게 용도를 입증토록 하고 만일 용도를 입증하지 못하면 다음의 금액을 상속재산에 포함시켜 과세한다.

합산할 상속추정액 = 용도불명금액 − Min(인출금액×20%, 2억 원)

예를 들어 살펴보자.

상속개시일 현재에 상속재산은 10억 원이나 상속개시일 3개월 전에 3억 원을 인출한 경우 상속추정에 의해 상속재산에 가산될 금액은 얼마인가? 인출한 금액은 전액 용도가 불명확하다.

1년 내에 인출한 금액이 2억 원을 넘으므로 상속추정제도가 적용된다. 따라서 위 식에 맞춰 다음과 같이 합산할 상속추정액을 계산한다.

합산할 상속추정액 = 용도불명금액−Min(인출금액×20%, 2억 원) = 3억 원−Min(3억 원×20%, 2억 원)=3억 원−6,000만 원=2억 4,000만 원 이렇게 보면 상속추정에 의해 합산되는 재산가액은 인출한 금액을 전액으로 하는 것이라 인출금액의 20%와 2억 원 중 작은 금액을 차감하여 합산하는 것임을 알 수 있다.

세금 지식을 높이는 측면에서 이 제도에 대해 몇 가지를 더 정리해 보자.

**첫째** 상속개시일 전 2년 이내의 재산 인출이나 재산처분 그리고 채무부담분에 대해서만 적용한다. 따라서 2년을 벗어나면 상속추정제도는 적용되지 않는다. 다만, 2년 전의 인출 등에 대해서는 상속세나 증여세 세무조사를 통해 세금추징이 발생할 수 있다.

**둘째** 적용기간에 해당하는 금액 이상이 되어야 적용한다. 상속개시일 전 1년 이내는 2억 원 이상, 2년 이내는 5억 원 이상을 말한다.

**셋째** 상속추정 유형 중 재산인출과 재산처분은 재산 종류별로 앞의 기간과 금액조건을 적용한다.

**여기서 재산종류별이란?**

❶ 현금 · 예금 · 유가증권.
❷ 부동산과 부동산에 관한 권리.
❸ ❶과 ❷ 외의 자산을 말한다.

따라서 이 재산 종류별로 2억 원 등이 안되는 경우에는 이 제도를 적용하지 않는다.

넷째 상속추정제도가 적용되지 않는 경우라도 명백한 증여는 증여세가 부과된다. 예를 들어 상속개시 전에 자녀가 1억 원을 인출하여 사용한 경우라면 증여세가 부과될 수 있다는 것이다. 증여세 과세는 상속추정제도와 별개의 제도에 해당한다.

다섯째 상속개시 전 채무부담액에 대해서도 이 제도가 적용된다는 점에 유의해야 한다. 특히 가공채무를 상속재산에 포함시키는 경우에는 세무조사에 의해 들통날 가능성이 매우 높다.

# 상속재산 배분방법에 따라
# 세금이 달라진다?

내 몫이
줄어드는 건
아니겠지?

상속재산

중재자

상속인들

## 어떻게 나누는가에 따라 세금이 달라진다?

상속재산 배분은 상속세의 크기와 밀접한 관련이 있다. 예컨대 배우자가 상속을 많이
받으면 배우자상속공제가 많아져 상속세가 줄어든다. 또한 상속등기 후에 지분이 변동
하면 증여세 문제가 발생하고, 균등상속을 받은 후 양도하는 경우에는 양도소득세가 줄
기도 한다. 따라서 상속등기를 하기 전에 재산분배와 세금의 관계를 차분히 살펴볼 필
요가 있다.

# 상속재산의 배분과 세금의 관계를 이해하라!

## 1. 상속재산의 분배방법

상속재산은 '유증이나 사인증여→협의분할→법정상속지분(법원 조정)'의 순서에 의해 분배된다.

● 유증과 사인증여

유언을 통해 배우자나 자녀 등에게 재산을 물려주는 것을 말하며, 사인증여(死因贈與)는 증여자 생전에 계약이 체결되었으나 그 효력은 증여자 사망으로 발생하는 증여를 말한다. 사인증여는 상속인의 재산이 감소하기 때문에 유증과 유사하다. 그러나 유증은 단독행위로 이루어지는데 반해 사인증여는 계약에 의해 이루어진다는 점에서 차이가 있다. 하지만 세금문제를 따질 때에는 둘의 차이는 없다. 둘 모두 상속세로 과세하기 때문이다.

● 협의분할 방식

상속재산은 상속인들의 공유재산이므로 유증 등이 없는 한 상속인들끼리 자유의사대로 협의하여 재산을 분배할 수 있다. 협의분할은 언제든지 지분율을 정해도 되지만 등기를 하거나 상속세 신고를 위해서는 가급적 상속일로부터 6개월 내에 하는 것이 일반적이다.

● 법정상속지분에 의한 방식

민법에서 정하는 방식을 말한다. 민법에서는 공동상속인 간에는 원칙적으로 균등하게 정하고 있으나 피상속인의 배우자 상속 지분은 5할을 가산한다.

## 2. 상속재산의 분배방법에 따른 세무상 쟁점

상속재산의 분배방법에 따라 대두되는 세무상의 쟁점을 정리해 보자.

● **법정 상속분을 초과하여 상속을 받은 경우**

상속세 신고기한 내에 특정 상속인이 법정 상속분을 초과하여 상속을 받은 경우가 많다. 이에 대해 세법은 본인의 상속 지분보다 초과하여 받았더라도 증여세를 부과하지 않는다. 그러나 상속세 신고기한이 끝난 후에는 지분이 늘어난 사람에게 증여세를 부과한다.

● **상속 때 특정인이 부채를 법정상속지분보다 초과하여 상속을 받은 경우**

자기 몫에 해당한 부채를 인수하지 않으면 인수한 자로부터 증여받은 것으로 본다. 주의를 요하는 대목이다.

● **배우자가 5억 원 넘게 상속을 받으면 배우자상속공제액이 5억 원 넘게 적용된다.**

다만, 배우자 상속재산 분할기한(상속세 신고기한 다음날로부터 6개월)까지 배우자 상속재산을 신고한 경우로서 당해 분할기한까지 배우자 명의로 등기 · 등록 · 명의개서 등을 해야 한다. 실무적으로 추징이 많이 발생하는 곳이므로 주의가 필요하다.

※ 2010.1.1. 이후 최초로 상속이 개시되는 분부터는 재산분할신고를 하지 않은 경우에도 상속세 신고기한으로부터 6개월 내에 분할 사실이 확인된 재산은 인정함.

● 아버지가 상속을 포기하고 대신 자녀가 상속을 받은 경우

상속순위에 의한 선순위 자가 포기하여 다음 순위의 자가 상속을 받은 경우 해당
금액은 상속공제 한도액에서 차감된다. 역시 주의를 요하는 대목이다.

● 상속받은 부동산을 처분하는 경우

양도소득세가 과세되며, 이때 지분으로 상속을 받은 경우에는 지분별로 세금을
계산한다. 만일 이때 양도소득세 세율이 6~40%가 적용되면 지분이 분산될수
록 양도소득세가 줄어든다.

알 | 쏭 | 달 | 쏭 | 세 | 금 | 팁

### 이혼과 재산분할

세법은 이혼 과정에 발생하는 위자료와 재산분할에 대해 그 성격에 따라 과세방식을 달리
적용하고 있다. 일단 재산분할의 경우에는 부동산이든 현금이든 본인의 지분을 찾아간다는
측면에서 양도나 증여로 보지 않는다. 따라서 이런 과정에서는 양도소득세나 증여세가 개입
될 여지가 없다. 하지만 위자료의 경우에는 정신적 고통 등에 의해 지급된다는 점에서 부동
산이든 현금이든 증여세의 문제는 없지만, 부동산에 대해서는 양도소득세를 부과하고 있다.
부동산을 이전하는 쪽에서 위자료를 지급할 채무가 소멸하는 경제적 이익을 얻었다는 점에
서 이를 유상양도로 보기 때문이다. 따라서 이혼할 때에는 위자료가 아닌 재산분할로 재산
이 정리되어야 세금문제가 없다.

# 상속이 발생했을 때의 대처법

## 상속이 발생했다! 무엇을 준비해야 할까?

- 상속개시일로부터 1개월 내에 사망신고를 해야 한다.

- 상속개시일로부터 3개월 내에서는 상속을 포기해야 한다. 상속포기는 상속자산보다 부채가 많은 상황에서 이루어진다. 참고로 3개월 포기기한이 지난 경우에는 한정승인을 신청해야 한다.

- 6개월 내에는 상속등기를 이행해야 한다. 외국인 등 비거주자는 9개월로 3개월이 연장된다.

- 상속세는 상속개시일이 속하는 달의 말일로부터 6개월(거주자) 또는 9개월(비거주자) 내에 신고해야 한다.

## 상속세 신고를 잘 하려면?

**첫째** 상속재산 목록을 작성하라!

상속세는 금전으로 평가할 수 있는 재산에서 부채를 차감한 순재산에 대해 과세하는 세목이다. 따라서 상속세 계산에 반영되는 재산과 부채목록을 정확히 파악하고 이와 관련된 서류들을 빠짐없이 준비해야 한다. 이때 10년 또는 5년 이내의 증여 관련 서류, 퇴직금이나 보험금 그리고 신탁재산, 상속추정재산 등도 추가하도록 한다.

**둘째** 상속재산을 잘 평가하라!

상속재산가액을 어떻게 정하느냐에 따라 상속세의 크기가 달라진다. 상속재산은 원칙적으로 시가로 평가하지만, 시가를 알 수 없을 때에는 보충적 평가방법으로 평가한다. 세법에서는 재산 종류별로 평가방법을 달리 규정한다.

**셋째** 공제되는 금액을 잘 파악하라!

상속재산가액에서 차감되는 비과세와 과세불산입액, 채무, 장례비용, 각종 공제제도 등도 잘 파악해야 한다. 비과세 항목에는 금양임야(禁養林野)와 묘토인 농지 등이 있다. 그리고 채무는 상속개시일 현재 피상속인의 채무(미지급이자, 임대보증금, 가수금 등)를 말하며, 장례비용은 증빙을 갖춘 경우 1,000만 원(갖추지 못한 경우 500만 원)을 공제한다. 상속공제에는 기초공제와 기타 인적공제, 일괄공제, 배우자상속공제, 동거주택상속공제, 가업상속공제, 금융재산공제 등이 있다.

**넷째** 공제를 많이 받으려면 배우자상속공제를 활용하라!

배우자상속공제는 피상속인의 배우자가 생존한 경우에 적용된다. 이 공제는 다음과 같이 적용된다.

❶ 배우자가 상속을 받지 않거나 또는 5억 원 미만의 상속재산을 받은 경우 그리고 재산분할이 없는 경우에는 5억 원을 공제한다.

❷ 5억 원 이상의 상속재산을 받은 경우에는 실제 받은 금액을 공제한다. 다만, 이 금액은 다음의 금액을 한도로 한다.

  – 한도 : Min(배우자의 법정상속 재산가액, 30억 원)

여기서 '한도액' 중 '배우자의 법정상속 재산가액'은 상속재산가액(상속인이 상속을 받을 수 있는 상속재산의 순액으로서 공과금과 채무 등이 공제된 후의 금액을 말함)에 배우자의 법정상속지분율을 곱하여 계산한다.

**다섯째** 신고 및 납부방법에 대해서도 관심을 갖자!

상속세 신고는 상속개시일이 속하는 달의 말일부터 6개월 이내에 피상속인 주소지 관할세무서에 신고한다. 참고로 상속세는 아래와 같이 납부한다.

| 구분 | 납부 방법 |
|---|---|
| 현금납부 | 납부기한 내에 일시금을 현금으로 납부하는 방법이다. |
| 분납 | 납부할 금액이 1,000만 원을 초과하는 경우 현금을 2회에 나누어 내는 방법이다. 1회는 신고 때 나머지 1회는 신고기한 경과 후 2개월 내에 납부할 수 있다. |
| 물납 | 납부할 금액이 2,000만 원을 초과하는 등의 조건을 갖춘 경우 현금 대신 부동산이나 주식 등의 물건으로 납부할 수 있는 제도를 말한다. |
| 연부연납 | 상속세는 연 단위로 나눠서 납부할 수 있는 제도를 말한다. 납부할 세액이 2,000만 원 초과 시 이용할 수 있다. 일반적으로 연부연납 허가일로부터 5년간 이용 가능하다. |

# 상속순위와
# 상속재산 분배법 그리고
# 상속분쟁 예방법

본문에서 살펴본 상속순위와 상속재산 배분법을 다시 정리해 보겠다.

### 1. 상속순위는 이렇게 파악한다

민법은 상속 1순위자를 피상속인의 배우자와 직계비속(태아를 포함)으로 하고 있다. 여기서 직계비속은 혼인 중 또는 혼인 외의 출생자, 미혼 또는 기혼, 분가 · 입양 등에 의해 다른 호적이 있는 경우에도 인정한다. 따라서 입양자도 시집간 딸도 직계비속에 해당하므로 당연히 상속인이 된다. 그런데 직계비속은 자녀와 손 · 자녀 등을 말하므로 경우에 따라서는 상속인이 수십 명이 될 수 있다. 민법은 이렇게 직계비속이 많은 경우에는 피상속인과 최근친인 자녀가 상속받도록 하고 있다. 예를 들어 피상속인에게 자녀 2명과 손자 2명이 있는 경우, 자녀 2인이 최근친으로서 공동상속인이 되고, 손자 2명은 자녀가 상속을 포기하는 경우에만 상속을 받을 수 있다. 직계비속이 없는 경우에는 2순위자인 피상속인 배우자와 직계존속이 선순위가 된다. 이때 직계존속이 없는 경우에는 배우자가 단독 상속인이 되며, 배우자가 없는 경우에는 피상속인의 형제자매, 4촌의 차례가 된다. 마지막 순위는 국가이다.

## 2. 상속재산 분배법은 이렇다

상속재산은 유언장에 의해 분배되는 것이 원칙이나 유언이 없는 경우 협의분할 그리고 법정상속 순으로 나뉘게 된다.

### ❶ 유증 또는 사인증여의 방법

유증(遺贈)은 유언을 통해 배우자나 자녀 등에게 재산을 물려주는 것을 말한다. '내가 죽거든 누구에게 어떤 재산을 줘라'는 식으로 되어 있는 것을 말한다. 한편 사인증여(死因贈與)라는 것이 있다. 이 방식은 증여자의 생전에 계약이 체결되었으나 그 효력은 증여자의 사망으로 발생하는 증여를 말한다. 사인증여는 피상속인 재산이 감소하기 때문에 유증과 유사하다. 그러나 유증은 단독행위로 이루어지는 데 반해 사인증여는 계약에 의해 이루어진다는 점이 차이가 있다. 하지만 세금문제를 따질 때에는 둘의 차이는 없다. 둘 모두 상속세로 과세하기 때문이다. 민법에서는 유류분제도를 두어 상속인들이 최소한의 상속재산을 가질 수 있는 권리를 보호하고 있다. 유류분은 일반적으로 본인의 법정상속분의 1/2(배우자 및 자녀)~1/3(형제자매)이 된다.

### ❷ 협의분할 방식

상속재산은 상속인들의 공유재산이므로 유증 등이 없는 한 상속인들끼리 자유의사대로 협의하여 재산을 분배할 수 있다. 협의분할은 언제든지 지분율을 정해도 되지만 등기를 하거나 상속세 신고를 위해서는 가급적 상속일로부터 6개월 내에 하는 것이 일반적이다. 협의에 의하여 분할할 경우에는 공동상속인 전원의 의사가 일치해야 하고 한 사람이라도 의사가 합치되지 않으면 상속재산분할이 되지 않는다. 만약에 협의분할이 되지 않을 경우에는 우선 각 상속인은 가정법원에 조정을 신청하여야 하고 조정이 성립되지 않으면 당사자는 심

판을 청구할 수 있다.

**❸ 법정 상속지분에 의한 배분방식**

유증 등이 없고 협의분할에 의해 재산이 분배되지 않으면 법률에 따라 상속재산을 분배할 수밖에 없다. 민법에서는 법정 상속 지분은 공동상속인 간에는 원칙적으로 균등하게 정하고 있으나 피상속인의 배우자의 상속 지분은 5할을 가산한다. 따라서 자녀가 2명이 있고 피상속인의 배우자가 있다면 배우자의 지분은 1.5/3.5(43%)가 된다.

알|쏭|달|쏭|세|금|팁

**상속분쟁 예방법**

상속분쟁은 어떻게 하는 것이 예방하는 지름길이 될까?

첫째, 유언장을 작성한다.
유언장은 작성하면 이 유언장에 의해 상속재산이 분배된다. 그런데 유언장이 효력을 얻기 위해서는 엄격한 법률적 요건을 충족해야 한다. 법률전문가를 통해서 유언장을 작성하고 공증을 받아 두는 것이 좋다.

둘째, 사전에 증여한다.
생전에 증여를 통해 재산을 이전해 두면 상속분쟁의 소지가 줄어들 가능성이 높다. 다만, 사전에 증여한 재산도 유류분 청구대상이 되는 경우도 있으므로 증여할 때는 잡음이 발생하지 않도록 골고루 증여할 필요가 있다.

셋째, 법정상속지분율로 분배한다.
법정상속지분 대로 재산을 분배하는 것도 좋은 방법이다.

# 59

# 상가건물은 월세를 12%로 환산해야 한다

아니, 이런 실수를 하면 어떻게 합니까?!!

죄송‥

세무회계사무소

## 실수하기 쉬운 상속 · 증여재산의 평가

일반적으로 상속이나 증여재산의 평가방법은 다음과 같다.

시가→간주시가(매매사례가액 · 감정평가액 · 수용가액 · 경매가격)→보충적 평가방법(기준시가 등)

여기서 간주시가는 다음을 말한다.

❶ 당해 재산에 대한 일정기간* 중의 다음 가격
　　　－매매사례가액
　　　－감정평가액
　　　－경매 · 공매 · 수용가액
　　* 일정기간 : 상속개시일 전후 6개월(증여일 전후 3개월)

❷ 위 ❶의 가격이 없는 경우 위치 · 면적 등이 유사한 재산에 대한 일정기간 중의 다음 가격
　　　－매매사례가액
　　　－감정평가액
　　　－경매 · 공매 · 수용가액
　　* 일정기간 : 상속개시일 전 6개월~상속세 신고일(증여일 전 3개월~증여세 신고일)

**그런데 세무회계사무소에서는 무엇을 잘못했을까?**

## 월세는 12%로 환산하고 임대보증금은 더해 평가한다!

원래 상속재산이나 증여재산은 시가로 과세하는 것이 원칙이다. 하지만 시가(간주시가 포함)가 존재하지 않으면 부득이 보충적인 평가방법을 사용할 수밖에 없다. 여기서 보충적인 방법이란 부동산의 경우에는 기준시가를 말한다. 다만, 사실상 임대차계약이 체결되거나 임차권이 등기된 재산의 경우에는 다음 중 큰 금액으로 평가한다(상속세 및 증여세법 61조 5항).

❶ 임대보증금 + 연간임대료/12%
❷ 보충적 평가가액

예컨대 시세는 20억 원이나 기준시가는 8억 원인 건물이 있다고 하자. 그리고 이 건물의 임대보증금은 5억 원이고 연간 임대료는 1억 2,000만 원이라고 할 때 상속세 및 증여세법에 따른 평가액은 얼마나 될까? 앞의 산식을 이용하면 다음 중 큰 금액인 15억 원이 평가액이 된다.

❶ 임대보증금 + 연간임대료/12% : 5억 원+1억 2,000만 원/12%=5억 원+10억 원
=15억 원
❷ 보충적 평가가액 : 8억 원

임대용 건물의 상속재산 또는 증여재산 평가 시에는 다음과 같은 점에 유의해야 한다.

● 임대료 등을 반드시 환산하여 기준시가 등과 비교해야 한다.
● 임대료 환산율은 12%이다. 종전은 18%였다.

# 60

# 감정평가로
# 세금을 줄여보자

세..세금이...ㅠㅠ
뭐, 좋은 수가
없을까...

10년 전에
상속받은 임야
**판매**

**세금**

### 상속 · 증여재산의 취득가액이 기준시가?

상속세를 신고하지 않았거나 기준시가로 신고한 경우에는 양도소득세가 많이 나올 수 있다. 취득가액이 기준시가로 결정되는 경우가 많기 때문이다.

현행 소득세법에서는 상속이나 증여 부동산의 취득가액은 상속이나 증여 시의 평가방법에 따른 가액으로 하고 있다.

따라서 무신고나 기준시가로 신고한 경우라면 기준시가로 과세되는 것을 피할 수 없다.

아니 좋은 수가 없을까?

## 양도 시 취득가액을 올릴 수 없을까?

### 1. 이미 상속을 받은 경우

위와 같이 일단 상속세가 결정되는 경우에는 다음과 같이 문제를 해결하도록
한다.

● 1985년 이전에 상속을 받은 경우

취득가액을 환산*할 수 있다. 1984년 이전의 취득은 1985년 1월 1일에 취득
한 것으로 의제를 하기 때문에 환산하는 것이 당연하다.

* 양도가액에 '취득 시 기준시가/양도 시 기준시가'의 비율을 곱해 취득가액을 찾아내는 방법
  을 말한다.

● 1985년 이후 상속을 받은 경우

상속개시일 전후 6개월 또는 증여일 전후 3개월 이내에 매매사례가액 등이 있
는지를 찾아본다. 특히 아파트 같이 시세가 있는 물건들은 매매사례가액 등이
존재할 수 있다. 그런데 만일 매매사례가액이 없다면 소급하여 감정을 하면
어떨까? 세법에서는 두 군데 이상의 감정기관이 평가한 감정가액이 있는 경우
에는 그 평균액을 시가로 인정한다. 평가기준일 이전 6개월(증여재산은 3개월)
을 경과하고 평가기준일 전 2년 이내에 감정가액의 평균액이 있는 경우에는
평가심의위원회의 자문에 의하여 그 평균액이 시가로 인정되면 이를 시가로
여긴다. 이에 대해 대법원 판례(2000두5098, 2001.08.21)를 보면 시가란 원칙적
으로 정상적인 거래에 의하여 형성된 객관적 교환가치를 의미하지만 이는 객
관적이고 합리적인 방법으로 평가된 가액도 포함되는 개념이므로 공신력 있

는 감정기관의 감정가액도 시가로 볼 수 있다. 따라서 소급 감정가액이라도 상속개시 당시의 시가를 적정하게 반영하고 있으면 이를 시가로 인정한다. 그러나 국세청에서는 신고기한 경과 후 소급하여 감정한 가액을 시가로 인정하는 것은 법적 안정성을 해치고 조세행정 집행상 혼란을 초래할 우려가 있다는 등의 이유로 일관되게 소급 감정가액은 인정하지 않고 있다(재삼46014-1612,1996.7.8, 재삼46330-274. 1999.6.30).

## 2. 앞으로 상속을 받을 경우

앞으로 상속을 받을 때에는 다음과 같이 진행하도록 한다.

**● 상속재산가액이 시가로 10억 원(또는 5억 원)이 안 넘는 경우**

부동산은 시가로 평가하여 적극적으로 상속세를 신고해둔다. 이렇게 하면 향후 양도소득세를 줄일 수 있다. 취득가액이 시가로 평가되기 때문이다. 이 때 시가는 앞의 매매사례가액을 이용하면 되나, 여의치 않으면 감정평가를 두 군데에서 받아 이를 평균한 가액으로 신고한다.

**● 상속재산가액이 시가로 10억 원(5억 원)이 넘는 경우**

시가로 신고하면 상속세가 나올 수 있다. 따라서 부득이 시가로 신고해야 하는 상황(예 : 아파트가 있는 경우 등)에서는 시가로 평가하는 것과 기준시가로 평가하는 것 중 유리한 것을 선택하도록 한다. 상속세 증가액과 향후 양도소득세 절세액을 비교하면 답을 찾을 수 있을 것이다.

## ※ 매매사례가액 활용 시 주의할 점

매매사례가액으로 상속세나 증여세를 신고해 두면 향후 양도 시 이익을 볼수 있다. 그런데 매매사례가액을 사용하려면 법에서 요구하는 조건을 충족해야 한다. 즉 매매사례가액으로 인정하는 기간(6개월, 3개월 등) 내에 법에서 규정하고 있는 위치나 면적, 그리고 용도 등이 동일하거나 유사한 재산*이 시장에서 거래되어야 한다. 따라서 인터넷 시세표나 중개사가 써준 확인서 등은 객관적인 거래금액이 아니므로 매매사례가액으로 인정받기 힘들다. 따라서 이러한 상황에서는 차라리 두 군데 이상의 감정평가법인에서 감정을 받아 이를 가지고 신고하는 것이 사후적으로 훨씬 더 유리하다.

\* 평가대상 주택과 동일 단지 내의 주택으로서 기준시가와 전용면적의 차이가 ±5%이
  내인 주택 등을 말한다.

알|쏭|달|쏭|세|금|팁

### 상속과 관련하여 반드시 알아야 할 내용

❶ 상속으로 인한 취득 시기는 상속개시일이다.

❷ 상속자산의 양도소득세 계산 시 취득가액은 신고한 당시의 가액으로 한다. 만일 기준시가로 신고를 했다면 기준시가가 취득가액이 된다(상속 취득세금 포함).

❸ 상속받은 자산을 양도할 때 세율은 피상속인이 보유한 기간을 통산해 따진다. 예를 들어 피상속인이 2004년에 취득한 주택이 2015년에 상속됐고, 2017년에 양도된다면 장기보유특별공제는 불가능하지만 보유기간이 2년(주택은 1년) 이상에 해당하는 세율(6~40%)을 적용한다.

# 보험금융상품으로 상속세를 대비한다!

## 보험금융상품으로 상속세를 대비하는 컨셉!

주로 부동산을 많이 가지고 있는 재산가의 고민은 상속이 발생한 경우 상속세를 어떤 식으로 내느냐 하는 것이다. 부동산을 처분하는 것이 여의치 않으면 세금을 내기가 매우 힘들기 때문이다. 그래서 미리 상속세를 준비해두는 지혜가 필요한데 이때 보험 등 만기가 긴 금융상품을 위주로 상품을 구성하면 요긴하게 대응할 수 있다.

상속은 70세 이전에 대비하되, 납부 재원도 미리 만들어두어야 한다!

## 상속세 계산구조는 어떻게 될까?

보험에 대한 상속세를 본격적으로 알아보기 전에 상속세 계산구조 정도는 파악하고 있어야 한다. 예를 들어 보자.

경기도 일산에서 살고 있는 김부자 씨가 사망했다. 그의 유산은 30억 원이며 상속공제액은 10억 원이었다. 자녀에게 5년 전에 증여한 재산이 5억 원이 있는 경우 상속세 산출세액은 얼마인가?

상속세는 다음과 같이 계산한다.

 **상속재산가액을 합계한다**

위의 경우 상속재산가액은 총 35억 원이 된다. 상속개시 시 30억 원에 상속인에게 증여한 재산 5억 원을 더한 결과이다. 참고로 여기서 재산가액은 시세로 평가하며, 상속개시일을 소급하여 10년 이내의 증여재산가액은 상속재산가액에 합산한다.

**둘째** **상속공제액을 계산한다**

상속이 발생하면 대략 다음과 같이 최소 10억 원 이상 공제받을 수 있다.

| 배우자상속공제 | 일괄공제 | 금융재산상속공제 | 가업상속공제 | 계 |
|---|---|---|---|---|
| 5억~30억 원 | 5억 원 | 2억 원 한도 | 500억 원 한도 | 10억~532억 원 |

**셋째** **상속세를 계산한다**

상속세는 앞의 상속재산가액에서 상속공제액을 차감한 과세표준에 10~50% 의 세율을 곱해 계산한다. 만일 상속공제액이 15억 원이라면 상속세 산출세 액은 다음과 같다.

상속세 산출세액=20억 원(=35억 원-15억 원)×40%-1억 6,000만 원(누진공제)
=6억 4,000만 원

## 보험금융상품으로 상속세 납부를 준비하자

앞의 사례처럼 상속세가 과도하게 나오는 경우에는 난감하기 짝이 없을 것이 다. 이에 세법은 상속세를 연도별로 나눠서 납부하는 방법(5회)도 허용하고 있다. 하지만 상속을 받은 사람이 현금을 보유하고 있지 않으면 부동산을 보 유하는 것이 힘들어질 수 있다. 이러한 상황에서는 미리 보험 같은 장기금융 자산에 가입하여 미리 대비해두는 지혜가 필요하다. 참고로 이때 보험계약은 아래와 같이 체결한다.

| 계약자 | 피보험자 | 수익자 |
|--------|----------|--------|
| 자녀 | 김부자 씨 | 자녀 |

이렇게 계약을 해두면 김부자 씨 사망으로 인해 발생하는 보험금은 상속재산 가액에서 제외되는 동시에 증여세도 부과되지 않는다. 단, 이때 주의할 것은 보험료는 자녀가 스스로 납입해야 한다는 것이다.

## 보험으로 상속세를 줄이는 절세컨설팅

상속세는 부자에게 과세되는 세금이 틀림없다. 따라서 부자들이 세금에 대한 고민을 덜기 위해서는 미리 상속세 대책을 마련하는 것이 좋다. 이러한 흐름은 상속세 전체를 이해하는 데 있어 상당히 유용하다.

**첫째 상속세가 나올 것으로 예상되면 먼저 자산 및 부채 목록을 파악한다**

현존하는 재산항목은 물론 사전에 증여한 재산도 파악해야 한다. 상증법(상속세 및 증여세법)에서는 10년(비상속인은 5년) 전에 증여한 재산가액도 상속재산가액에 포함하도록 하기 때문이다. 물론 이외에도 퇴직금이나 보험금, 주식, 채권, 수익증권, 신탁재산 등도 상속재산가액에 포함되므로 이런 부분도 고려해야 한다.

**둘째 재산가액이 파악되었다면 이제 상속세를 예측해 본다**

세금예측을 할 때에는 시세를 기준으로 하는 것이 좋다. 보수적으로 접근하는 것이 안전하기 때문이다. 예를 들어 어떤 고객의 재산이 30억 원 정도로 파악되었다고 하자. 만약 상속공제액이 10억 원이라면 상속세는 대략 6억 4,000만 원 정도가 된다. 상속세 과세표준이 20억 원이면 40%가 적용(누진공제액 1억 6,000만 원)되기 때문이다.

**셋째 많은 상속세가 예상된다면 대책을 강구한다**

예를 들어 부채 등으로 재산가액을 낮출 수 있는지 그리고 상속공제를 늘릴 수 있는지 등을 강구한다. 특히 상속공제는 0원부터 수백억 원 대까지 다양하게 발생하기 때문에 이를 집중적으로 연구하는 것도 중요하다. 실무적으로 배우자상속공제나 금융재산상속공제, 동거주택상속공제, 가업상속공제 등을 활용하면 상속세 과세표준을 떨어뜨릴 수 있다.

### 넷째 세금이 크게 나올 것으로 예상되면 재산규모를 조절할 필요가 있다

만일 금융자산이 많은 경우에는 예금성 자산부터 줄이는 것이 좋다. 상속이 임박한 경우에 자금을 인출할 때에는 상속추정제도를 적용받지 않는 범위(1년 내 2억 원, 2년 내 5억 원) 내에서 인출하되 목돈을 인출하지 않도록 한다. 자칫 증여로 볼 수도 있기 때문이다. 한편 병원비나 기타 공과금은 피상속인의 통장에서 인출되도록 할 필요가 있다. 만일 상속 준비 기간에 전체 자산 중 부동산이 차지하는 비중이 큰 경우에는 부동산시세와 기준시가를 고려해 일부를 처분하여 예금과 현금으로 바꾸도록 한다.

### 다섯째 상속세 납부대책도 미리 세워두는 것이 좋다

향후 상속세를 낼 때 현금이 없으면 부동산 등으로 납부해야 하는 경우가 발생해 낭패를 당하기 쉽다. 종신보험이나 기타 금융자산으로 대비하면 중도에 대출을 실행할 수 있어 상당한 도움이 될 수 있다.

**돌발퀴즈**

**Q** 경기도 평택시에서 살고 있는 김용기 씨의 어머니 재산은 6억 원 정도가 된다. 만일 그의 아버지가 안 계신 상태에서 상속이 발생하면 일괄공제 5억 원을 초과한 1억 원에 대해 상속세가 과세될 것으로 보인다. 그는 상속세를 납부하지 않기 위해 어머니 명의로 대출을 1억 원 정도 받아 이를 어머니의 생활비로 사용하고자 한다. 이렇게 한 후 어머니가 돌아가시면 상속세가 나올까?

**A** 그렇지 않다. 상속재산이 6억 원이고 채무가 1억 원이므로 상속재산가액이 5억 원이 된다. 따라서 이 금액에서 일괄공제 5억 원을 차감하면 상속세 과세표준은 0원이 되므로 상속세가 발생하지 않게 된다.

**알 | 쏭 | 달 | 쏭 | 세 | 금 | 팁**

**금융재산공제**

상속재산에 보험이나 예금 같은 금융재산이 포함되는 경우에는 타 재산과의 과세형평성 차원에서 금융재산공제를 적용한다. 부동산은 기준시가로 평가되는 경우가 많지만 금융재산은 시가로 평가되는 점을 고려한 것이다. 공제액은 다음과 같다.

| 종류 | 공제액 | 공제액의 범위 |
|------|--------|----------------|
| 순금융재산가액 > 2,000만 원 | 순금융재산가액 × 20% | 2,000만 원~2억 원<br>(공제액이 2,000만 원 미달 시에는 2,000만 원, 2억 원을 초과 시에는 2억 원 공제) |
| 순금융재산가액≤2,000만 원 | 당해 순금융재산가액 | – |

여기서 '순금융재산가액'이란 금융재산에서 금융채무를 차감한 금액을 말한다. 금융재산은 금융기관을 통해 입증되는 예금·보험·주식 등이며, 금융채무 또한 금융기관에 대한 채무를 말한다. 따라서 개인 간 채무에 대해서는 금융재산공제를 받을 수 없음에 유의해야 한다.

# 누구나 피할 수 없는
# 상속세 세무조사
## 어떻게 진행될까?

> 동생들아...내가..
> 세무사한테서 연락을 받았는데..
> 상속세 세무조사가
> 시작될 것 같다.

### 상속·증여세는 무조건 세무조사를 받는다!

상속세나 증여세는 납세의무자의 신고에 의해 신고 내용이 확정되지 않는다. 이들 세목은 정부부과 세목이 되기 때문이다.

상속이나 증여는 가족 간에 발생되는 재산 이전의 수단으로서 자칫 담합을 하면 세금탈루가 일어나기 쉽다. 이러한 점을 고려하여 정부의 손길을 거쳐 세금을 확정하게 된다.

따라서 납세의무자가 신고했다고 해서 안심할 것은 아니다. 그렇다면 상속세 조사는 어떻게 이루어지는지 이에 대한 대책은 어떤 것들이 있는지 살펴보자.

# 세무조사로 추가 세금을 낼 수 있다

## 조사대상 선정은 누가 하는가?

일단 각 지방청 산하 세무서의 재산세 담당 및 세원담당자 등이 상속세과세 자료를 배부받는다. 이후 다음 달 5일까지 피상속인의 직업 · 경력 · 피상속인이 사망하기 전 10년 이내의 재산증여 상황 등을 종합 검토해서 서면결정 또는 실지조사 대상으로 분류한다.

## 누가 조사하는가?

상속재산가액이 일반적으로 30억 원이 안되는 경우에는 각 지방청 산하 세무서 조사계에서 조사한다. 30억 원을 초과하는 경우에는 각 지방청 조사국에서 조사를 시작한다. 지방청 조사가 훨씬 강도가 세다고 할 수 있다.

## 어떤 자료가 수집되는가?

상속개시자료, 이자 · 배당자료, 가족관계증명서, 본인 및 관련인의 제세 신고 및 결정결의서 등이다. 이외에도 본청 및 지방국세청의 경우 시중은행, 지방은행 및 제2금융권의 본점 등에 상속개시일 10년 전부터 조회일까지의 거래내역 등도 확인한다.

## 무엇을 조사하는가?

- 부동산의 경우 상속개시일전 5년간 취득 및 양도 부동산(상속인 및 피상속인)에 대해 검토 후 구체적으로 거래 상황을 조회하거나 거래 관련자에게 직접 확인해 실지 매매계약서 사본 등을 수집한다.

- 수용·공매·경매 등의 경우 관련 기관에 보상가액·지급일자·지급계좌· 지급방법 등을 조회한다. 또한 상속세 과세자료 전 및 DB자료상 보유재산 등을 검토해 신고누락 여부를 확인한다.
- 상속개시일 전후 6개월 이내에 거래한 부동산 매매, 감정가액, 수용, 경매, 유사 매매사례가액 등의 거래가액이 시가로 적정하게 산정되었는지도 검토한다.
- 기타 기준시가 적용의 적정 여부, 감정평가 가액의 적정 여부, 임대용 부동산에 대한 임대료 환산가액 평가의 적정 여부 등도 확인한다.
- 비상장주식의 경우 피상속인 및 상속인의 주식 보유 현황을 TIS(국세청 통합전산시스템)와 주식변동상황명세서 등을 통해 확인한다. 아울러 주식 평가방법이 세법규정과 일치하는지 검토한다.
- 채권의 경우 이자상당액이 상속재산에 적정하게 계산되었는지 검토한다.
- 피상속인의 사업용 자산은 소득세 신고 시 첨부된 재무제표 및 비치된 장부 등을 통해 확인한다.
- 근로소득 발생처에 퇴직급여 미수령 또는 과소 수령 여부 등을 확인한다.
- 채무 등의 공제내역의 경우 공제되는 임대보증금 채무의 적정 여부를 검토하고, 사채 등 가공 채무를 채무공제로 신고했는지 등을 점검한다.
- 배우자상속공제 시 명의개서 등이 되었는지를 검토한다. 이외 공제제도를 정확히 적용했는지도 조사한다.

## 어떻게 대비해야 좋을까?

상속세 조사에 의해 누락된 재산이 발견되면 많은 세금을 피할 수 없다. 따라서 재산가액이 일정 수준이 되면 반드시 전문가와 함께 대비하는 것이 좋다. 이때 유산상속을 어떻게 하는 것이 분쟁을 줄일 수 있는지도 함께 검토한다.

**알|쏭|달|쏭|세|금|팁**

### 상속세에서 실수하기 쉬운 사례들

상속세 규정은 생각보다 까다롭다. 어떤 점에 유의해야하는지 알아보자.

첫째, 상속세는 시가로 과세되는 것이 원칙이다. 따라서 상속개시 전후에 매매사례가액이 있는지를 검토해야 한다.

둘째, 사전 증여한 재산가액도 상속재산에 합산된다. 상속인의 경우에는 10년 상속인 외의 자의 경우에는 5년 내의 증여재산가액을 말한다.

셋째, 상속개시 전에 예금 등을 인출하면 상속추정제도를 적용받는다. 1년 기준 2억 원, 2년 기준 5억 원을 초과하지 않도록 한다.

넷째, 배우자상속공제는 적용 요건에 유의해야 한다. 배우자상속공제는 상속세과세표준신고기한의 다음 날부터 6개월이 되는 날까지 배우자의 상속재산을 분할해야 한다. 이때 부동산이나 채권이나 주식 같은 물건은 반드시 등기나 명의개서를 해야 한다.

다섯째, 세대생략 상속은 세금덩어리임을 알아 두자. 세대생략을 통해 상속이 발생하면 상속공제액이 축소된다. 또한 할증과세 40%가 적용된다.

# 상속세 대비 재산관리법

## 과학적으로 상속세를 대비하자!

실무적으로 상속세의 대비는 상속재산 규모와 나이 등을 고려하여 진행되는 것이 일반적이다. 재산 규모별로 다음과 같이 관리하면 도움될 것이다.

- 10억 원 이하 대 : 상속세가 면제되므로 별도의 활동이 필요치 않다.
- 10억 원~20억 원 대 : 상속세를 예측하고 상속세 면세점을 찾도록 한다. 최대한 상속공제를 받는 것도 좋다.
- 20억 원 초과 : 사전 상속은 이를수록 좋다. 사후관리에도 유의해야 한다. 전문적인 상담을 받도록 한다.

# 재산 규모별 상속세 대비방법

## 10억 원(5억 원) 이하 대

상속재산가액이 10억 원 이하가 되는 경우에는 피상속인의 배우자가 살아 있는 한, 현행 세법 하에서는 상속세가 원칙적으로 과세되지 않는다. 배우자 공제를 최소한 5억 원 받을 수 있고, 기초공제(2억 원)와 기타 인적공제 대신 5억 원의 일괄공제를 받을 수 있기 때문이다(배우자가 없는 경우에는 5억 원으로 축소됨). 따라서 상속재산이 이 금액에 미달할 것으로 예상되는 경우 상속세를 피하기 위해 사전에 증여할 필요는 없다. 오히려 이런 상황에서 사전 증여를 하면 애꿎은 증여세와 취득세만 날아간다. 특히 8년 이상 재촌·자경한 농지는 가급적 상속을 통해 받도록 한다.

## 10억~20억 원 대

재산규모가 10억~20억 원 대는 잘만 관리하면 세금부담 수준을 많이 떨어뜨릴 수 있다. 이 재산규모 대에서는 미리 재산의 일부를 사전에 증여하거나 상속 준비 기간 중에 합법적인 범위 내에서 재산을 인출하여 사용할 수도 있고, 실제 상속 발생 시 배우자상속공제를 활용해도 된다. 특히 배우자상속공제는 최하 5억 원에서 최고 30억 원까지 적용되므로 잘 활용하도록 한다. 이외에도 10년 이상 동거한 주택을 무주택자가 상속받으면 최고 5억 원까지도 추가로 공제가 가능하다.

## 20억 원 초과 대

이 정도 금액이라면 상속세가 많이 나올 가능성이 크다. 현행 상속세는 10~

50%의 누진세율이 적용되는데, 과세표준 구간이 5억 원을 초과하면 30%, 10억 원을 초과하면 40%, 30억 원을 초과하면 50%의 세율이 적용되기 때문이다. 따라서 미리 상속세를 대비할 필요가 있다.

● 상속 전이라면?

실무적으로는 상속세 예측 등을 통해 사전 증여액의 규모나 증여시기를 꼼꼼히 결정할 필요가 있다. 사전 증여는 일반적으로 저평가된 재산을 위주로 시행한다. 저평가된 재산을 증여하면 10년 합산과세가 적용되더라도 증여 당시의 신고가액이 합산되므로 가격상승에 의한 세금은 내지 않아도 되기 때문이다.

● 상속이 발생하면?

상속이 발생하면 다음과 같은 상속공제제도를 잘 활용하는 것이 좋다.

- 배우자상속공제 : 최고 30억 원까지 늘릴 수 있다.
- 동거주택상속공제 : 최고 5억 원까지 늘릴 수 있다.
- 금융재산공제 : 최고 2억 원까지 늘릴 수 있다.
- 가업상속공제 : 최고 500억 원까지 늘릴 수 있다.

나아가 장학재단 등 공익법인에 출연하는 경우에는 상속세가 줄어들기 때문에 이를 전략적으로 이용할 수도 있다(302쪽 참조).

● 상속세 납부는?

상속세 납부는 현금납부로 하는 것이 원칙이나 이 납부가 어려우면 물건으로 납부해야 하는 상황에 몰릴 수 있다. 따라서 미리 금융상품 등으로 상속세 납부 재원을 만들어둘 필요가 있다.

● 상속 후에는?

상속재산가액이 30억 원을 넘어가는 경우에는 상속개시 후 5년까지 상속인의 재산변동 내역을 추적하므로 유의해야 한다.

이외에도 상속재산 규모가 큰 경우에는 금융재산 관리에 만전을 기할 필요가 있다. 상속인과 피상속인의 금융거래조회가 상속개시 전 10년 이내로 확대될 수 있기 때문이다.

# 저축 이자율이 7~12% 된다고?

## 관심 집중! 농어가목돈마련저축!

은행의 수신상품과 관련된 이자율은 1~3%대 내외에서 유지되고 있다. 그런데 여기에 물가상승률과 세금 등을 고려하면 오히려 수익률이 마이너스로 떨어진다. 따라서 수익을 안정적으로 올리기 위해서는 당연히 이자가 많아야 하고 세금도 없어야할 것이다.

이 두 가지 조건을 충족하는 상품들 중 가장 눈에 띄는 것이
바로 농어가목돈마련저축이다!

# 농어가목돈마련저축 누가 혜택을 보는가?

농협 등에서 한시적으로 취급하는 '농어가목돈마련저축'이라는 것이 있다. 이 상품은 주로 농어가의 목돈마련을 위한 저축으로서 일정 요건을 충족한 저소득 농어민이 연간 144만 원(2017년 3월 2일 이후는 240만 원)을 한도로 저축하면 기본금리(2.59%)에 장려금리(1.5~9.6%, 2017년 3월 2일 이후는 0.9~4.8%)를 지급한다. 따라서 최고 12(2017년 3월 2일 이후는 7)%대까지 이자를 받게 된다. 받은 이자에 대해서는 이자소득세가 완전히 면제된다. 그렇다면 구체적으로 누가 어떤 혜택을 받게 되는지 알아보자.

## ❶ 가입대상은?

앞에서 보듯이 이 저축은 상당히 파격적이다. 이자가 최고 7~12%대까지 지급되기 때문이다. 물론 이자소득세도 비과세된다. 그렇다면 누가 가입할 수 있는가? 법에서는 아래에 해당하는 사람만 가입할 수 있도록 하고 있다. 무분별한 혜택을 주지 않기 위해서다.

| 일반 농어민 | 저소득 농어민 |
|---|---|
| • 1~2헥타르 이하 농경지 보유 농민<br>• 20톤 이하 어선 소유 농민<br>• 일정 규모(예 : 젖소 20마리) 이하 가축 소유주 | • 1헥타르 이하 농경지 보유 농민(농지가 없는 경우 포함)<br>• 무동력선 또는 비어선 사용 어민<br>• 일정 규모(예 : 젖소 10마리) 이하 가축을 소유하거나 타인의 양축업에 종사하는 양축가 |

일반 농어민은 1~2헥타르 이하 농경지 보유 농민 등을, 저소득 농어민은 1헥타르 이하 농경지 보유 농민(농지가 없는 경우 포함) 등을 말한다. 농지를 소유하

지 않거나 어선이 없거나 또는 가축을 소유하지 않아도 가입할 수 있다.

## ❷ 가입방법

이 상품은 정부에서 지원하는 금리가 상당하므로 가입조건이 까다롭다. 다음의 내용들을 살펴보자.

- 예치기간은 3년 또는 5년 중 하나를 선택하면 된다.
- 납입방법은 월납, 분기납, 반기납 중 선택할 수 있다. 농어민의 계절적인 자금 사정을 고려하여 분기 또는 반년 납부도 가능하도록 하고 있는 점이 특징이다.
- 가입한도는 월 5,000원부터 12만 원(연 144만 원)까지 가능하다. 다만, 2017년 3월 2일 부터는 월 20만 원까지 납입할 수 있다. 저소득농어민의 경우는 월 10만 원(연 120만 원)이내에서 납입이 가능하다. 참고로 가입한도는 가구 단위로 계산하며 한도 내에서는 여러 계좌로 나누어 가입할 수 있다.

## ❸ 기타 주의해야 할 내용

이 제도는 2017년 말까지 한시적으로 적용된다. 따라서 세법 개정으로 인해 비과세 등이 폐지될 수 있음에 유의해야 한다. 참고로 이 상품의 취급기관에는 단위농협, 지구별·업종별 수협이 있다.

| 구분 | | 기본이자 | 장려금 | 계 |
|------|------|---------|--------|------|
| 일반 농어민 | 3년제 | 2.59% | 1.5% | 4.09% |
| | 5년제 | 2.59% | 2.5% | 5.09% |
| 저소득 농어민 | 3년제 | 2.59% | 6.0% | 8.59% |
| | 5년제 | 2.59% | 9.6% | 12.19% |

−2016년 말 기준

이와 같은 조건을 충족하였다면 다음과 같은 금리혜택과 비과세를 적용받는다.

**여기서 잠깐!**

만약 자녀의 돈을 받아 이 저축에 가입하면 어떻게 될까?

자녀로부터 받은 돈으로 농어가마련저축에 가입하면 동일한 혜택을 누릴 수 있다.

알|쏭|달|쏭|세|금|팁

### 최근 개정된 농어가목돈마련저축

정부는 2017년 3월 2일 이후에 가입하는 저축에 대해서는 저축납입한도를 연간 240만 원(월 20만 원)으로 약 2배 증액(일반 · 저소득 농어민간 납입한도 구분은 없음)하고 장려금 지급율(장려금리)을 다음과 같이 하향 조정하였다.

| 구분 | 현행 | | 개편안 | |
|---|---|---|---|---|
| | 만기 3년 | 만기 5년 | 만기 3년 | 만기 5년 |
| 일 반 | 1.5% | 2.5% | 0.9% | 1.5% |
| 저소득 | 6.0% | 9.6% | 3.0% | 4.8% |

# 우리 월급쟁이들은
# 무엇으로 부자 돼요?

## 아~ 장기주택마련저축 소득공제여!

알고 보면 장기주택마련저축은 참 좋은 금융상품에 해당한다. 계좌를 7년 이상 유지하면 이 자소득에 대해 비과세를 받을 수 있고, 더 나아가 불입금액의 40%를 300만 원 한도로 소득공제를 받을 수 있기 때문이다. 따라서 소득공제를 잘 적용받으면 연평균 수익률이 10% 이상을 훌쩍 뛰어넘기도 한다. 여기서 소득공제에 의한 절세효과는 다음과 같다. 단, 세율은 종전의 6~35%를 적용한다.

- 300만 원×6.6%=198,000원
- 300만 원×15.4%=462,000원
- 300만 원×26.4%=792,000원
- 300만 원×38.5%=1,155,000원

그런데 이만큼의 혜택이 있었던 이 저축이 2013년 이후부터 자취를 감추었다.
그렇다면 월급생활자들은 어떻게 해야 부자가 될 수 있을까?

## 월급쟁이들이 부자되는 방법

월급쟁이들이 부자되는 방법은 따로 있을까? 솔직히 말하면 따로 있을 수는 없다. 하지만 일반 사업자나 재산가처럼 한꺼번에 돈이 왕창 생기는 것이 아니므로 일정한 절차에 따라 진행해야 재테크에 성공할 수 있는 것은 사실인 것 같다. 다음 방법들을 따라해 보자.

### 첫째 소득은 최대한 길게 많이 나오도록 하라

여기서 소득은 매월 받는 급여소득을 말한다. 그런데 문제는 이 소득이 언젠가는 끊긴다는 것이다. 특히 은퇴 이후가 문제다. 따라서 국민연금 외에 개인연금과 퇴직연금 등에 가입하여 문제를 해결하는 것이 중요하다. 현재 소득의 10% 이상은 노후자금으로 활용하자.

### 둘째 지출은 최대한 억제하라

일단 지출을 최소화하는 것이 재테크를 잘하는 지름길이다. 평소 고정비 성격과 변동비 성격을 잘 파악하고 이를 줄일 수 있는 방법을 최대한 찾는 것이 중요하다. 소비성 지출이 불가피한 경우에는 신용카드보다는 체크카드를 사용하는 것이 다소 유리할 수 있다. 예를 들어 이들의 사용금액 100만 원에 대한 소득공제 효과를 계산하면 다음과 같다. 단, 세율은 24%라고 하자.

- 신용카드를 사용한 경우 : 100만 원×15%(공제율)×24%=3만 6,000원
- 체크카드를 사용한 경우 : 100만 원×30%(공제율)×24%=7만 2,000원

**셋째 저축은 단기저축에 치중하라**

저금리가 지속되는 한 비과세에 의한 절세효과는 크지 않다. 따라서 만기가 7년 이상인 재형저축은 재테크에 별로 도움이 되지 않는다. 따라서 이자율이 낮더라도 단기적으로 돈을 모을 수 있는 저축수단을 찾도록 한다.

---

■ **개인종합자산관리계좌(ISA, Individual Savings Account)**

이는 5년 동안의 수익과 손실을 통산한 순수익을 기준으로 200만 원까지 비과세혜택을 부여하는 저축을 말한다. 다만, 총급여액 5,000만 원 이하인 근로자 또는 종합소득금액 3,500만 원 이하인 사업자는 최대 250만 원까지 비과세혜택이 주어진다. 납입한도는 연 2,000만 원, 최대 1억 원이며 의무가입 기간은 3~5년이다.

---

 **넷째 자산은 주거용부터 구입하라**

월급쟁이들을 가장 힘들게 하는 것 중 하나가 바로 주거비이다. 고정비 성격을 가지고 있기 때문이다. 그렇다면 이를 어떻게 해결하는 것이 좋을까?

❶ 월세로 사는 경우에는 전세 등에 비해 주거비의 부담이 더 큰 것이 사실이다. 따라서 가급적 전세로 진입하거나 내 집 마련 시기를 앞당길 수 있도록 노력해야 한다. 월세로 사는 경우 연봉이 7,000만 원에 미달하면 월세 지출액을 연간 750만 원 한도 내에서 10%의 세액공제를 적용한다. 한해의 월세 지출액이 600만 원이면 이의 10%인 60만 원을 돌려받을 수 있다.

❷ 전세로 사는 경우에는 전세로 계속 살 것인지 내 집을 마련할 것인지를 결정해야 한다. 참고로 세법은 전세금을 은행권 등으로부터 차입해 원리금을 상환하는 경우 원리금 상환액의 40%를 300만 원까지 소득공제한다. 세율이 24%라

면 대략 72만 원 정도의 세금을 환급받을 수 있다.

❸ 전세나 월세를 살고 있는 상황에서 내 집 마련이 유리한 경우에는 대출받아 내 집을 구입하는 것이 낫다. 이때 대출규모를 적정하게 정하고 대출원리금 상환액을 본인소득 대비 너무 높게 해서는 곤란하다. 대출규모는 집값의 1/3 이하로, 대출원리금은 본인 소득의 1/4 이하가 되도록 관리하자.

참고로 세법은 장기로 조달된 주택차입금의 이자에 대해서는 소득공제를 적용하고 있다. 따라서 이를 활용하면 조달금리를 떨어뜨릴 수 있는 이점이 있다. 예를 들어 1억 원을 3%로 조달한 경우에 연간 이자는 300만 원이 되는데 만일 24%의 세율로 연말정산을 하면 72만 원을 환급받을 수 있어 실질적인 조달금리가 2.28%로 떨어지게 된다. 2.28%는 300만 원에서 72만 원을 차감한 228만 원을 원금 1억 원으로 나누어서 계산하였다.

 알 | 쏭 | 달 | 쏭 | 세 | 금 | 팁

### 월급생활자들의 주거비 완화를 위한 세금혜택제도

| 구분 | | 조건 | | 소득공제 · 세액공제 |
| --- | --- | --- | --- | --- |
| | | 세대주 | 기타 | |
| 저축 | 주택청약저축 | 단독세대주도 가능 (무주택) | 월 10만 원 납입 한도 | 불입액의 40% 소득공제 |
| 임차 | 국민주택 임차 | 혼인세대주 (무주택, 독신가능) | • 월세 : 연봉 7,000만 원 이하인 자 • 전세 : 은행 또는 지인으로 부터 차입 | • 월세 : 지출액의 10% 세액공제 • 전세 : 차입금 원리금 상환액의 40% 소득공제 |
| 구입 | 장기저당차입금으로 구입한 주택 | 단독세대주도 가능 (근로소득이 있는 세대원도 가능) | 차입금 상환기간이 10년 이상일 것 | 이자 상환액 300~1,800만 원 내 소득공제 |

# 보험비과세통장을 대물림한다고?

## 저축성 보험차익의 비과세통장도 대물림이 된다는데…?

저축성 보험에서 발생한 보험차익은 원칙적으로 이자소득에 해당한다. 따라서 이에 대해서는 세금을 부과해야 한다. 하지만 우리나라는 금융산업 발전이라는 명분 아래 보험계약 유지기간이 10년 이상인 저축성 보험차익에 대해서는 비과세를 하고 있다.

그런데 이러한 저축성 보험에 가입한 후 이 통장을 자녀에게 물려주면 자녀는 세금 한 푼 내지 않아도 된다. 과연 그럴까?

## 비과세통장의 대물림은 이렇게 한다!

일반적으로 보험은 '보험계약자-피보험자-보험수익자'의 형태로 계약이 체결된다. 그런데 이러한 보험계약은 필요에 의해 언제든지 계약 내용이 달라질수 있다. 가령 다음과 같이 보험계약 내용이 바뀌었다고 하자.

| 보험계약자 | 아버지 | | 자녀 |
|---|---|---|---|
| 피보험자 | 아버지 |  | 아버지 |
| 보험수익자 | 아버지 | | 자녀 |

이처럼 중간에 계약 내용이 달라지면 증여세 문제가 발생한다. 세법은 향후자녀가 보험금을 수령한 경우 아버지가 불입한 부분에 대해서는 증여세를 부과하고 있다. 예를 들어 보험료 불입액을 아버지와 자녀가 똑같이 한 경우로서 자녀가 보험금을 1억 원 수령했다면 1억 원의 절반인 5,000만 원이 증여세 과세대상이 된다. 그런데 계약 변경 전에 아버지가 불입한 적립금액의 대부분을 중도에 인출하면 어떻게 될까? 그리고 보험계약 변경을 통해 자녀에게 통장을 전달하면 어떻게 될까?

먼저, 원금의 일부를 중도 인출하는 것에 대해서는 2005년부터 이자소득에 해당하지 않는다. 원금의 일부를 인출하는 것은 소득이 발생하는 것이 아니기 때문이다. 따라서 원금의 중도 인출은 비과세를 위한 보험계약유지기간(10년 이상)과 관계없다.

다음으로, 저축성 보험계약 변경에 따른 비과세 기간은 보험계약 변경 전 보험계약자가 불입한 기간부터 따진다. 즉 아버지가 당초 가입한 때부터 자녀가 보험금을 수령한 기간이 10년 이상이면 비과세를 적용한다는 것이다. 보험계약자들에게 상당히 유리한 해석이다. 이런 이유로 저축성 보험차익의 비과세는 고액재산가의 관심을 끄는 무기가 될 수 있다. 하지만 2013년 2월 15일 이후에 가입한 보험은 계약자 명의변경일을 기준으로 각 계약자별로 '10년'을 따지게 되므로 명의변경을 통해 자녀가 통장을 대물림하는 경우에는 자녀가 10년 이상 계약을 유지해야 비과세를 받을 수 있다.

참고로 저축성보험차익에 대한 비과세 규정이 2013년 2월 15일 이후에 변경되었다. 종전과 개정된 내용을 비교하면 다음과 같다.

| 종전 | 개정 |
|---|---|
| 계약기간이 10년 이상인 경우 비과세 원칙 | ① 월적립식 저축성보험 : 보험료를 5년 이상 매월 150만 원 내에서 납입하고 10년 이상 보험계약을 유지한 경우<br>② 비월적립식 저축성보험 : 납입할 보험료 합계액이 1억 원 이하이고 10년 이상 보험계약을 유지한 경우<br>③ 종신형 연금보험 : 사망 시 연금재원 소멸, 55세 이후 지급, 중도해지 불가 등의 조건을 충족한 경우 |

첫째 월적립식 저축성보험의 경우 원칙적으로 매월 150만 원(2017년 4월 1일 전의 가입분은 한도 없음) 균등한 보험료를 최소한 5년 이상 불입하고 10년 이상 계약을 유지하면 비과세를 적용하는 것을 말한다. 최초 납입일부터 매월 납입하는 기본보험료가 균등하고, 기본보험료의 선납기간이 6개월 이내일 것 등의 조건을 충족해야 한다.

둘째 비월적립식 저축성보험은 납입할 보험료 합계액이 1억 원(2017년 4월 1일 전의 가입분은 2억 원 한도) 이하이고 보험계약유지기간이 10년 이상이면 중도에 이자를 받더라도 비과세를 적용한다. 다만, 최초 납입일부터 10년이 경과하기 전에 납입한 보험료를 확정된 기간 동안 연금형태로 분할하여 지급받으면 과세된다.

셋째 종신형 연금보험(금액 한도 없음)은 계약자가 보험료 납입 계약기간 만료 후 55세 이후부터 사망 시까지 연금으로 지급받는 보험을 말한다. 최초 연금지급개시 후 사망일 이전에 중도해지 불가, 사망 시 보험계약 및 연금재원이 소멸할 것 등의 요건이 추가된다. 참고로 종신형 연금보험의 보험계약 유지기간은 평생이 된다.

이러한 내용들을 그림으로 정리하면 다음과 같다.

■ **저축성보험 비과세 판정 흐름도**

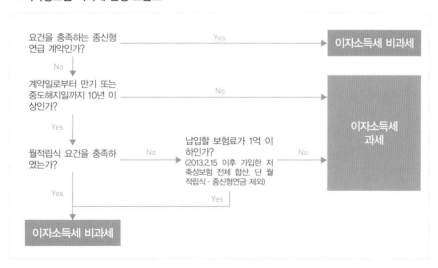

# 67

# 금융소득 종합과세, 겁먹을 필요 없다!

## 이들은 무슨 걱정을 하고 있는가?

아들이 걱정한 것은 다름 아닌 세금이다.

금융소득이 연간 2,000만 원이 넘어가면 다른 소득과 합산되어 6~40% 같은 누진세율로 과세되기 때문이다. 그렇게 되면 금융소득에 대해서 최고 40%까지도 세금이 과세된다. 하지만 금융소득에 대해 종합과세가 되더라도 그렇게 세금이 증가하지 않는다. 좀 어렵지만 왜 그런지 알아보자.

# 금융소득 종합과세, 두렵지 않다!

## 금융소득에 대한 세금체계

개인별로 발생한 연간 금융소득이 얼마인지에 따라 납세의무가 달라진다. 여기서 금융소득은 이자와 배당소득을 말하며, 비과세되는 소득이나 분리과세를 신청한 소득은 제외된다.

### ● 연간 금융소득이 2,000만 원 이하인 경우

우리나라 세법은 개인별로 연간 금융소득이 2,000만 원이 안 되면 금융기관에서 원천징수한 세금을 납부하는 것으로 납세의무가 종결된다. 예를 들어 이자소득이 1,000만 원 발생했다면 은행에서는 이 금액의 15.4%(소득세 14%+지방소득세 1.4%)를 원천징수한 154만 원을 공제한 846만 원을 지급한다. 따라서 소득자는 이 세금을 납부한 것으로 납세의무가 종결되므로 더 이상의 납세의무가 없다. 이러한 과세방식을 '분리과세방식'이라고 한다.

### ● 연간 금융소득이 2,000만 원을 초과하는 경우

개인의 연간 금융소득이 2,000만 원을 넘어가면 과세방식이 복잡하게 변한다. 세법에서는 금융소득이 2,000만 원을 초과하면 다른 종합소득과 합산하여 누진세율로 과세하도록 하기 때문이다. 이렇게 과세하는 방식을 '금융소득 종합과세'라고 부른다.

## 금융소득 종합과세 방법

일반적으로 금융소득 종합과세는 판정 대상 금액 2,000만 원을 기준으로 다음과 같이 적용된다. 이 금액을 초과하는 경우에는 다른 소득과 합산하여 기본세율로 과세되고, 그 이하는 원천징수한 세액만 납부함으로써 납세의무가 종결되는 것이다.

| 구분 | 종합과세되는 금융소득 | | 세율 적용 |
| --- | --- | --- | --- |
| 판정대상금액>2,000만 원 | 조건부 종합과세소득+원천징수되지 않은 금융소득 | 2,000만 원 초과분 | 다른 소득과 합산하여 기본세율 적용 |
| | | 2,000만 원 | 14%세율 적용 |
| 판정대상금액≤2,000만 원 | 원천징수되지 않은 금융소득 | | 14% (비영업대금이익은 25%) |

그렇다면 구체적으로 세액계산은 어떻게 할까? 세법은 금융소득이 종합과세되는 경우에는 다음 중 큰 세액을 산출세액으로 하고 있다(이를 비교과세라 한다).

① (종합소득 과세표준 − 2,000만 원)×6~40% + 2,000만 원 × 14%

② (종합소득 과세표준 − 금융소득금액)×6~40% + 금융소득 총수입금액 × 14%(비영업대금이익 25%)

이 식을 찬찬히 따져보면 금융소득에 대해서는 최소 14%의 세율이 적용되는 효과가 나오도록 설계되어 있다. 즉 2,000만 원을 초과하는 금융소득에 대해 6~40%로 종합과세가 되더라도 평균적으로 보면 14% 이상의 세금을 내야 한다.

| 사례 |

이자소득 5,000만 원과 사업소득금액이 5,000만 원이 있는 경우에 세금을 계산해
보자.

일단 이자소득이 2,000만 원 초과하여 발생하였으므로 금융소득 종합과세대상이 된다. 그런
데 이 경우에는 다른 소득 5,000만 원이 있으므로 계산방법에 유의해야 한다. 단, 종합소득
공제금액은 500만 원이다.

❶ (종합소득 과세표준−2,000만 원)×6~40%+2,000만 원×14%=(9,500만 원−2,000만
원)×6~40%+280만 원=(7,500만 원×24%−522만 원)+280만 원=1,278만 원+280만 원
=1,558만 원

❷ (종합소득 과세표준−금융소득금액)×6~40%+금융소득 총수입금액×14%(비영업대금이익
25%)=(9,500만 원−5,000만 원)×6~40%+5,000만 원×14%=(4,500만 원×15%−108
만 원)+700만 원=567만 원+700만 원=1,267만 원

따라서 이 경우 둘 중 큰 금액인 1,558만 원이 산출세액이 된다.

## 금융소득과 세금부담

금융소득이 2,000만 원을 초과하더라도 세금이 그렇게 크게 늘어나지 않을
수 있다. 예컨대 이자소득만 7,000만 원이 있다면 일단 이를 지급하는 회사에
서는 지급금액의 14%인 980만 원의 소득세(지방소득세 98만 원 별도)를 원천징
수했을 것이다. 지급받는 자 입장에서는 수령액이 2,000만 원을 초과하므로
종합과세제도가 적용된다. 만약 소득공제 등을 무시한다면 2,000만 원 이하
까지는 기본 원천징수세율(14%)로, 그 초과분에 대한 과세표준은 기본세율(6
~40%)로 과세한다. 따라서 2,000만 원에 대해서는 280만 원, 5,000만 원에
대해서는 24% 세율과 누진공제 522만 원을 적용하면 678만 원이 나온다. 둘

을 합하면 958만 원이 된다. 이처럼 금융소득이 많더라도 2,000만 원 초과분에 대해 14% 세율보다 낮은 종합소득세율이 적용되면 금융소득 종합과세가 되더라도 세금부담이 가중되지 않는다.

하지만 다른 소득이 상당히 많다면 2,000만 원 초과분에 대해 24%보다 높은 세율이 적용되어 세금이 크게 증가할 수 있다. 따라서 금융소득 종합과세는 주로 소득세 과세표준이 8,800만 원을 초과하여 35%, 38%, 40%와 같은 세율이 적용되는 고소득자가 주의해야 할 제도라는 것을 알 수 있다.

신절세 세무사와 함께 배우는

고급 세무정보 ⑩

# 금융상품별로 본 세금체계

## 1. 금융소득과 자본이득의 구분

일반적으로 소득이란 보유기간 동안 생산활동을 통해 발생하는 이익을 말한다. 부동산을 임대하여 받은 소득은 임대소득, 근로를 제공해서 받는 소득은 근로소득, 자본의 대여로 인해 받은 소득은 이자소득, 자본투자에 대한 잉여금 등의 배당금을 받는 것은 배당소득이 이에 해당한다. 예를 들어 이자소득의 경우 1월 1일에 예금에 가입한 후 12월 31일이 만기라면 가입자는 원금과 가입 때 약정한 이자율에 해당하는 금액을 받게 된다. 이자가 바로 소득이 되는 것이며, 금전을 사용한 자가 이에 대한 대가를 지급하는 것에 해당한다. 이에 반해 자본이득은 자산을 처분했을 때 발생하는 이익을 말한다. 기말(처분 시점)의 가격에서 기초(구입 시점)의 가격을 차감해서 계산하므로 결국은 자산가치의 상승에 따른 이익이라고 할 수 있다. 따라서 자본이득은 시장에서 거래당사자들끼리 자유로운 거래에 따라 양도차익과 차손이 발생할 수 있다는 특징이 있다. 참고로 앞의 자본이득은 세법상 양도차익이라고 부른다.

## 2. 금융소득과 자본이득에 대한 과세체계

위와 같이 금융소득과 자본이득은 태생 자체가 다르다. 이러한 이유로 소득에 대해서는 같은 계산구조로 세금을 부과할 수 없다. 금융소득은 일상적인 것에 해당하고 자본이득은 매매차익에 해당하므로 별도의 과세체계를 마련할 필요가 있다. 이에 현행 세법은 다음과 같이 과세방법을 정하고 있다.

● 금융소득 : 금융소득이 연간 2,000만 원을 초과하는 경우에는 사업소득 등 다른 종합소득에 합산하여 과세한다.
● 자본이득 : 다른 소득에 합산하는 것이 아니라 별도의 양도소득세 계산구조로 과세한다.

## 3. 금융상품별 세금체계

세법에서는 이자와 배당소득을 금융소득으로 분류하고 이를 종합소득으로 분류하고 있다. 그리고 금융상품의 양도에 의한 소득은 양도소득(자본이득)으로 구분하고 있다. 다음 표를 통해 금융소득의 종류를 확인해 보자.

| 구분 | | | | 이자 · 배당소득 | 자본이득 |
|---|---|---|---|---|---|
| 수신상품 | | | | 이자소득 | − |
| 보장성 보험 | | 보장성 보험 | | − | − |
| | | 저축성 보험 | | 이자소득 | − |
| 금융투자상품 | 증권 | 채무증권 | | 이자소득 | 이자소득(채권보유기간 이자상당액) |
| | | 지분증권 | | 배당소득 | 양도소득(비상장주식 등) |
| | | 수익증권 | 투자신탁 | 배당소득 | 배당소득(집합투자증권 보유기간 이자상당액) |
| | | | 주식예탁증권 | 배당소득 | 양도소득(비상장주식 등) |
| | | | 특정금전신탁 등 | 소득 내용별 과세 | − |
| | | 파생결합증권 | ELS 등 | 배당소득 | − |
| | | | ELW | 배당소득 | 2017년 4월 1일부터 과세될 예정임. |
| 파생상품(선물 · 옵션) | | | | − | 2016년부터 과세로 전환됨. |

위의 표를 통해 몇 가지를 정리하면 다음과 같다.

첫째, 은행업의 수신상품은 오직 이자소득만 발생한다. 따라서 가입 후부터 해지 전까지 발생한 이자에 대해서는 이자소득으로만 분류된다. 따라서 이 소득에 대해서는 소득세나 법인세를 부과하는 것이 원칙이다. 다만, 일부 상품에 대해서는 조세정책상 비과세 등을 적용하기도 한다.

둘째, 보험업의 보험상품 중 보장성 보험에서 발생한 보험금은 이자소득 등에서 제외된다. 따라서 소득이 발생하더라도 이에 대해서는 소득세가 부과되지 않는다. 하지만 저축성 보험에서 발생하는 보험차익은 이자소득으로 분류되어 이자소득으로 과세되는 것이 원칙이다. 다만, 세법에서는 10년 이상 보험계약을 유지한 경우에는 이를 이자소득에서 제외하는 특례를 부여하고 있다. 비과세를 받기 위해서는 세법에서 정하고 있는 저축기간, 납입한도 등의 비과세 요건을 갖추어야 한다.

셋째, 금융투자상품의 경우에는 관련 상품 내용이 다양하고 소득의 종류도 다양하다. 채권 같은 채무증권에서는 이자소득이 발생하고 주식 같은 지분증권에서는 배당소득이 발생한다. 그리고 지분증권에서 자본이득이 발생하고 이에 대해 세금이 부과된다. 그런데 파생상품이나 ELW 같은 상품의 경우에는 소득이 발생할 수 있음에도 과세 인프라가 미흡하다는 등의 이유로 소득에서 제외하여 과세하지 않고 있다(2017년 4월 1일부터 과세될 예정임). 2016년 이후부터 일부 파생상품에 대해서는 양도소득세가 과세되고 있다.

# 68

# 연금저축 중도에 해지하면
# 막대한 손해?

## 연금저축은 건들지 마라!

연금저축을 중도에 해지하거나 일시금으로 받는 경우에는 큰 손해를 볼 수 있다. 그 이유는 연말정산 시 소득공제를 받은 원금과 이자에 대해 기타소득세(15%)와 지방소득세(1.5%)를 원천징수하여 불이익을 주기 때문이다. 단, 부득이한 사유(사망, 장기요양, 파산 등)로 연금이 아닌 형태로 수령하는 경우에는 3~5%의 세율로 원천징수한다.

따라서 가입 시 무리하게 가입하지 않도록 잘 살펴봐야 한다

잘나가 기업에 근무하고 있는 김미래 씨는 연금저축에 가입한 후 소득공제와 세액공제를 받아왔다. 그런데 돈이 필요한 나머지 연금저축을 중도에 해지하였다. 그가 받은 금액은 원금과 이자를 포함하여 1,200만 원 정도가 되었다. 그가 부담해야 하는 세금은 얼마인가?

원천징수세액 : 1,200만 원×16.5%=198만 원

이렇게 원천징수하는 세금은 본인이 소득공제나 세액공제를 받지 않은 경우라면 추징이 발생하지 않지만, 공제를 받은 경우라면 추징을 피할 수 없다. 따라서 연금저축에 가입한 경우라면 중도해지는 절대 해서는 안된다. 한편 2013년까지는 연간 연금저축 불입액 400만 원까지 소득공제가 적용되었다. 가령 월 34만 원을 불입하면 약 400만 원이 나오는데, 이 금액에 적용 세율별 (6.6~41.8%)로 절세효과를 따지면 다음과 같다.

- 400만 원×6.6%=264,000원
- 400만 원×15.4%=616,000원
- 400만 원×26.4%=1,056,000원
- 400만 원×38.5%=1,540,000원
- 400만 원×41.8%=1,672,000원

이 소득공제는 근로소득자뿐만 아니라 사업자에게도 동일하게 적용된다. 따라서 사업자는 보통 퇴직금이 없으므로 연금저축에 가입하는 것은 나중을 위해 유용한 저축이 된다. 그런데 2014년 이후부터는 연금저축에 대한 공제방식이 소득공제에서 세액공제로 바뀌었다. 소득공제는 연금저축액에 세율을

곱한 방식이지만 세액공제는 연금저축액에 12%(급여 5,500만 원 이하 근로자, 소득금액 4,000만 원 이하 사업소득자는 15%)의 단일 공제율을 곱한 방식을 말한다. 따라서 다음과 같은 효과가 발생한다.

| 소득공제 | 세액공제 | 차이 | 효과 |
|---|---|---|---|
| 6% | 12% | △6% | 저소득층 유리 |
| 15% | 12% | 3% | 상동(일부는 불리) |
| 24% | 12% | 12% | 고소득층 불리 |
| 35% | 12% | 23% | 상동 |
| 38% | 12% | 26% | 상동 |
| 40% | 12% | 28% | 상동 |

즉 세율이 24% 이상 적용받는 고소득자층(대략 연봉 7,000만 원 이상)은 세액공제로의 전환에 따라 연금저축액의 12% 이상 환급세액이 축소된다. 참고로 세액공제가 적용되는 연금저축에 대한 가입조건은 다음과 같다.

- 가입상품 : 개인연금저축상품과 유사, 새마을금고연합회, 신용협동조합중앙회, 투자회사가 취급하는 연금저축 등도 포함
- 저축기간 : 납입기간 5년 이상일 것
- 가입자격 : 만 18세 이상의 거주자
- 저축한도 : 연간 1,800만 원 범위 내에서 납입할 것
- 지급조건 : 만 55세 이후부터 연금으로 지급받는 저축일 것
- 추징요건 : 중도해지 시 15%(부득이한 경우* 3~5%)로 원천징수세액을 납부해야 한다(분리과세).

  * 의료목적, 천재지변이나 그 밖에 부득이한 사유 등 대통령령으로 정하는 요건을 갖춘 경우를 말한다.

## 사업자들은 노란우산공제를…

노란우산공제는 개인사업자들의 생활안정과 사업 재기를 위한 목적으로 최근에 도입된 상품이다. 납입원금 전액이 적립되고 복리이자가 적용되는 상품으로서 연간 불입금액의 100%를 200~500만 원을 한도로 소득공제가 적용되는 장점이 있다. 이 공제는 임대사업자는 물론 창업자 및 1년 미만 사업자도 가입할 수 있으나, 종업원 수가 제조·건설업은 50인, 도소매·서비스업은 10인 이상이면 가입이 제한된다.

**알 l 쏭 l 달 l 쏭 l 세 l 금 l 팁**

### 소득공제나 세액공제를 받지 않은 경우에 해지한 경우

이러한 상황에서는 중도해지하더라도 불이익이 없다. 참고로 2014년 12월 23일에 개정된 소득세법 제14조 제3항 제8호에 따라 2015년 1월 1일 이후 해지 분부터 연금저축계좌 해지 시 소득세법 제129조에 따라 15%의 세율로 기타소득세와 지방소득세 합계 16.5%를 원천징수하고 납세의무가 종결되는 것이므로, 2015년 1월 1일 이후 해지 시에는 기타소득금액이 300만 원을 초과하더라도 종합소득세를 신고하지 않는다. 따라서 중도에 해지하여 발생한 세금은 환급받을 수 있는 길이 원천적으로 봉쇄되었음을 이해하기 바란다.

# 장학재단 설립으로
# 세금을 줄인다?

세금을 낼 바에는 차라리 장학재단을 설립합시다!!

엥?

상속세

재단 설립으로 세금을 줄이면 국세청은 가만히 있을까?

원래 재단법인은 기본적으로 비영리법인이다. 주식회사처럼 수익을 추구하는 것이 아니라 공익을 추구하는 일이 많다. 따라서 비영리법인은 수익활동을 하지 않는 이상 세금문제가 크게 발생하지 않는다. 나아가 공익적인 성격이 짙은 법인에 대해서는 상속이나 증여를 받더라도 이에 대한 세금을 부과하지 않는다.

세금을 부과하면 공익적인 활동이 위축될 수 있기 때문이다. 그런데 일부에서는 재단 설립을 세금 회피의 수단으로 삼기도 한다.

어떻게 이런 일이 가능할까?
세법은 그냥 두고만 보고 있을까?

# 재단을 사유화하면 세금추징이 발생한다!

이 문제를 심도 있게 따져보기 위해 사례를 하나 살펴보자.

| 사례 |

어떤 사람의 재산가액이 100억 원 대라고 해보자. 이 사람이 사망하면 이 재산에 대해 상속세가 부과될 것이다. 각종 상속공제 등을 차감한 상속세 과세표준이 100억 원이라면 상속세는 대략 40억 원 정도가 나온다. 과세표준의 50%인 50억 원에서 4억 6,000만 원(누진공제)을 차감하고 신고세액공제 7%를 감안한 결과다. 세금이 상당히 많이 나온다. 그래서 부유층에서는 상속세를 낼 바에야 차라리 상속재산을 공익법인에 출연하고 이를 사후적으로 관리하는 것을 선택하기도 한다. 이렇게 하면 상속세를 면제받고 재산도 지속적으로 관리할 수 있다는 계산에서다.

그렇다면 세법은 어떤 식으로 이를 규제할까?

일단 재단을 만들어놓은 후에 가족이 출연한 재산을 마음대로 사용할 가능성이 있다. 이렇게 되면 세금이 탈루되는 결과가 발생하므로 세법에서는 여러 가지 측면에서 규제하고 있다. 예컨대 공익법인이 출연받은 재산은 받은 날로부터 3년 이내에 직접 공익목적사업(직접 공익목적사업에 충당하기 위하여 수익용 또는 수익사업용으로 운용하는 경우 포함)에 사용하지 않으면 상속세나 증여세를 추징한다. 또한 공익법인 등이 출연받은 재산을 수익용 또는 수익사업용으로 운용하는 경우로서 운용소득을 직접 공익목적사업 외에 사용하는 경우에는 증여세를 부과하며, 운용소득을 직접 공익목적사업에 사용한 실적이 법에서 정한 기준금액에 미달하는 경우에는 가산세를 부과하기도 한다.

그리고 출연자 및 특수관계에 있는 자가 공익법인 등의 이사 현원의 5분의 1을 초과하여 이사가 되는 경우에 그 초과한 이사와 관련하여 지출한 직·간접경비에 대하여는 가산세를 부과하고 있다. 여기서 직접경비 또는 간접경비란 해당 이사 또는 임·직원을 위하여 지출한 급료, 판공비, 비서실 운영경비 및 차량유지비 등을 말한다.

이외에도 공익법인 등이 내국법인의 주식을 5%(성실공익법인에 해당하는 경우에는 10%)를 초과하여 받으면 초과한 부분에 증여세를 과세한다.

참고로 부동산임대사업자가 본인 임대용 부동산을 본인이 설립한 장학재단에 기부하는 경우에 지정기부금에 해당하며, 기부자는 본인 소득에서 필요경비(손금)처리가 가능하다.

### ※ 기부했더니 오히려 세금을 추징?

얼마 전 어떤 사람이 회사 주식 90%(200억 원 상당)과 현금 15억 원을 어느 한 대학 장학재단에 증여했는데, 이에 대한 증여세를 무려 140억 원이나 내야 한다는 황당한 기사가 있었다. 이렇게 세금을 내야 하는 이유를 따져보면 현행 세법의 규정이 기부로 받은 주식이 발행주식 총수의 5%를 초과하면 그 초과분에 대해서는 증여세를 부과한다는 규정이 적용되기 때문이다. 그런데 이 규정이 만들어진 배경은 과거 재벌들이 미술재단 등을 만든 후 주식을 변칙적으로 상속이나 증여하면서 세금을 탈루한 것과 관계있다. 따라서 사례처럼 순수하게 장학금 지원을 위해 쾌척된 주식에 과세하는 것은 입법취지와 상당히 어긋나 보인다. 입법적인 개선이 필요한 대목이다.

알 | 쏭 | 달 | 쏭 | 세 | 금 | 팁

**장학재단을 설립하면 좋은 점들**

❶ 장학재단을 설립하면 상속세나 증여세를 내지 않아도 된다.

❷ 생전에는 출연자가 재단 이사장을 역임할 수 있고, 사후에는 자녀 등이 이사장직을 유지할 수 있다.

❸ 각 기업으로부터 기부금을 받을 수 있다.

❹ 자녀에게도 월급을 지급할 수 있다.

❺ 부동산임대소득에서 발생하는 소득에 법인세를 면제받는다.

※ 참고로 비영리법인이 청산되면 재산은 유사한 타비영리법인이나 정부에 기부되는 것이 원칙이다.

## 기부도 하고
## 세금도 줄이고

기부문화를 확산시키기 위해서는 세금혜택이 절실…

나눔

### 기부한국을 만들려면 세금혜택이 필요하다!

기부금이란 자선 사업이나 공공을 위해 대가 없이 내놓는 금전을 말한다. 기부는 이러한 목적으로 행해지기 때문에 기부금이 많아질수록 사회는 밝아진다. 하지만 우리나라는 아직도 걸음마 수준이다. 따라서 기부문화를 확산시키기 위해서는 기부자들에게 다양한 혜택을 주는 방안이 필요하다. 그 가운데 하나가 기부금에 대한 세제혜택이다. 물론 세제혜택이 기부를 결정짓는 주요 요인은 아니지만, 적어도 기부에 대한 동기유발이 되는 것은 분명하다.

그렇다면 어떤 식으로 세제혜택이 부여되어야 좋을까?

# 기부금에 대한 세법 내용은?

**첫째** 세법에서는 기부금을 크게 법정기부금과 지정기부금 그리고 비지정 기부금으로 구분하고 있다. 법정기부금은 주로 국가나 지방자치단체에 무상 으로 기증하는 금품의 가액이나 천재·지변으로 생기는 이재민을 위한 구호 금품의 가액, 사립학교(병원은 제외)·산학협력단 등에 시설비·교육비·장 학금 또는 연구비로 지출하는 기부금, 국립대학병원·사립학교가 운영하는 병원·국립암센터 등에 시설비·교육비로 지출하는 기부금, 사회복지공동 모금회 등에 지출하는 기부금을 말한다. 이는 공익성이 매우 큰 기부금이다. 이에 반해 지정기부금은 공익성이 법정기부금단체에 비해 다소 떨어지는 단 체에 지출하는 것을 말하며 문화·예술단체나 종교법인 등에 지출하는 기부 금이 해당된다. 한편 동창회나 향우회 등에 대한 기부금은 비지정기부금으로 분류된다. 지출한 기부금이 어느 기부금에 해당하는지는 세법을 참조해야 하 나 기부금을 수령하는 단체에 문의하면 쉽게 확인할 수 있다.

**둘째** 기부금 종류별로 세금혜택이 다르다. 기부주체가 법인인 경우와 아닌 경우로 나눠 살펴보자.

● **지출자가 법인인 경우**

법인이 법정기부금을 지출하는 경우 기준소득금액에서 이월결손금을 차감 한 금액의 50% 한도 내에서 공제받고 지정기부금을 지출하면 10%만큼 공제 를 받는다. 예를 들어 앞의 금액이 1억 원이라면 법정기부금은 이 금액의 50%, 지정기부금은 10% 내에서 기부금을 비용으로 인정한다. 그리고 이를 초과한 기부금이 있다면 이는 5년간 이월하여 공제받을 수 있다. 참고로 비지정기부금은 공제혜택이 없다.


● 지출자가 개인인 경우

지출자가 개인사업자인 경우에는 당해 기부금을 소득금액에서 필요경비로만 공제받을 수 있다. 그러나 사업자가 아닌 개인은 세액공제를 받아야 하는데 이때 법정기부금은 보통 기준소득금액의 100%, 지정기부금은 30%(종교단체는 10%)을 한도로 세액공제를 받을 수 있다. 한도를 초과하는 금액은 법인처럼 5년간 이월공제를 적용한다. 예를 들어 종교단체에 기부한 금액이 300만 원이고 소득금액이 2,000만 원이라면 소득금액의 10%인 200만 원이 세액공제 대상이다. 기부금에 대한 세액공제율은 15%(해당 금액이 2천만 원을 초과하는 경우 그 초과분에 대해서는 100분의 30)이므로 이 경우 30만 원(200만 원×15%) 상당액을 세액공제로 받을 수 있다. 그리고 이번에 공제받지 못한 100만 원은 다음 연도로 이월되어 공제받을 수 있다.


셋째 현금이 아닌 물건 등으로 기부하는 경우에는 기부금액을 다음과 같이 평가한다. 따라서 현물기부금을 입증하기 위해서는 원칙적으로 기부자의 장부에 금액표시가 되어 있어야 한다.

| 구분 | 현물기부금의 평가액 |
| --- | --- |
| 법정기부금, 특수관계 없는 자에게<br>기부한 지정기부금 | 장부가액 |
| 특수관계 있는 자에게<br>기부한 지정기부금, 비지정기부금 | MAX(시가, 장부가액) |

기부금과 관련된 주요 세법을 보면 몇 가지 문제점을 알 수 있다.

❶ 기부금 종류를 구분하는 것이 상당히 힘들다. 우리나라에는 그야말로 셀 수 없을 정도의 수많은 단체들이 존재하는데 이 단체가 법정기부금단체인지 지정기부금단체인지 구별하는 것은 결코 쉽지가 않다.

❷ 기부금단체 성격에 따라 세금혜택이 달라진다는 점도 다소 문제가 있다. 성격에 따라 세금혜택이 달라진다면 혜택이 많은 단체에 기부를 집중적으로 할 수 있다. 법정기부금에 대한 세금혜택이 상대적으로 크다.

❸ 개인이 현물을 기부할 때 이에 대한 가액을 어떻게 평가할 것인지도 문제이다. 예를 들어 개인이 사용하던 피아노를 기부한 경우 어떻게 평가할 것인지가 중요하다. 객관적인 평가 없이 대충 기재된 영수증은 자칫 세금 탈루에 이용될 가능성도 있다. 또한 평가시스템의 부재로 인해 실제 영수증이 발급되기 힘들어 기부문화 확산 측면에서도 문제가 많다.

알｜쏭｜달｜쏭｜세｜금｜팁

### 정치자금의 세액공제

거주자가 정치자금법에 따라 정당(동법에 따른 후원회 및 선거관리위원회 포함)에 기부한 정치자금은 이를 지출한 해당 과세연도에 10만 원까지는 그 기부금의 100/110을 세액공제하고, 10만 원을 초과한 기부금에 대해서는 세액공제하거나 필요경비에 산입한다.

## ※ 기부문화를 활성화하려면

현행 세법은 법정기부금과 지정기부금 두 가지에 세금혜택을 부여하고 있다. 그런데 기부금별로 세금혜택이 차등적으로 적용되므로 개인의 고액기부를 실현시키기는 데는 한계가 있다. 따라서 고액 기부나 기타 다양한 기부문화를 활성화하기 위해서 기부에 대한 세제내용을 손질할 필요가 있다. 이를 위해서 법정기부금과 지정기부금의 차등적 세제를 개편하고 기부가 현금뿐만 아니라 주식 또는 부동산, 신탁상품 등으로 다양해질 수 있도록 지원책을 마련해야 한다.

**알아두면 바로바로 써먹는**

# 세무 용어사전

- **가산금** | 세금이나 공공요금 따위를 납부 기한까지 내지 않은 경우, 원래 금액에 일정한 비율로 덧붙여 매기는 금액을 말한다. 일종의 연체이자적 성질을 갖는다.

- **가산세** | 가산세는 세법 위반에 대한 행정적인 벌칙으로서 각 세법에서 규정하고 있으나, 신고불성실가산세와 납부불성실가산세 등은 국세기본법에서 정하고 있다.

- **가업상속공제** | 법인기업의 주주는 자녀 등에게 상속이나 증여 또는 매매 등의 방법으로 주식을 넘길 수 있다. 하지만 넘기는 과정에서 막대한 세금이 부과되므로 섣불리 가업승계를 실행하기가 힘든 것이 현실이다. 이에 정부는 가업승계를 원활히 할 수 있도록 가업상속공제를 확대시행하고 있다.

  ① 가업상속공제의 요건 : 피상속인의 사업영위기간이 10년 이상이고 피상속인의 대표이사 영위기간이 50%이상 등의 요건을 갖춘 경우 적용
  ② 가업상속공제금액 : 가업상속재산가액의 100%로 하되 500억 원(단, 사업기간이 10~14년 200억 원, 15~19년 300억 원)을 한도로 공제

- **간접세** | 간접세는 법률상의 납세의무자에게 부과된 조세가 다른 자에게 전가될 것으로 입법자가 예정하고 있는 조세로서 이에는 개별소비세와 부가가치세 등이 있다.

- **감면주택** | 조세정책적인 목적으로 양도소득세의 일부나 전부를 감면하는 주택을 말한다. 조세특례제한법 규정에 열거되어 있다. 실무에서 중요한 조세특례제한법 제99조와 제99조의 3의 규정을 비교하면 다음과 같다.

| 구분 | 제99조 | | 제99조의 3 | |
|---|---|---|---|---|
| 취득기간 | 1998.5.22~1999.6.30 | 1998.5.22~1999.12.31 | 2001.5.23~2002.12.31 | 2001.5.23~2003.6.30 |
| 주택소재지 | 전국 | | 서울·과천·5대신도시 | 전국 |
| 주택규모 | 국민주택 규모이하 | 고급주택 아닌 주택 | 고급주택(고가주택) 아닌 주택 | |
| 감면대상지 | 일반분양자<br>조합원(승계조합원 포함) | | 일반분양자<br>조합원(2002년 이후 승계조합원은 제외) | |

- **감정평가 |** 감정평가에 관한 법률에 근거하여 재산을 평가하는 방법으로 세법에서는 감정평가액을 시가의 대용으로 사용한다. 상속세나 증여세 신고 시 감정평가액을 활용하면 세금을 줄일 수 있다.

- **감정평가수수료공제 |** 상속세를 신고 및 납부하기 위해 상속재산을 평가하는데 소요되는 감정평가수수료는 500만 원을 한도로 공제한다. 다만, 다음에 따른 수수료는 1,000만 원까지 공제가 가능하다.

  ① 「부동산가격공시 및 감정평가에 관한 법률」의 규정에 의한 감정평가법인의 평가에 따른 수수료(상속세 납부목적용에 한한다)
  ② 비상장주식의 평가심의위원회가 의뢰한 신용평가전문기관의 평가수수료

- **개인별 과세원칙 |** 현행 세법은 개인 단위로 과세하는 것을 원칙으로 한다. 따라서 부부의 소득이 합산되지 않으므로 합산하는 것에 비해 세금부담이 줄어든다. 다만, 예외적으로 양도소득세 과세판단 시 세대 단위로 보유주택 수를 따지고 있다.

- **거주 요건 |** 종전에 서울, 과천, 일산ㆍ분당ㆍ중동 등 5대 신도시 지역에서는 3년(현재는 2년) 이상 보유하고 2년 이상 거주를 해야 양도소득세 비과세를 했으나, 2011년 6월 3일 이후의 양도분에 대해서는 이 거주 요건을 폐지하였다.

- **거주자 |** 거주자는 국내에 주소를 두거나 183일 이상 거소를 둔 개인을 말한다. 이들은 국내원천소득과 국외원천소득 모두에 대해 소득세 납세의무를 진다.

- **건축물대장 |** 건축물대장은 건축물의 연혁 등을 알 수 있는 공부에 해당한다. 건축물대장상의 신축연도 등은 건축물의 기준시가를 구하는 데 사용된다.

- **검인계약서 |** 주로 등기를 위해 작성된 계약서를 말한다. 이 계약서는 등기를 위해 존재하는 것이므로 양도소득세 신고와는 무관하다. 다만, 매매계약서나 기타 여러 가지 수단에 의해 거래금액을 입증하지 못한 경우에도 이를 인정하는 판례 등이 있으므로 이에 대해서는 세무전문가 도움을 받도록 하자.

- **겸용주택 |** 겸용주택은 상가와 주택이 결합된 주택이다. 따라서 이런 종류의 건물을 취득하거나 보유할 때 발생하는 취득세나 재산세 등 지방세는 상가와 주택을 구분하여 매겨진다. 하지만 국세인 양도세에서는 주택에 대한 비과세 판단은 다음처럼

면적에 따라 결정한다(옥탑방 등 부수적인 시설은 용도에 따라 구분하되, 용도가 불분명한 경우 아래 면적별로 안분).

–주택의 면적>상가의 면적 : 모두 주택으로 본다.
–주택의 면적≤상가의 면적 : 주택 부분은 주택, 상가 부분은 상가로 본다.

● **경매의 취득세 과세표준** | 낙찰가격이 기준시가에 미달하는 경우에도 낙찰가격을 취득세 과세표준으로 한다.

● **경정청구 기한과 절차** | '통상적인 경정 등 청구'는 법정신고기한 후 5년 내에, '후발적 사유로 인한 경정청구'는 그 사유가 발생한 것을 안 날로부터 3개월 이내 청구할 수 있다.

● **경정청구의 개념** | 세법에서 정한 기준보다 세금을 과다하게 납부하여 이를 돌려받을 때 행하는 신청행위를 말한다.

● **고가주택** | 고가주택은 양도 시점에서 실거래가액이 9억 원을 넘는 주택을 말한다. 2008.10.7에 6억 원에서 9억 원으로 바뀌었다. 고가주택에 해당하면 양도차익의 일부에 대해서 양도소득세를 과세한다.

● **공동등기** | 부부 공동등기를 하면서 지분율은 자유의사대로 결정할 수 있다. 예를 들면 배우자와의 지분율을 각각 1/2로 할 수 있고, 한쪽은 1/3 다른 한쪽은 2/3로 할 수 있다는 뜻이다. 이러한 지분율은 증여세나 취득세 등에 영향을 주게 된다. 따라서 재산을 취득하고자 하는 사람들은 지분율과 세금과의 관계를 이해할 필요가 있다.

● **공동사업 현물출자** | 거주자가 공동사업(주택 신축판매업 등)을 경영할 것을 약정하는 계약에 의해 토지 등을 당해 공동사업에 현물 출자한 경우, 등기에 관계없이 현물 출자한 날 또는 등기 접수일 중 빠른 날에 당해 자산 전체가 사실상 유상으로 양도되는 것으로 본다. 그리고 공동사업자의 공동 소유 부동산을 각각 단독 소유로 이전하는 경우에 이는 양도로 본다.

● **공동사업합산과세** | 가족 간 공동사업을 하는 경우로서 거짓으로 지분율을 정하는 사유가 있으면 가족 단위로 과세하는데 이를 공동사업합산과세라고 한다. 이 제도가

적용되면 주된 공동사업자와 연대하여 납세의무를 진다.

- **공동주택가격 |** 국토해양부에서 아파트, 다세대 등 공동주택에 대해 고시하고 있는 가격을 말한다. 기준시가의 하나에 해당한다.

- **공시지가확인원 |** 공시지가는 토지에 대한 기준시가를 말하며, 공시지가확인원은 개별공시지가를 확인하는 데 사용된다.

- **공익법인 |** 비영리법인 중 상속세 및 증여세법 시행령 제12조에 열거된 공익성이 큰 법인을 말한다. 이에는 「초·중등교육법」 및 「고등교육법」에 의한 학교, 「유아교육법」에 따른 유치원을 설립·경영하는 사업, 「사회복지사업법」의 규정에 의한 사회복지법인이 운영하는 사업 등이 있다.

- **과세가액 불산입액 |** 상속세나 증여세의 과세가액에 산입하지 않는 재산으로, 공익법인 등의 출연재산과 공익신탁재산 등이 있다.

- **과세전적부심사 |** 세무당국이 세무조사 결과에 따라 과세처분을 하기 전에 세무조사를 받은 납세자에게 과세 내용을 미리 알려주고 이의가 있을 경우 심사를 청구할 수 있도록 유도하는 사전적 권리구제제도를 말한다.

- **과세표준 |** 세법에 의하여 직접적으로 세액산출의 기초가 되는 과세물건의 수량 또는 가액을 말하는 것으로, 과세물건이 갖는 담세력을 측정한 수치이다. 즉 과세표준에 해당하는 금액만큼 세부담 능력이 있는 것으로 보고 과세의 기초금액으로 삼는 것이다. 과세표준은 보통 소득금액(수입금액에서 필요경비를 차감한 금액)에서 각종 공제 등을 차감하여 계산된다.

- **과점주주의 간주취득 |** 비상장법인의 주식을 50% 초과하여 보유한 특수관계자 집단을 과점주주라고 하며, 과점주주가 되면 취득세를 추가로 납부해야 한다. 단, 다음의 조건을 충족해야 한다.

  ① 취득세 과세대상을 보유하고 있는 법인은 비상장법인이어야 한다. 증권거래소에 상장된 주식, 코스닥등록주식을 취득하여 과점주주가 된 경우 제외한다.
  ② 주식을 취득하거나 증자 등으로 과점주주가 되어야 한다. 다만, 법인설립 시 발행하는 주식 또는 지분을 취득함으로써 과점주주가 된 경우에는 그러하지 아니한다. 이미 과점주주가 된 경우에는 5

년 내에 증가분을 과세대상으로 한다.

③ 취득세과세객체는 과점주주가 된 당시의 당해 법인이 소유하고 있는 취득세 과세대상물건이다. 따라서 과점주주로 성립된 당시에는 법인이 취득세 과세대상 물건을 보유하고 있지 않거나, 과점주주가 된 이후에 법인이 취득한 재산에 대해서는 과점주주로서의 취득세 납세의무가 없다.

④ 지방세법이나 기타 법령에 의하여 법인에게 취득세가 과세되지 아니하는 부분에 대해서는 그 법인의 과점주주에 대해서도 취득세를 과세하지 않는다.

● **국민주택채권 |** 부동산 소유권을 보전하거나 이전하는 경우에는 주택법에 따라 국민주택채권을 구입해야 한다. 정부는 부동산을 구입한 사람한테 채권을 팔아 나온 돈으로 국민주택건설 등에 사용한다. 채권을 구입한 사람은 법에서 정한 만기 시점(보통 5년)에 일정한 이자와 함께 상환을 받을 수 있고, 매입 시 또는 중도에 금융기관을 통해 매도할 수 있다. 물론 만기 이전에 매도하는 경우에는 할인으로 인한 손실이 발생한다.

● **국세 |** 국가가 부과하는 조세를 말한다. 이에는 법인세, 소득세, 상속세 · 증여세, 부가가치세, 농어촌특별세 등이 있다.

● **국세부과의 제척기간 |** 정부에서 세금을 부과할 수 있는 기간을 말한다. 소득세 등의 일반 세목은 보통 과세표준 신고기한의 다음날부터 5년 간 세금을 부과할 수 있고 이외의 기간이 경과하면 세금을 부과할 수 없도록 하고 있다. 따라서 제척기간이 만료되면 납세의무가 소멸된다. 현행 국세기본법은 세목 또는 신고형태 등을 기준으로 하여 다양한 제척기간을 두고 있다.

● **국세징수권의 소멸시효완성 |** 국가에서 세금을 고지하였으나 납세자에게 재산이 없는 등의 사유로 세금을 징수할 수 없어 체납상태로 남아 있는 경우, 국가가 독촉 등 세금을 징수하기 위한 조치를 일정기간 취하지 않으면 세금을 징수할 수 있는 권리가 소멸하는 것을 말한다. 국세징수권은 이를 행사할 수 있는 때부터 「5년(5억 이상의 국세는 10년) 간」 행사하지 않으면 그 징수권이 소멸한다. 여기서 '행사할 수 있는 때'란 예를 들면, 신고세목인 소득세의 경우에는 법정 신고납부기한의 다음날(6월 1일)부터, 정부부과세목인 상속 및 증여세는 그 납세고지서에 의한 납부기한의 다음날을 말한다.

● **국세환급 |** 국세환급이란 납세의무자가 국세 등 납부한 금액 중 과오납부한 금액이 있거나 세법에 의해 환급하여야 할 세액이 있는 때에는 이것을 납세자에게 반환하

여야 하는 것을 말한다.

● **권리금 |** 사업을 양도하면서 권리금을 받은 경우 소득세법상 기타소득에 해당된다. 따라서 권리금 양도에 대한 소득세 원천징수 시 대가지급자는 지급금액(1억5천만 원)에서 필요경비 80%(1억2천만 원)를 제외한 금액(3천만 원)의 22%(지방소득세 포함)를 원천징수한 후 다음 달 10일까지 사업장관할세무서로 원천징수이행상황신고서를 제출해야 한다. 그리고 다음 연도 2월말까지 기타소득지급명세서(원천징수영수증)도 제출해야 한다. 이 경우 기타소득금액이 3천만 원이므로 사업소득과 합산하여 소득이 발생한 연도의 다음연도 5월에 주소지관할세무서에 소득세 확정신고를 해야 한다.

● **근로장려세제 |** 전년도 근로소득(보험설계사와 방문판매원은 연말정산 사업소득)을 기준으로 연간 최대 230만 원까지 근로장려금을 받을 수 있는 제도를 말한다. 다만, 이를 지급받기 위해서는 다음의 요건들을 모두 충족해야 한다.

- 거주자 요건 : 근로소득자(보험모집인, 방문판매원 포함)
- 소득 요건 : 부부 연간 총소득 합계액은 2,500만 원 미만
- 주택 요건 : 무주택이거나 주택 한 채 소유(2018년 이후는 주택 요건 삭제)
- 재산 요건 : 주택, 토지 및 건축물, 전세금, 예·적금 등 보유재산 합계액 1억 4,000만 원 미만(단, 부채는 평가하지 않음)

● **금융소득 원천징수 |** 소득세법에서는 다음과 같이 금융소득에 대해 원천징수를 하도록 하고 있다.

| 구분 | | 원천징수세율 |
| --- | --- | --- |
| 이자 소득 | 분리과세를 신청한 장기채권의 이자 | 30% |
| | 비실명 이자소득 | 38%(또는 90%) |
| | 조세특례제한법에 따라 분리과세되는 이자소득 | 5%, 9% 등 |
| | 비영업대금이익 | 25% |
| | 일반적인 이자소득 | 14% |
| 배당 소득 | 비실명 배당소득 | 38%(또는 90%) |
| | 조세특례제한법에 따라 분리과세되는 배당소득 | 5%, 9% 등 |
| | 출자공동사업자의 배당소득 | 25% |
| | 일반적인 배당소득 | 14% |

● **금융소득 종합과세 |** 금융소득이 연간 개인별로 2,000만 원을 넘어가면 다른 소득과 합산하여 과세하는 제도를 말한다. 만일 이 금액 이하가 되는 경우에는 원천징수당한 세금만을 납부하는 것으로 납세의무가 종결된다.

● **금융소득과 자본이득에 대한 과세체계 |** 현행 세법은 금융소득과 자본이득에 대해 다음과 같이 과세방법을 정하고 있다.

- 금융소득 : 금융소득이 연간 2,000만 원을 초과하는 경우에는 사업소득 등과 합산하여 과세한다.
- 자본이득 : 다른 소득에 합산하는 것이 아니라 별도의 계산구조로 과세한다.

● **금융소득과 자본이득의 구분 |** 일반적으로 소득이란 보유기간 동안 생산활동을 통해 발생되는 이익을 말한다. 부동산을 임대하여 받은 소득은 임대소득, 근로를 제공해서 받는 소득은 근로소득, 자본의 대여로 인해 받은 소득은 이자소득, 자본투자에 대한 잉여금 등의 배당금을 받는 것은 배당소득에 해당한다. 예를 들어 이자소득의 경우 1월 1일에 예금에 가입한 후 12월 31일이 만기라면 가입자는 원금과 가입 때 약정한 이자율에 해당하는 금액을 받게 된다. 이 이자가 바로 소득이 되는 것이며, 이는 금전을 사용한 자가 이에 대한 대가를 지급하는 것에 해당한다. 이에 반해 자본이득은 자산을 처분했을 때 발생하는 이익을 말하며, 이는 기말(처분시점)의 가격에서 기초(구입시점)의 가격을 차감해서 계산하므로 결국은 자산가치의 상승에 따른 이익이라고 할 수 있다. 이러한 자본이득은 부동산이나 금융자산 모두에서 발생한다.

● **금융재산상속공제 |** 순 금융재산가액이 2,000만 원을 초과하는 경우에는 순 금융재산가액의 20%를 공제하되 이 금액이 2,000만 원에 미달하면 2,000만 원(최소 한도)을, 2억 원을 초과하면 2억 원(최고 한도)을 공제하며, 순 금융재산가액이 2,000만 원 이하인 경우에는 순 금융재산가액 자체를 공제한다. 순 금융재산가액은 금융재산에서 금융 채무를 차감한 금액을 말한다. 금융재산은 금융기관을 통해 입증되는 예금·보험·주식 등이며, 금융채무 또한 금융기관에 대한 채무를 말한다. 따라서 개인 간의 채무에 대해서는 금융재산공제를 받을 수 없음에 유의해야 한다.

● **기부금세액 |** 법정기부금 또는 지정기부금을 지출한 경우 산출세액에서 일정률을 공제할 수 있도록 하는 제도를 말한다. 법정기부금은 전액, 지정기부금은 30%(종교단체는 10%)를 한도로 12% 정도 세액공제를 받을 수 있다.

● **기준경비율제도** | 기준경비율제도는 전년도의 수입금액이 뒤의 '단순경비율제도'에서 언급된 금액을 초과하는 경우로서 장부를 작성하지 않을 때 소득금액을 파악하는 방법을 말한다. 그런데 이 제도는 앞에서 본 단순경비율제도보다는 적용이 다소 까다롭다. 왜냐하면 인건비, 매입비, 임차료 등의 3대 주요경비에 대해서는 영수증으로 입증하도록 하고 있기 때문이다.

  - 소득금액＝수입금액−3대 주요경비−수입금액×기준경비율

  예를 들어 수입금액이 1억 원이고 위의 주요경비가 5,000만 원(입증된 것) 그리고 기준경비율이 20%라면 소득금액은 다음과 같이 파악된다.

  **기준경비율이 적용되는 경우의 소득금액 파악법**
  수입−주요 경비−기타경비＝1억 원− 5,000만 원−(1억 원×20%＝2,000만 원)＝3,000만 원

● **기준시가제도** | 기준시가(基準時價)제도는 국가나 지방자치단체 등이 과세하기 위해 마련한 제도를 말한다. 아파트의 공동주택가격, 토지의 개별공시지가, 단독주택의 개별주택가격 등을 말한다. 현재 대부분의 세금은 실거래가를 기준으로 부과되고 있으나 보유세나 기타 실거래가액을 적용하기 힘들거나 신고금액을 인정할 수 없을 때 보충적으로 사용되고 있다.

● **기타소득과 필요경비** | 필요경비는 원칙적으로 실제로 확인된 경비만 인정하지만 인적 용역을 일시적으로 제공하고 받은 대가, 문예창작소득(원고료, 인세 등), 광업권 등의 양도소득 또는 대여소득, 계약의 위약금과 배상금 중 주택입주 지체상금 등에 대해서는 80%를 필요경비로 인정한다.

● **기타소득의 과세방법** | 기타소득을 지급한 자는 소득금액(＝총수입금액 − 필요경비)에 대해 20%(단, 3억 원을 초과한 복권소득은 30%)세율(지방소득세 포함 시는 22%)로 원천징수를 해야 한다. 이렇게 원천징수된 세액은 분리과세나 종합과세로 납세의무가 종결된다. 분리과세되는 경우는 복권·신용카드 복권당첨금 등을 받을 때이다. 만일 복권당첨 소득이 아닌 기타소득에 대해서는 다음과 같이 과세한다.

  - 기타소득금액이 300만 원을 초과할 때 : 종합과세
  - 기타소득금액이 300만 원 이하일 때 : 종합과세와 분리과세 중 선택

● **기한 후 신고** | 법정신고기한 내에 신고하지 않는 자(무신고자)는 과세표준과 세액을

결정하여 통지하기 전까지 신고할 수 있다. 납부할 세액이 없더라도 기한 후 신고를 할 수 있다.

- **나대지 |** 토지 위에 건물이 없는 토지를 나대지라고 한다. 세법상 비사업용 토지에 해당한다.

- **납세의무의 확정 |** 납세의무가 성립되더라도 납세의무의 내용이 실현되려면 납세의무의 내용(과세표준과 세액 등)이 구체적으로 확인되어야 하는데 이를 '납세의무의 확정'이라고 한다. 납세의무는 정부와 납세자에 의해 확정된다. 정부가 확정하는 세목에는 상속세·증여세·종합부동산세가 있다. 그리고 납세자가 확정하는 세목에는 소득세, 법인세 같은 대부분의 세목이 해당한다. 다만, 이러한 납세자가 소득세 등을 신고하지 않으면 이차적으로 정부가 확정한다

- **노란우산공제 |** 개인사업자의 폐업·사망·노령 등 위험을 대비하고 생활안정을 위해 마련된 제도를 말한다. 종전에는 사업자등록을 발급한 지 1년 이상이면 가입할 수 있었으나, 최근에는 창업 및 1년 미만 사업자도 가입할 수 있게 되었다. 다만, 종업원 수가 제조, 건설업은 50인, 도소매, 서비스업은 10인 이상이면 가입이 제외된다. 매월 동일한 날짜에 정한 금액을 자동이체하면 가능한데, 금액은 5만 원~100만 원 사이에 자신이 정하면 된다. 소득공제 상한이 보통 300만 원이 되므로 월 25만 원을 불입하면 된다.

- **농어촌주택과 일반주택이 있는 경우의 비과세 요건 |** 「수도권정비계획법」 제2조 제1호에 규정된 수도권 외의 지역 중 읍지역(도시지역안의 지역을 제외한다) 또는 면지역에 소재하는 주택과 다음과 같은 그 외의 주택을 국내에 각각 1개씩 소유하고 있는 1세대가 일반주택을 양도하는 경우에는 국내에 1개의 주택을 소유하고 있는 것으로 보아 비과세 규정을 적용한다.

  ① 상속받은 주택(피상속인이 취득 후 5년 이상 거주한 사실이 있는 경우에 한한다)
  ② 이농인(어업에서 떠난 자를 포함한다. 이하 이 조에서 같다)이 취득일 후 5년 이상 거주한 사실이 있는 이농주택
  ③ 영농 또는 영어의 목적으로 취득한 귀농주택

- **농지원부 |** 농지원부는 농지소유자나 경작하는 사람 등의 농지에 관한 여러 가지 내용을 담고 있다. 일반적으로 8년 이상 자경농지에 대한 양도소득세 감면, 비사업용

토지 판단 때 사용되고 있다.

● **누진과세** | 과세표준이 커질수록 세율도 증가하여 세부담이 누진적으로 변하는 세율체계를 말한다. 종합소득세나 법인세, 상속세·증여세가 대표적인 누진세율 구조로 되어 있다.

● **다가구 주택** | 3층 이하의 주택을 말하며 구분등기가 되지 않으면 세법에서는 1주택으로 본다. 따라서 1세대 1주택자의 비과세 판정은 이 주택을 2년간 보유했다면 대부분 비과세를 받을 수 있다. 하지만 다가구 주택을 구분 등기하여 각호별로 양도하는 경우에는 단독주택이 아닌 것으로 보아 과세한다.

● **다운계약서** | 실제거래가액보다 낮추어서 작성한 허위계약서를 말한다. 주로 양도자가 양도소득세를 낮추고 싶어 하는 상황에서 발생한다.

● **단순경비율제도** | 당해 사업연도에 신규로 사업하는 사업자나 전년도의 수입금액이 다음 금액에 미달하는 사업자에게 적용된다. 다만, 사업 첫해의 수입금액이 업종별로 3억 원, 1억 5,000만 원, 7,500만 원을 초과하는 경우에는 단순경비율제도 대신 기준경비율제도를 적용해야 한다.

| 업종 | 금액기준 |
|---|---|
| 농업 등 1차 산업, 부동산매매업, 도·소매업, 광업, 아래에 해당하지 않는 업종 | 6,000만 원 |
| 제조업, 숙박업, 음식업, 전기가스 및 수도업, 운수업, 건설업, 소비자용품수리업, 창고업 및 통신업, 금융 및 보험업 | 3,600만 원 |
| 부동산임대업, 사업서비스업, 교육서비스업, 보건 및 사회복지서비스업, 개인서비스업, 가사서비스업 | 2,400만 원 |

이 제도를 적용받는다면 다음과 같은 금액을 과세소득으로 한다.

– 소득금액=수입금액−수입금액×단순경비율
예를 들어 수입금액이 1억 원이고 단순경비율이 80%라면 소득금액은 곧바로 2,000만 원(1억 원−(1억 원×80%))이 된다.

● **대토농지감면** | 농지소재지에 4년 이상 자경한 거주자가 보유한 농지를 팔고 새롭게 농지를 취득한 토지를 대토농지라고 한다. 세법은 대토농지 감면 요건을 충족하고 양도하는 경우에는 양도소득세를 100% 감면한다(단, 8년 자경농지와 합산하여 1억 원까지만 감면함).

● **동거봉양 또는 혼인으로 인한 2주택** | 1세대 1주택자가 1주택을 가진 60세 이상의 직계존속을 부양하기 위해 세대를 합친 경우 그 집을 합친 날로부터 5년 내에 먼저 양도하는 주택에 대해서는 비과세를 한다(단, 양도일 현재 당시에 비과세 요건을 갖추어야 한다). 한편, 혼인으로 인해 2주택이 되는 경우에도 그 혼인한 날로부터 5년 내에 먼저 양도한 주택에 대해서는 비과세를 받을 수 있다.

● **동거주택상속공제** | 동거주택상속공제는 피상속인이 주택을 1채 보유한 상태에서 유용하게 적용할 수 있는 제도를 말한다. 이 공제를 적용받기 위해서는 일단 상속인이 무주택자에 해당되어야 한다. 그리고 상속인과 피상속인이 상속 개시일 직전 계속하여 10년 이상 동거한 자에 해당해야 한다. 보통 부부가 동거하다가 배우자가 상속을 받은 경우에 이런 공제를 받을 수 있다. 자녀가 상속공제를 받기 위해서는 부모를 모시고 10년 이상 살아야 한다는 뜻으로 이해할 수도 있을 것이다. 이러한 조건들을 충족하면 주택가액의 80%를 공제하되 최고 한도는 5억 원으로 한다.

● **매매사례가액** | 해당 상속이나 증여주택과 위치나 면적·용도 및 종목 등이 동일하거나 유사한 다른 재산에 대해서는 상속개시일 전 6개월부터 상속세 신고 시까지(증여일 전 3개월~증여세 신고 시까지)의 기간 내에 아래의 가격이 있는 경우 이를 당해 재산에 대한 시가로 본다.

① 유사한 재산에 대해 매매사실이 있는 경우 그 거래가액(부당한 거래금액은 제외)
② 감정가액이 있는 경우 감정가액의 평균액(두 군데 이상 감정을 요함)
③ 당해 재산에 수용·경매 또는 공매사실이 있는 경우 해당가액
④ 3월내에 건축한 건물의 신축가액이 확인되는 경우 그 신축가액

● **맹지** | 주위의 토지에 둘러 싸여 있어서 도로가 없는 토지를 말한다.

● **명령** | 국회 의결을 거치지 않고 행정부가 제정하는 법규를 말하며, 이에는 대통령령·총리령 및 부령이 있다. 현재 개별세법마다 대통령령과 기획재정부령(지방세는 행정자치부령)이 제정되어 있다. 전자를 시행령, 후자를 시행규칙이라고 한다.

● **명의신탁과 양도** | 명의신탁은 실질적으로 명의가 이전되는 것이 아니므로 세법상 양도로 보지 않는다. 다만, 현행 「부동산실권리자명의등기에관한법률」에서는 부동산 명의신탁임이 밝혀지면 과징금을 부과(기준시가의 30%)한다. 과징금이 부과되지 않으면 증여로 보는 경우도 있으므로 유의해야 한다.

- **명의신탁의 개념 |** 다른 사람 명의로 재산을 취득하는 것을 것을 말한다. 차명재산으로 부르기도 한다.

- **목적세 |** 목적세는 세수의 용도를 특정하여 그 특정경비에만 충당되는 조세로서 농어촌특별세, 지방교육세 등이 이에 해당한다.

- **무허가 주택 |** 무허가 주택인 경우에도 양도소득세 비과세를 받을 수 있으나 무허가 주택을 어떻게 입증하는지가 중요하다. 만일 무허가 주택에 대해서 재산세가 부과되는 경우에는 과세기초가 되는 자료가 관할 시·군·구청 등에 존재한다는 것을 의미한다. 이런 경우에는 공부를 확인하면 되므로 문제가 없으나, 객관적인 증빙자료가 없는 경우가 있다.
  이런 상황이라면 국토정보공사에 의뢰해 지적측량성과도를 발급받든지, 거주자 주민등록등본이나 공공요금 납부영수증 등으로 확인하여 이를 입증할 수 있다.

- **물납 |** 물납은 현금대신에 물건으로 세금을 납부할 수 있도록 하는 제도를 말한다. 주로 상속세 및 증여세 그리고 양도소득세 세목에서 이용할 수 있다. 세금을 부동산이나 주식 등으로 납부하는 것인 만큼 평가가액이 낮게 산출되어 손해가 발생할 수 있다.

- **미등기자산 |** 잔금 등을 지급한 상태에서 등기를 하지 않고 양도하는 경우에는 미등기자산으로 본다. 다만, 등기가 불가능한 경우 등은 미등기자산에서 제외한다. 미등기자산에 해당하면 양도소득세 세율이 무려 70%가 된다.

- **배우자상속공제 |** 피상속인의 배우자가 생존한 경우 무조건 적용되는 제도이다. 배우자상속공제는 최소 5억 원에서 최고 30억 원 사이에서 공제가 적용된다.

  - 최소 공제액 : 5억 원
  - 최대 공제액 :

    Min ┌ ㉠ 실제 상속받은 금액(채무 등을 공제한 후의 금액)
        ├ ㉡ 배우자의 법정상속금액
        └ ㉢ 30억 원(한도)

- **배우자증여공제 |** 10년간 6억 원까지 공제가 적용된다. 배우자상속공제는 최대 30억 원까지 공제가 가능하다.

- **법인세 |** 법인의 소득에 부과되는 세목을 말한다.

- **별도합산과세토지 |** 공장(시지역 중 산업단지·공단지역을 제외한 곳에 있는 공장)용 건축물 부속토지나 영업용 건축물의 부속토지 그리고 자동차운전학원용 토지 등 일정한 것은 별도로 모아서 과세한다. 상가 부속토지 등 별도합산토지를 많이 가지고 있는 사람들은 종합부동산세 대상이 된다.

- **별장 |** 별장이란 주거용 건축물로서 상시 주거용으로 사용하지 아니하고 휴양, 피서, 위락 등의 용도로 사용하는 건축물과 그 부속토지(지방자치법 제3조 제3항 및 제4항의 규정에 의한 읍 또는 면에 소재하고 일정한 범위와 기준에 해당하는 농어촌주택과 그 부속토지를 제외한다)를 말한다.

- **보통세 |** 보통세는 세수의 용도를 특정하지 않고 일반경비에 충당되는 세금을 말한다. 취득세 등이 이에 해당한다.

- **복리(複利) |** 복리는 이자에 이자가 붙는 것을 말한다. 그리고 복리효과란 이자가 이자를 낳는 원리라고 할 수 있는데, 이로 인해 시간이 지날수록 저축금액이 기하급수적으로 늘어나게 된다. 따라서 충분한 기간 동안 꾸준히 저축하게 되면 이자를 크게 늘릴 수가 있다.

- **부가가치세 |** 재화나 용역의 거래에서 공급가액의 10%로 부과되는 간접세의 일종이다.

- **부가가치세 면세 |** 부가가치세 부담을 없애는 것을 말한다. 주로 국민의 기초생활과 직결되는 생필품 등에는 부가가치세가 면제되고 있다.

- **부가세 |** 다른 조세에 부가되는 조세를 말한다. 농어촌특별세, 지방교육세 등이 이에 해당한다. 참고로 부가가치세는 공급가액의 10%로 부과하는 세목을 말하며, 부가가치세와는 다른 개념의 세목임에 유의해야 한다.

- **부담부 증여 |** 부담부 증여란 증여 이전에 현존하는 채무를 인수조건으로 증여받는 것을 말한다. 만일 채무가 적법한 것으로 인정되는 때에는 채무에 상당하는 증여재산가액에 대해서는 양도소득세가, 채무 이외의 증여재산가액에 대해서는 증여세가 과세된다.

- **부당한 방법** | 부당한 방법으로 무신고나 과소신고를 하는 경우에는 일반 무신고 등에 비해 신고불성실가산세가 40% 이상으로 부과될 수 있다. 부당한 방법의 예는 이중장부의 작성 등 장부의 거짓 기록, 거짓 증명 또는 거짓 문서의 작성, 장부와 기록의 파기, 재산의 은닉이나 소득·수익·행위·거래의 조작 또는 은폐 등이 있다.

- **부당행위계산의 부인** | 배당소득(출자공동사업자의 배당소득에 한함)·사업소득 또는 기타소득이 있는 거주자의 행위 또는 계산이 그 거주자와 특수관계에 있는 자와의 거래로 인하여 그 소득에 대한 조세부담을 부당하게 감소시킨 것으로 인정되면 해당 과세기간의 소득금액을 다시 계산할 수 있는 제도를 부당행위계산의 부인이라고 한다.

- **부동산에 관한 권리** | 부동산에 관한 권리도 양도세 과세대상자산이다. 이에는 다음과 같이 2가지 유형이 있다. 첫째, 부동산을 취득할 수 있는 권리가 있다. 이는 취득시기가 도래하기 전에 당해 부동산을 취득할 수 있는 권리를 말한다. 그 예로 아파트당첨권(분양권), 토지상환채권, 국유지 불하권, 이주자택지분양권, 도시 및 주거환경정비법상의 입주권 등이 있다. 둘째, 부동산을 이용할 수 있는 권리가 있다. 그 예로 지상권, 전세권, 등기된 부동산 임차권 등이 있다.

- **분납** | 납부할 세액이 2,000만 원 이하인 경우 1,000만 원을 초과하는 금액을 납부기한 경과 후 2개월 이내에, 납부할 세액이 2,000만 원 초과하는 경우에는 해당세액의 1/2 이하의 금액을 납부기한 경과 후 2개월 이내에 납부할 수 있다.

- **분류과세와 분리과세** | 분류과세는 퇴직소득·양도소득을 다른 소득과 구별하여 별도로 과세하는 방식을 말한다. 분리과세란 다른 소득에 합산하여 과세하는 것이 아니라 그 소득이 지급될 때 소득세를 원천징수함으로써 과세를 종결하는 것을 말한다.

- **분리과세대상토지** | 논이나 밭, 과수원, 목장용지, 임야의 일부, 공장용 용지(시 지역의 산업단지·공단지역의 기준면적 이내 토지)는 저율로, 골프장이나 고급오락장용 등의 토지는 고율로 과세한다. 이런 항목에 해당하는 토지는 다른 토지와 합산하지 않고 별도의 세율로 분리하여 과세하고, 종합부동산세를 적용하지 않는다(사치성 토지는 이미 고율로 세금을 내고 있어 종합부동산세를 별도로 과세하지 않음). 참고로 위에서 임야는 모든 임야를 말하는 것이 아니라 문화재보호구역안의 임야 등을 말하므로 실무적용 시 주의해야 한다.

● **분양권 |** 주택을 취득할 수 있는 권리를 말하며 보통 청약제도에 의해 생성되며, 잔금을 청산하면 부동산으로 변한다. 분양권 양도 시에는 보유기간에 따른 세율이 적용된다.

● **비거주자 |** 비거주자는 거주자가 아닌 개인으로서 국내 원천소득에 대해서만 소득세 납세의무를 진다. 참고로 해외지점 등에 파견된 임직원과 국외에서 근무하는 공무원은 무조건 거주자로 본다.

● **비과세 금융상품 |** 비과세 금융상품에는 생계형저축, 조합출자금, 장기주택마련저축, 농어가목돈마련저축, 저축성 보험차익 등이 있다.

● **비사업용토지 |** 토지를 비생산적으로 사용하는 경우에 양도소득세 중과세를 위해 정한 토지를 말한다. 농지, 임야 등에 대한 세부적인 요건이 있다.

● **비영업대금의 이익 |** 비영업대금의 이익은 개인 간에 지급되는 이자를 말한다. 현행 세법은 이에 대해서도 이자소득으로 보고 지급금액의 25%(지방소득세 포함 시 27.5%)를 지급자가 원천징수하여 납부토록 하고 있다.

● **상속 · 증여재산의 평가방법 |** 상속 · 증여재산은 원칙적으로 시가로 평가한다. 다만, 이 시가에는 매매사례가액, 두 군데 이상의 감정평가 평균액, 수용 · 경매가액 등도 포함된다. 만일 시가가 없다면 보충적 평가방법으로 평가해야 한다. 보충적 평가방법이란 아파트의 경우 기준시가를 말하며, 단독주택은 개별주택가격, 토지는 개별공시지가를 말한다.

● **상속개시 전 증여재산가액의 가산 |** 다음의 금액은 상속재산가액에 포함한다.

  – 상속개시일 전 10년 이내에 피상속인이 상속인에게 증여한 재산가액
  – 상속개시일 전 5년 이내에 피상속인이 상속인이 아닌 자에게 증여한 재산가액(가산하는 금액은 '증여일 현재'의 평가가액으로 함)

● **상속공제 |** 피상속인의 배우자가 생존한 경우에는 10억 원, 배우자가 없는 경우에는 5억 원을 기본적으로 공제받을 수 있다. 추가로 다음과 같은 상속공제를 받을 수 있다.

- 배우자상속공제 : 최고 30억 원까지 공제 가능
- 동거주택상속공제 : 최고 5억 원까지 공제 가능
- 금융재산공제 : 최고 2억 원까지 공제 가능
- 가업상속공제 : 최고 500억 원까지 공제 가능

● **상속공제의 종합한도** | 상속공제는 다음 금액을 한도로 하여 공제한다.

**상속세 과세가액**
- 선순위인 상속인이 아닌 자에게 유증 · 사인증여한 재산가액
- 선순위인 상속포기로 인해 다음 순위자가 상속받는 재산가액
- 상속세 과세가액에 가산한 증여재산가액
= 상속세 종합한도

● **상속과 증여의 개념** | 상속(相續, inheritance)은 피상속인의 사망에 의해 상속인이 피상속인에 속하던 모든 재산상의 권리 · 의무를 포괄적으로 승계하는 것을 말한다. 쉽게 말하면 유산을 받는 것을 말한다. 증여(贈與, gift)란 법률상 자기 재산을 무상으로 타인에게 수여하는 것을 말한다. 쉽게 말하면 공짜로 받는 것을 말한다.

● **상속세** | 개인이 사망한 경우에 무상으로 이전되는 재산에 부과되는 세금을 말한다.

● **상속세 기초공제** | 상속이 발생하면 무조건 2억 원을 상속세 과세가액에서 공제하는 것을 말한다. 이는 필요경비 성격에 해당하는 항목이라고 할 수 있다. 참고로 이 공제는 비거주자도 받을 수 있다. 증여세의 경우 비거주자는 증여공제를 한 푼도 받지 못한다.

● **상속세 기타인적공제** | 기타인적공제는 상속세를 계산할 때 다음과 같이 적용되는 공제제도를 말한다.

| 종류 | 적용 대상자 | 공제액 |
|---|---|---|
| 자녀공제 | 피상속인의 자녀 | 1인당 5,000만 원 |
| 미성년자공제 | 상속인 및 동거가족 중 미성년자 | 1인당 '1,000만 원×19세에 달하기까지의 연수' |
| 연로자공제 | 상속인(배우자 제외) 및 동거가족 중 65세 이상인 자 | 1인당 5,000만 원 |
| 장애인공제 | 상속인(배우자 포함) 및 동거가족 중 장애인 | 1인당 '1,000만 원×기대여명에 달하기까지의 연수' |

● **상속세와 증여세의 신고 및 납부기한 |** 상속세는 상속인 등이 상속개시일이 속하는 달의 말일부터 6개월(피상속인 또는 상속인이 외국에 주소를 둔 경우는 9월) 이내에 납세지 관할세무서장에게 신고 및 납부한다. 증여세는 증여일이 속한 달의 말일부터 3개월이다.

● **상속재산의 협의분할과 증여세 |** 특정상속인이 재분할시 당초(등기된) 상속분을 초과하여 취득한 경우 상속세 신고기한 내는 증여세가 부과되지 않지만, 신고기한 경과 후에는 증여세가 부과된다.

● **상속주택의 비과세 요건 |** 상속으로 받은 주택이 1채라면 보유기간이 2년 이상이면 비과세를 적용한다. 이때 동일세대원 상태에서 상속을 받았다면 돌아가신 분의 보유기간과 상속인의 보유기간을 합산한다. 일반주택을 보유 중에 상속을 받았다면 일반주택을 먼저 팔면 비과세를 받을 수 있다(세무전문가의 확인을 요한다).

● **상속추정 |** 이는 상속개시일 전에 재산 등을 처분하여 상속재산가액을 줄이고 과세포착이 어려운 현금 등으로 바꾸어 상속함으로써 상속세의 과세회피를 방지하기 위한 제도이다. 상속개시일 전 재산종류별로 처분 또는 인출 금액이 1년(2년) 내에 2억 원(5억 원) 이상인 경우 사용처가 명백하지 않은 경우 상속인이 상속받은 것으로 추정한다.

● **세대분리 |** 세대란 '거주자 및 배우자가 동일한 주소 또는 거소에서 생계를 같이하는 가족'을 말한다(실무적으로는 좀 더 세부적인 조건들을 따져보아야 한다). 한편 세대분리란 곧 주소지를 달리하면 생계를 달리하겠다는 것이다. 그런데 동일 세대 여부는 주민등록관계로 확인을 하므로 주소만 달리해두고 같이 생계를 하는 경우가 있다. 이렇게 되면 역시 형식과 실질이 다르게 되므로 세법은 실질과세원칙을 우선시하여 세대분리를 인정하지 않고 과세할 수 있다.

● **세대요건 |** '1세대'란 거주자 및 배우자가 동일한 주소에서 생계를 같이하는 가족과 함께 구성한 집단을 말한다. 여기서 '가족'이란 거주자와 배우자의 직계존비속 및 형제자매(배우자의 경우는 장인, 장모, 처남, 사위, 며느리 등과 생계를 같이하는 것을 말함)를 말하며, 취학·질병요양·근무상 또는 사업상 형편으로 본래의 주소를 일시 퇴거한 자를 포함한다.

● **세무공무원의 재량의 한계 |** 세무공무원이 재량으로 직무를 수행할 때에는 과세의 형

평과 해당 세법의 목적에 비추어 일반적으로 적당하다고 인정되는 한계를 엄수하여야 한다는 원칙을 만든다.

● **세법적용의 원칙** | 세법의 해석과 적용에 있어서 과세관청이 지켜야 할 원칙. 재산권 부당침해금지의 원칙, 소급과세금지의 원칙, 세무공무원의 재량의 한계, 기업회계 기준의 존중 등이 있다.

● **세부담 상한율** | 보유세의 급격한 증가를 막기 위해 세부담의 상한선을 정하는 것을 말한다. 주택 재산세의 경우 전년도 대비 105~130%에서, 주택 종합부동산세는 전년도 대비 150%를 초과할 수 없다.

● **소급과세금지의 원칙** | 납세의무가 성립한 후에 새로운 세법에 따라 소급과세를 하지 않는다는 원칙. 이는 입법상의 소급과세금지의 원칙이라고 한다. 법적 안정성과 예측가능성을 보장하는 데 있다. 한편 행정상의 소급과세금지는 세법의 해석이나 국세행정의 관행이 납세자에게 받아들여진 후에는 그 해석이나 관행에 의한 행위 또는 계산은 정당한 것으로 보며, 새로운 해석이나 관행에 의하여 소급하여 과세되지 아니한다는 것을 말한다.

● **소득공제** | 소득을 지출하는 자에게 일종의 세금혜택을 주는 제도에 해당한다. 이 소득공제는 소득별 소득금액을 합산한 종합소득금액에서 차감되며, 이렇게 차감된 후의 금액을 과세표준이라고 한다. 이 과세표준은 주관적인 담세력을 나타내며, 이 금액에 대해 세율을 곱해 산출세액을 계산하게 된다.

● **소득공제 금융상품** | 소득공제가 적용되는 금융상품은 다음과 같다. 연금저축은 불입금액의 100%를 400만 원 한도까지 소득공제한다.

| 종류 | 항목 | 공제한도 |
|---|---|---|
| 근로소득자 | 국민연금보험료 | 불입금액×100%(한도 없음) |
| | 연금저축* | 불입금액×100%(400만 원 한도) |
| | 보장성보험* | 불입금액×100%(100만 원 한도) |
| 사업자 | 국민연금보험료 | 불입금액×100%(한도 없음) |
| | 연금저축* | 불입금액×100%(400만 원 한도) |
| | 노란우산공제 | 불입금액×100%(200~500만 원 한도) |

* 2014년 이후부터는 연금저축 등에 대해 소득공제가 아닌 세액공제가 적용되고 있다.

● **소득세** | 개인의 소득에 6~40%로 부과되는 세금을 말한다. 개인의 소득에는 이자, 배당, 근로, 사업, 연금, 기타소득 6가지의 종합소득과 퇴직, 양도소득 등 분류과세 소득이 있다.

● **수정신고** | 세법에 의하여 신고하여야 할 과세표준 및 세액에 미달하게 신고하거나 세법에 의한 환급세액을 초과하여 받은 때 수정하여 신고·납부하는 제도를 말한다.

● **수정신고와 가산세 감면** | 법정신고기한 경과 후 6월 이내에 수정신고를 하면 신고불성실가산세를 50%(6개월 초과 1년 이내 20%, 1년 초과 2년 이내 10%) 감면받을 수 있다. 다만, 해당 국세에 관하여 세무공무원이 조사에 착수한 것을 알고 수정신고를 하는 경우에는 감면대상에서 제외한다.

● **시가표준액** | 지방자치단체에서 취득세 등을 부과할 때 기준으로 삼는 금액을 말한다. 기준시가와 유사하다.

　– 토지 : 개별공시지가
　– 주택 : 개별주택가격 또는 공동주택가격
　– 이외의 부동산 등 : 거래가격, 신축·제조가격 등을 참작하여 정한 기준가격에 과세대상별 특성을 고려하여 지방자치단체의 장이 결정한 가액
　\* 건물의 시가표준액=건물신축가격기준액×적용지수(구조지수×용도지수×위치지수)×경과 연수별 잔가율×면적(㎡)×가감산율

● **신탁상품** | 신탁(信託)상품이란 투자자가 자신이 맡긴 돈의 운용대상 및 운용조건 등을 운용주체에 지시하고, 운용주체는 고객이 지시한 내용대로 운용하고 운용수익에서 일정한 비용을 차감 후 실적 배당하는 상품을 말한다.

● **실거래가신고제도** | 부동산을 취득할 때 실거래가를 관할 시·군·구청에 신고하는 제도를 말한다. 거래당사자(매수인 및 매도인을 말한다)는 부동산 또는 부동산을 취득할 수 있는 권리에 관한 매매계약을 체결한 때에는 부동산 등의 실제 거래가격 등 대통령령이 정하는 사항을 거래계약의 체결일부터 60일 이내에 매매대상부동산(권리에 관한 매매계약의 경우에는 그 권리의 대상인 부동산) 소재지의 관할 시장·군수 또는 구청장에게 공동으로 신고하여야 한다.

● **실질과세원칙 |** 실수요자이든지 투자수요자이든지 실질과세원칙에 주의할 필요가 있다. 이 원칙은 법적 형식이나 외관에 불구하고 실질에 따라 세법을 해석하고 과세 요건 사실을 인정하여야 한다는 원칙을 말한다. 예를 들어 무허가 주택이나 오피스텔을 주거용으로 사용하면 이는 주택에 해당하여 주택에 관한 제도가 적용된다.

● **양도담보 |** 양도담보도 양도에 해당하지 않는다. 이는 채무자가 채무의 변제를 담보하기 위하여 자산을 형식적으로 양도하는 것을 말한다. 만일 채무자가 채무불이행으로 당해 자산을 채무 변제에 충당한 경우에는 양도에 해당한다. 통상 가등기가 이루어지고 본등기에 의해 소유권이 이전된다(양도시기 : 본등기 완료일). 참고로 매매예약가등기의 경우 일반적으로 실질적 잔금이 확인되는 때가 양도시기가 되나, 실질적 잔금이 미확인 시는 본등기 접수일이 양도일이 된다. 매매예약가등기에 의한 양도시기는 국세청의 견해를 공식적으로 접수받아 일처리를 하는 것이 좋다.

● **양도의 개념 |** 양도라 함은 자산에 대한 등기 또는 등록에 관계없이 매도 · 교환 · 현물출자 등에 의해 그 자산이 유상으로 사실상 이전되는 것을 말한다. 따라서 증여나 상속에 의해 자산이 이전되는 경우 양도세가 아닌 상속세 또는 증여세를 부과한다.

● **양도일 |** 세법상 양도일은 소유권이 완전히 상대방에게 이전되는 날을 말한다. 예를 들어 유상양도의 경우에는 보통 잔금청산일이 원칙적으로 양도일이 되며, 만일 등기가 앞서는 경우에는 등기접수일이 양도일이 된다.

● **양도차익 |** 양도소득세 계산 시 양도가액에서 취득가액과 기타 필요경비를 차감한 금액을 말한다.

● **업계약서 |** 양도자는 거래금액을 높여도 부담이 없는 상황에서 업계약서가 발생한다. 물론 매수자는 이렇게 거래금액을 높여두면 향후 양도차익을 줄일 수 있게 된다.

● **연금저축가입 요건 |** 불입금액의 100%를 400만 원(연봉 1억 2,000만 원 초과 고소득자는 300만 원) 한도까지 세액공제를 적용하는 연금저축은 다음과 같은 조건들을 갖추어야 한다.

– 저축기간 : 납입기간 5년 이상일 것

– 가입자격 : 없음

– 저축한도 : 연간 1,800만 원 범위 내에서 납입할 것

– 지급조건 : 가입 후 5년 경과 및 만 55세 이후부터 매년 연금수령 한도에서 인출할 것

● **업무용 또는 주거용 오피스텔의 과세방식** | 오피스텔에 대한 세금문제를 요약하면 다음과 같다.

| 구분 | 업무용 오피스텔 | 주거용 오피스텔 |
|------|----------------|-----------------|
| 취득단계 | 부가가치세 환급 | 부가가치세 환급가능 |
| 보유단계 | • 재산세 : 과세됨.<br>• 종합부동산세 : 부속토지의 공시지가가 80억 원을 초과하는 경우 과세됨. | • 재산세 : 과세됨<br>• 종합부동산세 : 다른 주택과 합산되어 기준시가가 6억 원 초과시 과세됨. |
| 임대단계 | 임대료 등에 부가가치세가 과세됨. | 주거용으로 임대시 : 주택으로 취급되므로 임대료에 대해서는 부가가치세 없으나, 취득시 환급받은 부가가치세는 추징대상임. |
| 양도단계 | 일반건물로서 과세됨. | 주택으로 취급되므로 주택에 대한 세금제도를 적용받게 됨.(임대주택등록가능. 2012.4.27) |

● **연금저축 세액공제** | 국민연금과 사적연금 중 퇴직연금과 개인연금은 가입자에게 세액공제혜택이 있다. 국민연금 등 공적연금은 불입액 전액이, 퇴직연금과 개인연금은 합하여 연간 700만 원까지 세액공제를 적용한다.

● **연대납세의무** | 수인(數人)이 동일한 납세의무에 관하여 각각 독립하여 전액 납부의무를 부담하고 그 가운데 1인이 전액을 납부하면 모든 납세의무자의 납부의무가 소멸하는 제도이다. 상속이 발생하는 경우 상속인들이 상속세에 대해 연대납세의무를 지도록 하는 것이 대표적이다.

● **연부연납** | 연부연납은 세금을 일시납으로 하는 것이 아니라 연단위로 납부할 수 있는 제도를 말한다. 이 제도는 주로 상속세와 증여세에서 사용되고 있다. 이 제도를 이용하기 위해서는 납부할 상속세 등이 2,000만 원이 넘어야 한다. 또한 연부연납은 보통 5년 동안 할 수 있으며 연부연납한 세액에 대해서는 가산금(연 1.6%수준, 수

시로 고시됨)이 부과된다.

● **영업권** | 무형자산의 대가로 받은 금액을 말하며 이는 기타소득에 해당한다. 다만, 사업용 고정자산과 함께 양도하는 영업권은 양도소득으로 분류된다.

● **예규** | 상급행정기관이 하급행정기관의 권한행사를 지휘하기 위하여 발하는 일종의 지침서를 말한다. 예규는 법원성이 없지만 실무적으로 중요한 지침서가 된다.

● **예납적 원천징수** | 일단 원천징수하되 추후에 납세의무를 확정할 때 이를 정산하는 방식을 말한다.

● **완납적 원천징수** | 원천징수로써 과세를 종결하고 따로 정산하지 않는 방식을 말한다.

● **원천징수** | 소득을 지급하는 자가 그 지급받는 자의 조세를 징수하여 정부에 납부하는 제도를 말한다. 이는 세원의 탈루를 최소화하고 납세편의를 도모하기 위해 마련되었다.

● **위약금** | 위약금은 계약을 위반하면서 발생하는 돈이다. 위약금과 관련된 세금문제는 다음과 같다.

- 지급한 자→양도소득세 신고 시 필요경비로 인정되지 않는다.
- 지급받는 자→기타소득으로 분류되어 지급받은 금액에 과세가 된다. 지급받은 금액이 300만 원을 넘어가면 다른 소득과 합산되어 과세가 된다(최근 위약금에 대한 세금추징이 일어나고 있으므로 주의할 것).

● **위장 이혼** | 세금회피를 위해 위장 이혼을 하는 경우가 있다. 예를 들어 부부가 주택을 한 채씩 가지고 있는 상태에서 위장 이혼을 하여 각각 1세대 1주택을 만든 후 주택을 양도하면 양도소득세 비과세를 받을 수도 있다. 하지만 과세당국은 조세회피 목적이 있으면 당연히 양도소득세나 증여세 등을 부과한다. 따라서 위장 이혼은 언제든지 발각될 수 있는 불완전한 대책이라고 할 수 있다.

● **이월결손금의 공제** | 2009년 이후부터 사업소득에서 발생한 이월결손금은 10년(그 전은 5년)간 '사업소득금액→근로소득금액→연금소득금액→기타소득금액 등'에서

순차적으로 공제되며, 부동산임대업에서 발생한 이월결손금은 부동산임대소득금액에서만 공제된다.

● **이월과세 |** 직계존비속 또는 배우자간에 증여 후 5년 내에 증여받은 부동산 등을 양도 시 취득가액을 증여자의 것으로 하는 제도를 말한다.

● **이자비용의 처리법 |** 주택 구입과 관련하여 발생하는 이자는 다음과 같이 처리된다.

　– 개인이 양도를 하는 경우→필요경비로 인정하지 않는다.
　– 개인이 매매사업자로 사업하는 경우→사업과 관련된 경비이므로 종합소득에서 차감한다.
　– 법인이 매매사업자로 사업하는 경우→법인의 경비에 해당하므로 법인소득에서 차감한다.

● **이혼 시 재산분할 |** 이혼 시 재산분할에 대해서는 양도세가 과세되지 않는다. 또한 증여세도 마찬가지다. 다만, 이혼 시 위자료를 주거나 자녀양육비의 대가로 소유권을 이전하는 경우에는 대물변제에 해당하여 양도세가 과세된다.

● **인테리어 비용 |** 일반적으로 인테리어비용은 양도소득세 계산 시 필요경비로 인정받을 수 있다. 하지만 도배 등 수선 성격은 공제가 허용되지 않으므로 사전에 공제범위를 확인해 두는 것이 필요하다. 참고로 인테리어 금액이 큰 경우에는 실질조사에 의해 공사 여부가 밝혀질 가능성이 있으므로 가짜 세금계산서를 발부받아 공제를 신청하는 일들이 없도록 하자.

● **일괄공제 |** 상속세 계산 시 기초공제와 기타인적공제를 합하여 5억 원에 미달하는 경우 5억 원을 공제하는 제도를 말한다. 다만, 실무적으로 배우자가 단독상속을 받으면 이 공제제도를 적용할 수 없다.

● **임대주택 |** 민간 임대주택법에 의한 건설임대주택을 취득하여 양도하는 경우로서 당해 건설임대주택의 임차일부터 당해 주택의 양도일까지 거주기간이 5년 이상인 경우(임대차계약서로 확인함)에는 양도소득세 비과세를 적용한다.

● **임대차계약이 체결된 경우의 재산평가 |** 사실상 임대차계약이 체결되거나 임차권이 등기된 재산은 위의 규정에도 다음 중 큰 금액으로 상속재산가액 및 증여재산가액을 평가한다.

- MAX = (①, ②)

　　① 평가기준일 당시의 시가(또는 보충적 평가에 따른 방법)

　　② 임대보증금+(1년간의 임대료/12%)

● **입주권(入住權)** | 개발이나 재건축사업 과정에서 조합원 자격이 있는 사람들이 가지고 있는 신축주택에 입주할 수 있는 권리를 말한다. 이 권리는 청약제도 등을 통해 분양받은 분양권(分讓權)과는 성격이 다르다. 그런데 현행 세법에서는 입주권의 실질이 거의 주택과 유사하므로 주택으로 보아 세법을 적용하고 있다.

● **자경농지 감면** | 농지소유자가 8년 이상 농지를 재촌·자경한 후 이를 양도하면 양도소득세를 100%감면한다. 단, 감면한도는 1년간 1억 원, 5년간 3억 원이다.

● **자금출처조사** | 재산 취득이나 부채의 상환 시 자금의 원천에 대해 소명하는 제도로서, 소명이 미흡하면 이에 대해 증여세가 부과되는 제도를 말한다.

● **자금출처조사의 배제** | 취득자금이 재산취득일 전 10년 이내에 당해 재산취득자금의 합계액이 5,000만 원 이상으로서 연령·직업·재산 상태 등을 참작하여 다음의 국세청장이 정한 금액 이하인 경우에는 증여추정을 하지 않는다.

(단위 : 원)

| 구분 | | 취득재산 | | 채무상환 | 총액한도 |
|---|---|---|---|---|---|
| | | 주택 | 기타 재산(상가 등) | | |
| 세대주인 경우 | 30세 이상 자 | 2억 | 5천만 | 5천만 | 2억 5천만 |
| | 40세 이상 자 | 4억 | 1억 | 5천만 | 5억 |
| 세대주가 아닌 경우 | 30세 이상 자 | 1억 | 5천만 | 5천만 | 1억 5천만 |
| | 40세 이상 자 | 2억 | 1억 | 5천만 | 3억 |
| 30세 미만 자 | | 5천만 | 5천만 | 5천만 | 1억 |

● **잡종지** | 토지의 용도가 정해지지 않는 토지를 말한다. 비사업용 토지에 해당한다.

● **장기보유특별공제제도** | 부동산을 3년 이상 보유한 경우에 양도차익에서 보유기간별로 공제액을 차감하는 제도를 말한다. 원칙적으로 10~30%, 1세대 1주택은 24~80%를 공제받으나, 미등기자산·분양권 등은 이 공제를 받을 수 없다.

- **장기주택마련저축 소득공제 |** 2009년 12월 31일까지 가입자 중 해당 과세연도의 총 급여가 8,800만 원 이하인 근로자에 한하여 2012년까지 소득공제를 허용한다. 불입금액의 40%를 300만 원을 한도로 소득공제한다. 만기는 7년이다.

- **장기주택저당차입금 이자상환공제 |** 이는 집을 마련하면서 당해 주택에 저당권을 설정하고 금융기관(또는 국민주택기금)으로부터 차입한 장기(10년 이상)주택저당차입금의 이자에 대해 당해 연도 이자상환액을 대상으로 공제하는 것을 말한다. 이 공제는 연간 300~1,800만 원을 한도로 공제받을 수 있다.

- **장례비용 |** 장례비용은 무조건 500만 원까지는 공제가 가능하나 영수증이 있는 경우에는 1,000만 원까지 공제된다(납골시설이나 수목장 등으로 500만 원까지 별도로 공제). 병원 등에서 받은 영수증을 보관하고 있으면 된다.

- **장부의 종류 |** 영세사업자는 장부 작성이 힘들 수 있으므로 거래사실을 기록하는 간편장부를, 일정규모 이상의 사업자에게는 복식부기에 의한 장부작성 의무를 두고 있다. 이 중 간편장부는 작성이 간단하지만 복식부기는 회계처리를 반영해야 한다는 점에서 작성이 힘든 측면이 있다. 간편장부대상자는 신규사업자(법인은 제외)와 전년도 매출액이 다음에 미달하는 자(그 이상이면 복식부기의무자)를 말한다.

| 업종 | 금액 |
|---|---|
| 농업 등 1차 산업, 부동산매매업, 도·소매업, 광업, 아래에 해당하지 않는 업종 | 3억 원 |
| 제조업, 숙박업, 음식업, 전기가스 및 수도업, 운수업, 건설업, 소비자용품수리업, 창고업 및 통신업, 금융 및 보험업 | 1억 5,000만 원 |
| 부동산임대업, 사업서비스업, 교육서비스업, 보건 및 사회복지서비스업, 개인서비스업, 가사서비스업 | 7,500만 원 |

- **장부 미작성 시 가산세 |** 사업자들이 장부를 작성하지 않으면 산출세액의 20%를 무기장가산세로 물어야 한다. 다만, 신규사업자와 직전 말 총수입금액이 4,800만 원에 미달하는 사업자, 연말정산으로 끝나는 사업자(예 : 보험설계사)등은 가산세 제재가 없다.

- **재산권 부당침해금지의 원칙 |** 과세의 형평과 해당 조항의 합목적성에 비추어 납세자

의 재산권이 부당하게 침해되지 않도록 하여야 한다는 원칙.

- **재산세** | 지방자치단체에서 부과하는 보유세의 일종으로 모든 부동산 등에 과세한다. 과세기준일은 매년 6월 1일이다.

- **재산세 과세대장** | 재산세 과세대장은 재산 과세대상을 기록하는 장부를 말한다. 재산세 과세대상은 재산세는 물론 종합부동산세의 과세대상을 판단할 때, 무허가주택을 확인할 때, 비사업용 토지의 중과세를 판단할 때 등 다양하게 사용되고 있다.

- **저축성 보험차익** | 보험계약에 의하여 받는 보험금이나 환급금에서 납입보험료를 차감한 금액을 말한다. 이는 이자소득에 해당하나 피보험자의 사망·질병·부상, 기타 신체상의 상해로 인하여 지급을 받은 보험금, 혹은 자산의 멸실 또는 손괴로 인하여 지급을 받은 보험금이 아니면 이자소득에서 제외한다.(소득세법 제16조 제1항 제9호)

- **제2차 납세의무** | 제2차 납세의무는 주된 납세자의 재산에 대해 체납처분을 집행하여도 납부하여야 할 국세 등에 충당하기에 부족한 경우에 주된 납세자와 일정한 관계에 있는 자가 그 부족액을 보충적으로 부담하는 납부의무를 말한다. 이에는 청산인 등, 출자자(과점주주), 법인, 사업양수자 등 네 종류의 제2차 납세의무자가 있다.

- **조례와 규칙** | 조례는 지방의회가 제정하며, 지방자치단체의 장은 규칙을 제정할 수 있다. 이들 또한 지방세법의 법원이 된다고 할 수 있다.

- **조세** | 조세란 일반적으로 국가 또는 지방자치단체가 경비충당을 위한 재정수입을 조달할 목적으로 법률에 규정된 과세 요건을 충족한 자에게 직접적 반대급부 없이 부과하는 금전급부라고 정의된다.

- **조세불복** | 국세기본법 또는 세법에 의한 처분으로서 위법 또는 부당한 처분을 받는 등 권리 또는 이익의 침해를 받은 납세자가 법적인 절차로 구제받는 것을 말한다. 이는 이의신청, 심사청구, 심판청구, 감사원 심사청구 등으로 구분한다.

- **조합원** | 재개발이나 재건축 정비사업조합의 구성원을 말한다. 즉 사업주체인 조합의 구성원이 되므로 건축주에 해당하는 것이라고 할 수 있다. 그런데 당초 조합설

립인가부터 조합원 자격을 확보한 사람을 원조합원(또는 기존조합원)이라고 하고 원조합원의 권리의무를 승계한 사람을 승계조합원이라고 한다.

● **종전 증여재산의 합산과세** | 해당 증여일 전 10년 이내에 동일인(직계존속의 배우자 포함)으로부터 받은 증여재산가액을 합한 금액이 1,000만 원 이상인 경우 종전 증여재산가액을 합산한다.

● **종합부동산세** | 토지와 주택 등에 대해 적용되는 보유세의 일종으로 국가가 부과한다. 주택은 기준시가 6억 원, 나대지는 5억 원, 상가부속토지는 80억 원을 초과하면 과세되는 것이 원칙이다.

● **종합합산과세토지** | 전국의 모든 토지에서 앞에서 본 분리과세와 별도합산토지, 비과세와 과세경감토지를 제외한 모든 토지를 말한다. 예를 들어 놀고 있는 땅(나대지)이나 입지기준 면적을 초과한 공장용지 등이 해당한다. 이 외에 무허가 건물도 이에 해당할 수 있다. 소유자가 가지고 있는 모든 종합합산토지를 모아 다소 높은 재산세율로 과세한다. 이러한 종합합산토지를 많이 갖고 있어도 종합부동산세가 과세된다.

● **주거용 오피스텔** | 세법은 주거용 오피스텔은 주택으로 취급한다. 따라서 오피스텔에 대해서는 주택에 대한 세법이 적용된다.

● **주택거래신고제도** | 일정한 주택에 대해서 계약체결일로부터 15일 내에 거래대상 주택의 종류와 규모, 거래가액 등을 신고하도록 하는 제도이다.

● **주택매매사업자의 비교과세** | 주택매매업자가 보유한 주택을 양도하는 경우에는 예정신고의무와 확정신고의무가 있다. 한편 주택매매사업자는 중과세제도가 폐지되었으므로 비교과세제도를 적용받지 아니한다(비사업용 토지는 적용함). 비교과세는 다음 둘 중 큰 금액을 소득세로 과세하는 방법을 말한다.

① 종합소득 과세표준×종합소득세율
② 주택 매매차익×양도소득세 중과세율+(종합소득 과세표준－주택 매매차익)×종합소득세율

● **주택임대소득** | 국내(해외임대주택은 무조건 과세대상임)에서 주택을 2채 소유한 자가 1채 이상의 주택을 임대하여 받은 월세소득에 대해 소득세를 과세한다. 단, 1주택

소유자라고 하더라도 기준시가가 9억 원을 넘는 고가주택의 월세소득에 대해서는 과세한다. 참고로 2주택 이상자들은 개인별 주택임대소득이 연간 2,000만 원 이하이면 한시적으로 비과세가 적용된다. 주택임대보증금에 대해서는 소형주택을 제외한 주택이 3채 이상인 상태에서 전세보증금합계액이 3억 원을 초과하면 1.6%의 이자율을 곱한 금액을 소득으로 보아 과세된다. 다만, 이러한 비과세 등의 조치는 2018년 말까지 적용된다.

● **주택청약 종합저축 |** 주택청약 종합저축은 무주택세대주 여부 및 연령 등에 관계없이 가입이 가능하고, 연간 1.0~1.8% 이자를 받을 수 있는 상품을 말한다. 시중은행(우리, 신한, 하나, 기업, 농협 등)에서 가입이 가능하며 월납입금은 원칙적으로 2만 원 이상 50만 원 이하로 하며, 납입금액의 단위는 5천원으로 한다(청약저축의 경우 월 10만 원까지 납입가능). 주택청약 종합저축 가입 후 1년(수도권 외는 6~12개월)이 경과하면 1순위가 된다.

● **중과세제도 |** 중과세제도는 투기를 방지하고자 장기보유특별공제의 적용을 배제하고, 높은 세율을 높게 올려 과세하는 제도를 말한다. 2017년 현재 토지 중 비사업용 토지에 대해서만 적용하고 있다. 세율은 16~50%가 적용된다. 참고로 장기보유특별공제는 2017년부터 적용하는 것으로 세법이 개정되었다.

● **증여공제 |** 증여자와 수증자간의 관계에 따라 증여공제를 적용한다. 배우자로부터 받은 경우에는 6억 원, 성년자가 직계존비속으로부터 받은 경우에는 5,000만 원, 미성년자가 직계존비속으로부터 받은 경우에는 2,000만 원, 기타 친족으로부터 받은 경우에는 1,000만 원을 공제한다. 공제금액은 10년 단위로 계산한다.

● **증여성립시기 |** 증여세 납세의무성립시점은 '증여재산을 취득하는 때'가 증여시기가 된다. 이를 구체적으로 보면 다음과 같다.

– 부동산, 항공기 등의 취득 : 소유권이전등기 · 등록신청서 접수일
– 신축건물 : 사용승인서 교부일이 원칙임.
– 동산의 취득 : 인도한 날 또는 사실상의 사용일
– 주식 : 수증자가 배당금의 지급이나 주주권의 행사 등에 의하여 당해 주식을 인도받은 날이 사실상 객관적으로 확인되는 날. 다만, 주식을 인도받은 날이 불분명한 경우에는 주주 명의개서일
– 보험금 : 생명보험과 손해보험에 있어서 보험금 수취인과 보험료 불입자가 다른 경우에 보험사고가 발생한 때

- **증여세 |** 살아생전에 재산이 무상으로 이전되는 재산에 대해 부과되는 세금을 말한다.

- **증여재산의 반환 및 재증여 |** 수증자가 증여계약의 해제 등으로 당초 증여받은 재산을 증여자에게 반환하거나 다시 증여한 경우가 있다. 이때 금전은 반환시기를 불문하고 증여세가 과세되나 금전 외 재산은 다음에 따른다.

  - 증여세 신고기한 내 반환 등 : 당초분과 반환분 등 모두 과세되지 않음
  - 신고기한으로부터 3월 이내 반한 등 : 당초분은 과세, 반환분 등은 과세되지 않음
  - 신고기한으로부터 3개월 경과 후 반환 등 : 당초분과 반환분 등은 모두 과세됨

- **증여추정 |** 증여추정은 배우자나 직계존비속 등에게 자산을 양도한 경우에 양도가 아닌 증여로 추정하는 제도를 말한다. 따라서 증여로 인정되면 증여세가 과세되므로 양도로 보지 않는다.

- **지방세 |** 지방세는 지방자치단체가 부과하는 조세로서 취득세, 재산세, 주민세, 지방소득세, 지방소비세 등이 있다.

- **직접세 |** 직접세는 법률상의 납세의무자가 조세를 부담할 것으로 입법자가 예정하고 있는 조세로서 소득세, 법인세, 상속세 · 증여세 등이 있다.

- **채권의 과세체계 |** 채권을 보유하고 있는 경우에는 이자소득이 발생하며, 채권을 만기 전에 매도하면 매매차익이 발생할 수 있다. 세법은 이러한 소득 중 채권으로부터 발생된 이자소득에 대해서만 과세하고 채권의 매매차익에 대해서는 과세하지 않고 있다.

- **체비지 |** 체비지는 사업시행자가 법률에 의해 토지 소유자에게 토지로 사업비용을 부담하게 하는 경우의 당해 토지를 말한다.

- **최대주주 보유주식의 할증평가 특례 |** 해당 법인의 최대주주와 그 특수관계자가 보유한 주식은 법에서 정한 율로 할증하여 주식을 평가한다. 최대주주가 보유한 주식에는 경영권의 가치가 포함되어 있다고 보아서 할증평가를 하고 있다.

- **취득세 |** 부동산 등을 취득하면 과세하는 세금으로서 지방세의 하나이다.

- **취득세 과세표준** | 일반적인 취득의 과세표준은 원칙적으로 취득 당시의 신고가액 (연부로 취득하는 경우에는 연부금액)으로 한다. 다만, 신고 또는 신고가액의 표시가 없거나 그 신고가액이 시가표준액에 미달할 때에는 시가표준액에 의한다.

- **취득세 실제 취득가액의 범위** | 과세표준이 되는 취득가격은 과세대상물건의 취득시기를 기준으로 하여 그 이전에 당해 물건을 취득하기 위하여 거래상대방 혹은 제3자에게 지급하였거나 지급할 일체의 비용[소개수수료, 설계비, 연체료, 할부이자, 건설자금에 충당된 금액의 이자 등 취득에 소요된 직접, 간접비용(부가가치세를 제외)을 포함하되, 법인이 아닌 자가 취득하는 경우에는 연체료 및 할부이자를 제외한다]을 말한다. 다만, 매매계약서상의 약정금액을 일시급 등의 조건으로 할인한 경우에는 그 할인된 금액으로 한다.

- **취득세 신고 및 납부** | 취득세는 취득일로부터 60일(상속은 6개월)까지 취득세를 신고 및 납부하여야 한다. 개인의 경우 30일 내에 등기를 하면 분할납부도 가능하다(각 지자체 문의).

- **탄력세율** | 기본세율 외에 세율을 탄력적으로 가감할 수 있도록 하는 세율제도를 말한다. 기본세율이 10%이고 탄력세율이 ±5%라면 세율이 최고 15%에서 최저 5% 사이에서 변동할 수 있다.

- **토지거래허가제도** | 토지거래허가제도는 일정한 지역의 토지를 거래하기 위해서는 사전에 허가를 득해야 거래할 수 있는 제도를 말한다. 따라서 토지 구입 전에는 반드시 이 제도를 적용받는지를 점검할 필요가 있다.

- **토지대장** | 토지대장은 토지에 관련된 여러 가지 정보(면적 등)가 들어 있는 공부를 말한다. 토지대장에는 토지등급이 표시가 되어 있는데 이 정보를 통해 1990년 전의 개별공시지가를 구할 수 있다.

- **투기과열지구와 투기지역** | 투기과열지구는 무주택자들에게 집을 먼저 공급하기 위해 청약순위를 정하거나 분양권의 전매를 금지하는 기준으로 삼기 위해 지정한 지역을 말한다. 주로 주택의 공급과 관련된 제도이다. 반면 투기지역은 주로 과세를 강화하기 위해 운영되고 있다.

- **포괄양수도** | 보통 사업장을 양도하면 상가건물의 10%가 부가가치세로 발생한다.

토지에 대해서는 부가세가 없다. 그런데 사업장을 임대사업자에게 양도하면 부가세 없이 양도할 수 있다. 이때는 포괄 사업 양수도 계약서를 작성해 폐업 신고 시 제출해야 한다. 이 계약서는 현재의 사업이 그대로 A에게서 B로 넘어간다는 내용을 담고 있다.

- **필요경비** | 양도소득세 신고를 할 때 양도가액에서 필요경비를 차감해서 양도차익을 계산한다. 여기서 필요경비란 취득가액과 양도 및 취득 시 발생한 부대비용과 자산을 보유 중에 지출한 금액 중 일정한 것을 말한다. 여기서 부대비용에는 앞에서 발생한 중개수수료, 등기비용(취득세, 등록세, 법무사수수료, 인지대, 증지대 등)이 해당하며, 자산의 가치를 증가시키는 지출에는 새시공사, 거실확장공사, 보일러교체 등이 있다.

- **할증과세** | 할아버지가 손자에게 직접 증여하는 경우에는 산출세액의 30%를 할증과세한다. 다만, 아버지가 없는 상태에서 손자가 상속이나 증여받는 것은 할증과세와 관계없다.

- **해외이주** | 해외이주법에 따른 해외이주로 세대전원이 출국하는 경우에도 양도소득세 비과세를 적용한다. 다만, 출국일 현재 1주택을 보유하고 있는 경우로서 출국일로부터 2년 이내에 양도하는 경우에 한한다(외교통상부장관이 교부하는 해외이주신고확인서로 확인함).

- **협의매수 또는 수용** | 주택 및 그 부수토지(사업인정 고시일 전에 취득한 주택 및 그 부수토지에 한한다)의 전부 또는 일부가 공익사업을 위한 토지 등의 취득 및 보상에 관한 법률에 의한 협의매수·수용 및 그 밖의 법률에 의해 수용되는 경우(협의매수 또는 수용된 사실을 확인할 수 있는 서류)에는 양도소득세 비과세를 적용한다.

- **환산취득가액** | 현행세법에서는 취득 시 실제거래가액이 없는 경우 매매사례가액, 감정가액, 환산가액을 취득가액으로 할 수 있도록 하고 있다. 이 중 실무적으로 환산가액이 많이 사용된다. 환산가액은 다음과 같이 계산한다.

➡ 환산 취득가액 = 실제 양도가액 × $\dfrac{\text{취득 시 기준시가}}{\text{양도 시 기준시가}}$

단, 실제 취득가액이 있음에도 이 제도를 사용하면 세무조사를 받을 수 있다.

● **환지처분** | 환지처분은 도시개발법 또는 기타 법률에 의해 사업시행자가 사업완료 후에 사업구역 내의 토지 소유자에게 다른 토지로 바꾸어주는 것을 말한다. 환지가 수반되는 사업에는 도시개발사업과 도시 및 주거환경정비법에 의한 주택재개발사업, 주택재건축사업 등이 있다.

# NEW 세금 생활백서

초판 1쇄 발행 2017년 04월 05일
초판 2쇄 발행 2017년 10월 31일

지은이 | 신방수
발행인 | 홍경숙
발행처 | 위너스북

경영총괄 | 안경찬
기획편집 | 김효단, 임소연

출판등록 | 2008년 5월 2일 제313-2008-221호
주    소 | 서울 마포구 합정동 370-9 벤처빌딩 207호
주문전화 | 02-325-8901
팩    스 | 02-325-8902

표  지 | 김보형
본  문 | 정현옥
제지사 | 한솔 PNS
인  쇄 | 영신문화사

값 16,800원

ISBN 978-89-94747-75-0  03320

위너스북에서는 출판을 원하시는 분, 좋은 출판 아이디어를 갖고 계신 분들의 문의를
기다리고 있습니다.
winnersbook@naver.com / 02)325-8901

이 도서의 국립중앙도서관 출판예정도서목록(CIP)은 서지정보유통지원시스템 홈페이지(http://seoji.nl.go.kr)와
국가자료공동목록시스템(http://www.nl.go.kr/kolisnet)에서 이용하실 수 있습니다.
(CIP제어번호: CIP2017005787)